国家社科基金青年项目研究成果

江西师范大学马克思主义理论学科建设项目研究成果

Human Dignity

伦理学视野下
人的尊严研究

代 峰 著

中国社会科学出版社

图书在版编目（CIP）数据

伦理学视野下人的尊严研究／代峰著 . —北京：中国社会科学出版社，2022.1
ISBN 978 - 7 - 5203 - 9631 - 8

Ⅰ.①伦… Ⅱ.①代… Ⅲ.①伦理学—应用—尊严—研究 Ⅳ.①B82

中国版本图书馆 CIP 数据核字(2022)第 014982 号

出 版 人	赵剑英
责任编辑	孔继萍
责任校对	李 莉
责任印制	郝美娜

出　　版	中国社会科学出版社
社　　址	北京鼓楼西大街甲 158 号
邮　　编	100720
网　　址	http://www. csspw. cn
发 行 部	010 - 84083685
门 市 部	010 - 84029450
经　　销	新华书店及其他书店

印刷装订	北京君升印刷有限公司
版　　次	2022 年 1 月第 1 版
印　　次	2022 年 1 月第 1 次印刷

开　　本	710 × 1000　1/16
印　　张	19. 75
插　　页	2
字　　数	266 千字
定　　价	108. 00 元

凡购买中国社会科学出版社图书,如有质量问题请与本社营销中心联系调换
电话:010 - 84083683

摘　　要

　　人的尊严是西方人文传统的一个重要观念，但直到第二次世界大战以后，才首次在《联合国宪章》中作为一个政治宣言和价值原则得以确立。之后，随着人性自觉和人们争取基本权利的社会抗议运动的发展，尤其是随着生命伦理学的兴起，人的尊严逐渐成为引起人们广泛关注和重视的前沿性课题，在法学、伦理学、政治学、社会学等学科领域引起了热议。本书从伦理学的学科视野，结合人的尊严在生命伦理学、法伦理学等前沿性学科领域遇到的困惑和挑战，按照"词义解释—历史梳理—理论阐释—实践应用"的解释框架，对人的尊严是什么、为什么人享有尊严以及如何尊重和保护人的尊严进行系统性研究，力图澄清人的尊严的伦理内涵和伦理特点，以便人们能够更好地面对和解释社会生活实践中存在的，特别是由于新技术应用引发的关涉"人的尊严"的道德难题和伦理困境，过有尊严的生活。

　　所谓人的尊严，在汉语中，最直观的理解就是个人的尊贵庄严，现代意义上的尊严已经摆脱了等级制度的阴影，更多地指向个人的潜能、卓越的表现、优良的品质、高尚的情操等，并且得到了社会的承认和认可；在英文中，人的尊严是指人在与其他事物的相对关系中展示出其高级、高尚或卓越的一面，表现在人的行为举止、身份地位、自然秩序、德性、声望或荣誉、尊严感等方面。纵观中西伦理思想史，一直以来，思想家们总是在人与神（天）、人与自然、人与社会的关系中去思考、认识和把握人之为人的根本特性及人的价值，进而考察人自身相对于其他事物或对象所具有的价值和尊严。

从中国伦理思想史来看，根据不同历史时期"人的尊严"观念演绎发展的路径和特点，我们可以将"人的尊严"观念的发展划分为3个历史时期：先秦时期，秦汉至隋唐时期和宋元明清时期。在每个历史时期，笔者从"人的尊严"的词义解释入手，以思想家的人学思想中所蕴涵的"尊严"观念为主线，以思想家所处的时代为顺序，抛开儒、墨、道、法、佛等各家学派的区分，对思想家所继承和发展的人学思想进行反思和细致的梳理：先秦时期，诸子百家争鸣，物种尊严、"天道"尊严、人性尊严、生命尊严、主体尊严、人格尊严、自尊与他尊、自由尊严、社会尊严等在各思想家的人学思想中都有论及，具有思想启蒙的意义；秦汉至隋唐时期，由于西汉董仲舒"罢黜百家、独尊儒术"，使得此时的人学思想的发展受到限制，其丰富程度还不及先秦时期，但不可否认的是，这一时期的思想家在物种尊严、人性尊严、平等尊严、主体尊严、自由尊严等方面的论述较之先秦时期还是更进了一步；宋元明清时期，思想家们在物种尊严、人性尊严、主体尊严、人格尊严、生命尊严、社会尊严等方面的思考和论证继续深入，特别是宋明理学之后，思想家们批判封建君主专制，试图将人从天、命、神、鬼的束缚中解放出来，人的个体意识开始觉醒，人作为个体的尊严开始凸显出来。

从西方伦理思想史来看，"人的尊严"观念的日益觉醒和凸显经历了两个发展时期，即古希腊至18世纪末的理论建构时期和19世纪以来的实践批判时期。在理论建构时期，根据不同历史阶段"人的尊严"观念所呈现出来的主要特点，我们可以将其分为古希腊时期的相对尊严观、中世纪基督教传统的绝对尊严观、文艺复兴时期的主体尊严观、启蒙时期的自然尊严观和康德的"人是目的"尊严观5种表现形式，其中康德的"尊严"观念完成了"人的尊严"从"身份到契约"的历史性转变。在实践批判时期,主要存在源于自然法传统的"人的尊严"观和康德的"人是目的"尊严观两大传统,它们已然作为一种"理念或观念"在一些资本主义国家的宣言和民法中得以贯彻;但由于实证主义质疑其根基的不可证实性,以致发生了两次世界大战中对人性的藐视和对无辜生命的残酷迫害,甚至惨无人道的种族灭绝;基于此,第二次世界大战后"人的尊严"才正式引入国际性宣言、宪章或盟约和国家宪法,20世纪60年代以来"人的尊严"观念又面临新兴的生命伦理学的各种挑战。当前国内外学界关于"人的尊严"的论辩仍未突破这两大传统。

　　当前,学界关于人的尊严的伦理根据有4大理论主张,即"赋予—尊严说""相对—尊严说""主体—尊严说"和"权利—尊严说",笔者运用历史叙事法分别对其进行辨析和论证,认为各有其偏颇和不足,因此提出人之所以享有尊严就在于人之为人的根本特性或内在规定性,即具有人的基因组和人的生命特征。进而对人的尊严的伦理特征进行解析,提出人的尊严不仅具有普遍性,而且具有独特性,作为普遍性的人的尊严是"人之为人"的根本标志,是平等、客观、绝对的,这是人所共有的生物性使然;作为独特性的人的尊严是"我之为我"的特殊符号,是差异、主观、相对的,这是人与人相区别的社会性使然。之后进一步揭示人的尊严的伦理内涵,认为人的尊严在观念或者理念上包括生命及其平等尊严、自尊与他尊、自治与自决等内容,在制度层面包括责任与义务、平等与公正等意涵。

　　据于以上理论分析,笔者竭力探讨当今社会应当如何尊重和保护人的尊严,提出首先从人与国家的关系层面应该认识到尊重和保护人的尊严是国家应尽的义务,国家应该本着"制度公正"的原则,从制度建构、立法、执法等方面贯彻"人的尊严"理念,分别将"人的尊严"确立为宪法制度的重要维度、法律制度的指导原则、经济制度的基本方向和社会保障制度的根本目标；在现实的社会生活中，人们维护自身尊严的核心价值诉求就是得到社会的承认和认可，弱势群体和边缘人群更希望得到社会的承认和关照；当人们面临各种关涉人的尊严的伦理困境或道德和法律难题时，程序正义是其摆脱困境、解决难题的最基本要求。

关键词：人的尊严；伦理思想史；理论与实践

Abstract

As an important concept in western humanity tradition, human dignity was first established in the Charter of United Nations as a political manifesto and value principles after the World War II. Later, with the development of human consciousness and social protest movement striving for basic human rights, the rising of bioethics in particular, human dignity is becoming a pioneering topics, which arouses great interests and heated discussion among the scholars from various disciplines such as law, ethics, politics and sociology, etc.

From the perspective of ethics, braving the challenge and perplexity of human dignity research in the pioneering disciplines of bioethics and legal ethics, this paper seeks to carry out a systematic research on what is human dignity, why human beings share dignity and how to protect and respect human dignity, in accordance with the framework of 'concept explanation, diachronic review, and practical application'. The present paper strives to clarify the ethics connotation and feature of human dignity, for the purpose of assisting people to face and understand the moral difficulties and ethic perplexities on 'human dignity' in social practices, especially those perplexities resulted from the application of high-tech in modern world, and to help people live a life with dignity.

In Chinese, the so-called human dignity simply means personal nobility and solemnity. Dignity in modern times, which has shaken the shadow of rank system, refers to personal potential, excellent performance, good characteristics, and lofty sentiment, which are recognized and acknowledged by the society. In English, human dignity is a term signifying the high-ranking and gracious aspects of human beings in relation with other things, which is reflected in human being's behavior, social status and position, natural order, morality, reputation and sense of dignity, etc.

From the perspective of the history of Chinese ethical thoughts, the development of the concept of 'human dignity' is divided into three historical periods according to the path and characteristics of the development of 'human dignity' in different historical periods: the pre Qin period, Qin and Han Dynasties to the Sui and Tang Dynasties and the Song, Yuan, Ming and Qing Dynasties. In each historical period, the author takes the concept of 'dignity' contained in the human thought of the thinker as the main line, and in the order of the times the thinker is located, to put aside the distinction between Confucianism, Mohism, Taoism, legalism and Buddhism, the thinkers of the inheritance and development of human thought to reflect and carefully sort out: During the pre-Qin period, the various schools of thought contend, species dignity, 'heaven' dignity, and human dignity, life dignity and dignity of the main body, personal dignity and Self-esteem and his honour, freedom dignity and social dignity are discussed in the human thought, has the enlightenment significance. Due to the western han dynasty Dong Zhongshu, 'ousted hundred, only Confucianism', make the development of Qin and Han dynasties to sui and tang dynasties human thought is restricted, its rich degree is less than the pre-Qin period, but it is undeniable that the thinkers of this period in the species dignity, human dignity, equality and dignity, dignity of the main body, freedom dignity of the expositions than the pre-Qin period and a step further. The thinkers of the Song, Yuan, Ming and Qing Dynasties continued to deepen their thinking and argumentation on species dignity, human dignity, dignity of the main body, personal dignity, life dignity, social dignity, especially the neo-confucianism, thinkers criticized the feudal monarchy, trying to liberate people from the shackles of heaven, life, god and ghost, the individual consciousness of human beings began to awaken, and the dignity of man as the individual began to emerge.

In the long history of western ethics, most thinkers have always attempted to reflect, know and grasp the nature and inner value of human being through the analysis of relationship between human being and god, human being and nature and human being and society, and then the dignity and value of human being are explored in comparison with other things or objects. The arousal and highlight of the concept of 'human dignity' has witnessed two periods, i. e. the theoretical construction period dated from ancient Greek to the end of 18th century, and the practical criticism period dated from the beginning of 19th century up till now. In the theoretical construction period, the view of dignity in ancient Greek was relative dignity, while view of dignity in Middle Age with Christian tradition was absolute dignity, the view of dignity in Renaissance was subjective dignity; the view of dignity in Age of Enlightenment was natural dignity and Kantian dignity. Kantian dignity has fulfilled the historical transformation of human dignity from 'identity to contract.' In practical criticism period, there existed two traditions, one originated from natural law and another from Kantian dignity, which were complemented in the manifesto and civil law in some capitalist countries as an 'ideal or viewpoint.' However, the doubts of the non-positivism of dignity's foundation coming from the positivists, has led to the contempt of humanity and the persecution of innocent lives, and even to the horrific genocide during the World War II. Basing on this facts, the concept of 'human dignity' was introduced into the international manifesto, the international charter or the treaty of alliance, and national constitution after the World War II. Since 1960s, the concept of 'human dignity' is facing various challenges from the emerging bioethics. However, the present argument on 'human dignity' is still under the two traditions mentioned above.

In view of ethics foundation, the fact that human being could share dignity lies in the fundamental characteristic or intrinsic value of human being. The four types of theory, i. e. endowment-dignity theory, relativity-dignity theory, subjectivity-dignity theory, and right-dignity theory, all display their own limitations and demerits. In view of ethics characteristics, human dignity is endowed with generality and peculiarity. The generality of human dignity signifies the fundamental identity of 'human existence'. It is equal, objective and absolute, which is derived from the biological nature of human being. Meanwhile, the peculiarity of human dignity symbolizes 'who I am'. It is diverse, subjective, and relative, which resulted from the social nature of human being. In terms of ethics connotation, the concept of human dignity embraces human life and its dignity, self-esteem and respect for others, autonomy and self-determination; meanwhile human dignity also includes responsibility and obligation, equality and justice from the perspective social systems.

Based on the analysis above, to explore should be how to respect and protect human dignity in modern world, the first from the relationship between people and the state should be recognized that respect and protection of human dignity is the obligation of the state, the state should be the spirit of 'fairness' principle from the system construction, legislation, law enforcement and other aspects of implementation 'human dignity' concept, 'human dignity' as an important dimension of the constitutional system, the guiding principles of the legal system, the basic direction of economic system and the basic aim of the social security system; in the real social life, people maintain their dignity is the core values to be recognized and recognized by the society, vulnerable groups and marginalized groups more hope to get the recognition and reflection of the society. When people face a variety of people-related Dignity of the ethical dilemma or moral and legal problems. Procedural justice is the most basic requirement to get rid of the difficulties and solve the difficult problems.

Key Words: human dignity; the perspective of ethics; theory and practice

目　　录

导　言

　　改革开放 40 余年来，我国的政治、经济、文化、社会等领域都发生了翻天覆地的变化，人们的权利意识、公平观念和自我意识不断增强，随着以计算机和网络为基础的大数据、人工智能、云计算等新一代信息技术的迅猛发展，人们的生产方式、生活方式乃至思维方式等都在悄然发生变革，以辅助生殖、胚胎干细胞、克隆等为核心的新一代生物医学技术无不在广度和深度上无限拓展人们的认知能力和文化观念，人们对"尊严"的欲求越来越普遍而且强烈，人类尊严、人的尊严、人性尊严、人格尊严等已日益成为人们社会生活实践中不容回避且必须予以重点关注和思考的重要议题。2021 年 1 月 1 日正式颁布实施的《中华人民共和国民法典》，将"人格权"单独成编（第四编）是人类民法典编撰历史上的首创，可见，与人格权密切相关的"人的尊严"观念已正式成为新时代我国进行中国特色社会主义现代化强国建设的指导原则。由此，顺应新时代的发展要求，从学理上深入探究"人的尊严"观念迫在眉睫。笔者力图从伦理学的学科视野对"人的尊严"观念进行系统性研究。

一　选题与意义

　　"人的尊严"（Human Dignity）是西方人文传统的一个重要观念，早在古希腊文献中就有提及，主要指"值得赞誉和崇敬的东西"或者"杰出的、卓越的特性",经由基督教学说、文兴复兴时期人文主义思想的发展和启蒙时期理性主义传统的凝练,在康德哲学中达到了顶峰。之后,随着实证主义思潮的兴起,一度销声匿迹,直到第二次世界大战以后再度兴起。主要表现在两个层面:

一是政治—法律层面。"二战"后,西方世界鉴于战前德国纳粹时期对人性的藐视和对无辜生命的残酷迫害导致的"人的尊严"的失落,出于对人类生存状况的反思及现代国家对个人可能造成的伤害的顾虑,开始在制定法律条文中加入"人的尊严"条款。在国际法层面,《联合国宪章》《世界人权宣言》《公民权利与政治权利国际公约》《经济、社会、文化权利国际公约》《世界生命伦理和人权宣言》《世界人类基因组与人权宣言》《国际人类基因数据宣言》等均明确规定要尊重和保障"人的尊严"。在国内法层面,1949年德国率先在《德国基本法》第1条第1款明确规定:"人的尊严不可侵犯,尊重和保护人的尊严是一切国家权力的义务"①,并将这一规定列为受宪法七十六条之永恒条款所保障的项目之一,不受修宪权所及。此后,瑞典、葡萄牙、西班牙、希腊等许多国家明确规定将"人的尊严"保障置于宪法的首位或者作为政治秩序的基础;1982年,我国在宪法第38条规定:"中华人民共和国公民的人格尊严不受侵犯。禁止用任何方法对公民进行侮辱、诽谤和诬告陷害。"②在司法领域,各国维护"人的尊严"的判例层出不穷,以1995年法国最高行政法院判决"投掷侏儒"表演违背了"人的尊严"这一基本道德底线最为典型。这一演化足以刻画出人类争取基本权利与人性自觉的演进轨迹,并显示出其深远的时代意义。

二是生命伦理层面。20世纪60年代,由于高新技术,尤其

① 孙谦、韩大元:《欧洲十国宪法》,中国检察出版社2013年版,第130页。
② 谢立斌:《宪法解释》,中国政法大学出版社2014年版,第159页。

是生物医学技术的迅速发展，人类的生命存在状态发生了深刻的变化，传统的"人的尊严"观念遭受了前所未有的冲击。以遗传工程和虚拟实在为代表的新兴技术（如安乐死、器官移植、克隆、辅助生殖、人—兽嵌合体、人机嵌合体、细胞干预等），作为实施对象是人本身的"主体技术"，能够按照技术实施者的意志对自然界原本给予人类的天性进行重新设计、重新塑造，从而带来了诸多的伦理问题——人伦关系的变化、自主性、自我感受性、生命的价值、胚胎或人的工具化、自由与权利问题等，关于这些问题的争论，人们常常诉诸"人的尊严"作为理据来证成自己的观点。联合国教科文组织（UNESCO）先后制定并通过了《世界人类基因组和人权宣言》《国际人类基因数据宣言》《世界生命伦理和人权宣言》等多个国际法来规范人们的生物医学技术研究，指导人们的行为方式和生活样态，其中都明确提出"生命神圣不容侵犯，要尊重和维护人的尊严"，且把这一理念置于非常重要的位置予以贯彻落实。就国内法而言，2000 年，J. D. 伦道夫（Jacob Dahl Rendtorff）和彼得·坎普（Peter Kemp）提交给负责生物医学二期工程项目的欧洲委员会的报告中将"尊严"作为欧洲生命伦理学的四个原则之一[①]；在加拿大，有 3 个州的政策都将"尊重人的尊严"放在突出的位置，明确声明"人的尊严"是现代研究伦理学的最根本原则[②]；美国在 2008 年由总统委员会专门研究"人的尊严"并试图用它来解决生命伦理学问题，出版了《人的尊严和生命伦理学》一书。

　　然而，"人的尊严"在社会政治、法律等实践领域以及生命伦理学中的应用却并没有一个统一的伦理内涵，甚至没有一个具有普

① 参见 Jacob Dahl Rendtorff, "Update of European: basic ethical principles in European Bioethics and Biolaw", *Bioethics Update*, Vol. 1, Issue2, July – December 2015, pp. 113 – 129。

② 参见 Rieke Van Der Graaf and Johannes Jm Van Delden, "Clarifying Appeals to Dignity in Medical Ethics from a Historical Perspective", *Bioethics*, 2009, Vol. 23, Number3, pp. 151 – 160。

遍性的、统一的哲学立场和价值基础，以致"人的尊严"不仅在表述上与"人类尊严""人性尊严"或"人格尊严"混用，概念模糊、意义不明，而且经常与人权并列表述、平行使用。究竟人的尊严和人权有何关系？争议的焦点在于两者何为根据或基础：人的尊严是人权正当性的根据还是人的一项基本权利，人的尊严是人权的基础还是人权是人的尊严的基础。

由新兴技术在生命伦理学领域引发的"震动"也波及哲学、政治学、法学、社会学等不同学科领域，这些领域关涉"人的尊严"问题的探讨也是仁者见仁，智者见智，从不同的学科视角、不同的层面丰富了"人的尊严"概念的内涵，使得这个本就"内涵模糊、意义尚未澄清且存在滥用现象"的概念变得更加纷繁复杂，以致有学者提出应该废除"人的尊严"概念，如库瑟（Helga Kuhse）、德国著名法哲学家赫斯特（Norbert Hoerster）和美国爱因斯坦医学院医学伦理学教授麦克琳（Ruth Macklin）。然而，多数学者并不主张简单地否定"尊严"概念，而是应该通过解析其他与尊严相关的概念阐明尊严的本质内涵从而指导人们的现实生活实践，如苏黎世大学的罗伯托·安多诺（Roberto Andorno）指出，世界上每一种文化—宗教传统中都可以找到对人的尊严的尊重和维护，人的尊严千百年来一直都是人类哲学和宗教思考的主题；否定尊严的看法过于简单，尽管尊严有其模糊性，但它在国际生物医学法中具有核心作用，"它不仅真正地致力于保护存在着的人，而且真正地致力于保护人本身的完整和一致的真正需求"①。美国哲学家玛莎·C. 纳斯鲍姆（Martha C. Nussbaum）认为："虽然尊严是一个模糊的理念，其内容的取得必须基于一种相关理念的网络，但尊严确实有其实际

---

① Jennifer and Soren Holm ed. , *Ethics Law and Society*, VolⅠ, Gateshead：Athenaeum Press Ltd. , 2005, p. 74.

意义"①。

　　诚然，与其去除一个有争议但无法被其他"词汇"所代替、又能为人们热议且在现实生活实践中又确实具有不可替代的实际意义的概念，不如对它进行积极地建构，发挥它应有的理念指导意义和价值。正如澳大利亚蒙纳士大学教授苏西·吉尔米斯特（Suzy Killmister）所言："一旦我们弄懂了那些有争议的不同价值，尊严就会成为人权和生命伦理学领域中一个重要的工具。"② 鉴于当前学界从多学科视角对"人的尊严"进行研究的现状，本书力图从伦理学的学科视野，通过相对与绝对、主体与客体等研究视角，针对"人的尊严"在当前生命伦理学、法伦理学中遇到的困惑和挑战，对"人的尊严"进行系统性研究，力求澄清具有普遍适用性的"人的尊严"的伦理根据、伦理内涵和伦理特点，就如何尊重和保护人的尊严从政治伦理、法伦理等应用伦理学研究视角进行实践解析，以便人们能够更好地面对和解释出高新技术应用引发的关涉"人的尊严"的道德难题或伦理困境，过有尊严的生活。这是本书研究的理论意义之所在。

　　随着现代化、全球化和社会民主进程的快速发展，不同族群、不同群体、不同团体之间的差别日益凸显，尤其是一些"少数人"群体长期处于一种相对边缘或者弱势的状态之中，自身的合法权益未得到同等的重视，甚至受到国家或政府的漠视或回避，如此不被社会承认或者不被社会同等承认的现实致使少数人群体在社会生活和法律实践中往往缺乏尊严的获得感，甚至明显感受到尊严受损。因此，在世界范围内普遍出现了少数人群体为争取自身的合法权益而发起的各种社会运动，据理力争的权利呐喊、平等追求和坚持不

---

① ［美］玛莎·C. 纳斯鲍姆：《寻求有尊严的生活——正义的能力理论》，田雷译，中国人民大学出版社 2016 年版，第 30 页。

② Suzy Killmister, "Dignity: Not Such a Useless Concept", *Journal of Medical Ethics*, 2010, Vol. 36 (3), pp. 160 - 164.

懈的斗争使得一些少数人群体的合法权益得到了相关国家或政府的承认和重视，如当前全球已有 23 个国家或地区承认同性恋婚姻的合法化①。然而，相对于人的尊严而言，在人与国家的关系中作为义务主体的国家，应该如何维护和保障少数人群体的"尊严"以及如何让他们过一种有尊严的生活？这已是现代民主国家不可回避的一个重要问题，因为，"任何名副其实的文明，其基本性质就是尊重和感受到人格的尊严"②。

2007 年党的十七大报告中把"使全体人民学有所教、劳有所得、病有所医、老有所养、住有所居"③ 作为保障和改善民生、建设和谐社会的基本目标，可概括为"五有"。2010 年 2 月 12 日温家宝总理在新春团拜会上首次表示，"我们所做的一切，都是为了让人民生活得更加幸福、更有尊严。"④ 一石激起千层浪，"尊严"问题引起了国人的广泛热议。同年 3 月 5 日，温家宝总理在第十一届全国人民代表大会第三次会议上作《政府工作报告》时再次明确提出这一观点，这是在历年《政府工作报告》中首次将"尊严"作为施政目标和理想，昭示着中国政府把"人的尊严"视为一个重要的价值选择。2012 年 11 月 15 日，当选中共中央总书记的习近平第一次讲话时就明确提出："我们的人民热爱生活，期盼有更好的教育、更稳定的工作、更满意的收入、更可靠的社会保障、更高水平的医疗卫生服务、更舒适的居住条件、更优美的环境，期盼孩子

---

① 20 世纪 90 年代至今，全球范围内有 23 个国家或地区基于其文化传统、价值取向以及公众对于同性恋的接受程度，采用了不同的法律认可模式和立法技术，实现了同性婚姻的合法化。参见韩大元《人的尊严、宽容与同性恋权利的宪法保障》，《法学论坛》2016 年第 3 期。

② ［法］马里坦：《人的权利与自然法》，载万俊人主编《20 世纪西方伦理学经典：伦理学限阈·道德与宗教》，中国人民大学出版社 2004 年版，第 250 页。

③ 中共中央文献研究室：《十七大以来重要文献选编》（上），中央文献出版社 2009 年版，第 29 页。

④ 温家宝：《在 2010 年春节团拜会上的讲话》，2010 年 2 月 12 日，新华网 http：//news. cntv. cn/china/20100212/103495. shtml。

们能成长得更好、工作得更好、生活得更好。"① 这可概括为"六优"：学有好教、劳有当得、病有良医、老有福养、住有宜居、闲有美景，不仅最贴切地概括了当前人们的美好生活愿望，也预示着未来国家和社会发展将要为之不懈努力的方向。2014 年 10 月 20日，十八届四中全会首次以全会的形式专题研究部署全面推进依法治国的基本治国方略。2015 年 10 月 29 日，党的十八届五中全会提出："坚持共享发展，必须坚持发展为了人民、发展依靠人民、发展成果由人民共享，作出更有效的制度安排，使全体人民在共建共享发展中有更多获得感，增强发展动力，增进人民团结，朝着共同富裕方向稳步前进。"② 综上可知，人民生活目标从"五有"到"六优"的发展，政府施政目标从"尊严"到"共享"都可看作是我国政府为了更好地履行"义务主体"的责任，让全体人民过上有尊严的生活而做出的顶层设计和实践努力，全体人民的"幸福和尊严"不仅拥有宏观的发展理念，而且拥有具体的衡量指标。

当前，我国正处于建设中国特色社会主义现代化强国的新时代，为了积极应对以"智能化"为核心的第四次产业革命带来的世界百年未有之大变局，力争抓住新一代信息技术的发展引擎，抢占世界科技的制高点，大力发展数字经济是我们当前的经济社会发展战略。由信息技术发展应用引发的伦理风险和挑战日益凸显，如网络安全（信息安全）、个人信息泄露、网络谣言、网络暴力、人肉搜索、数据共享与隐私权、数据滥用、算法偏见、算法推荐、网络歧视和污名化、虚假信息泛滥等，这些问题都或多或少与"人的尊严"有关，如今具有深度学习能力的人工智能机器人是否威胁到人类存在本身、是否会颠覆人与人之间的关系等问题已引起社会各界

---

① 习近平：《人民对美好生活的向往就是我们的奋斗目标》，2012 年 11 月 16 日，人民网 http：//cpc. people. com. cn/18/n/2012/1116/c350821 - 19596022. html。

② 《中国共产党第十八届中央委员会第五次全体会议公报》，2015 年 10 月 29 日，新华网 http：//news. xinhuanet. com/politics/2015 - 10/29/c_ 1116983078. htm。

的高度关注，"人的尊严"视角仍然是一个理论抓手和重要着力点。随着人们的认识能力和"尊严"意识大大提高，社会生活中关涉"人的尊严"的投诉和诉讼成倍地上升，作为宪法价值或法律精神的"人的尊严"观念已不能满足当前法治中国建设的需要，必须进一步探讨"人的尊严"的政治伦理学和法伦理学释义，以便在制度建设、立法和司法实践中得以贯彻和实施，从而指导人们的社会生活实践，尽可能地减少或避免有损"人的尊严"事件的发生。因此，本书的问题研究有着极为重要的实践意义。

二　国内外研究现状

当前学界关于"人的尊严"研究主要集中在其思想渊源、根据、内涵、特性以及与人权、法治的关系等方面的一般理论研究和政治哲学、法哲学、生命伦理学等学科视野下的应用理论研究。

（一）国外研究现状

当代西方学者关于"人的尊严"研究可以分为两部分：一是关于"人的尊严"一般理论的研究；二是关于"人的尊严"应用理论的研究。

1. 关于"人的尊严"一般理论的研究

关于"人的尊严"的思想渊源。西方学者通常从西方哲学史中关于"人"的认识，即西方人学史或西方人学观念史和基督教学说以及西方关于"德性、自主、自由、平等"等思想中去挖掘。从"二战"以前的西方文化史来看，直接研究"人的尊严"的著作只有两部：一是文艺复兴初期意大利人文主义思想家皮科（Giovanni Pico della Mirandol）的拉丁文名著《论人的尊严》①，但严格说来，

---

① 1486年，皮科在罗马出版了900篇关于各种各样主题的论文，并且邀请学界同仁于1487年1月来就这些论文进行讨论。他写了一篇介绍这次讨论的演讲稿。然而，这次讨论并没有举行，因为被罗马教皇阻止了。两年后，皮科死了，这篇演讲稿被出版，取名《论人的尊严》（On the dignity of man），被后世誉为"文艺复兴的宣言"。

这部书只是如此命名，其内容并非以"人的尊严"为主题，因为通篇没有直接提及"人的尊严"（Dignity of Man）的语句，有学者认为"整篇文章就是一篇关于尊严的专题论文"[①]；二是康德（Kant）的《道德形而上学原理》，这本书对"人的尊严"作了最为深刻而系统的表述，当代学者希尔（Thomas E. Hill）专门著述研究了康德哲学中"人的尊严"思想[②]。当代德国学者从基督教伦理的视角提出了全球化背景下"人的尊严"的具体内容，即"人的尊严"与生命权、自决、责任、团结、正义的关系[③]。如今，伴随高科技发展，引发"人的尊严"问题日益繁复和凸显，直接研究"人的尊严"的著作也日渐增多：美国迈克尔·罗森的《尊严——历史和意义》、玛莎·C. 纳斯鲍姆的《寻求有尊严的生活——正义的能力理论》和唐娜·希克斯的《尊严》，德国瓦尔特·施瓦德勒的《论人的尊严——人格的本源与生命的文化》和费迪南·冯·席拉赫的《尊严：我们侵犯也被侵犯》。

关于"人的尊严"的根据。西方学界主要有 3 种观点：一是"人的尊严"来源于人的存在，即只要是现实存在着的人，就具有人的尊严；二是"人的尊严"归因于人类之属性，即凡是具有人之为人的内在属性的人，就享有人的尊严；三是将"人的尊严"归溯于人的理性选择能力，这种观点使植物人、智障者处于一种尴尬的境地。

关于"人的尊严"的内涵。康德被认为是西方历史上第一个对"尊严"下定义的思想家，他说："一个有价值的东西能被其他东

---

① 参见 Rieke Van Der Graaf and Johannes Jm Van Delden, "Clarifying Appeals to Dignity in Medical Ethics from a Historical Perspective", *Bioethics*, 2009, Vol. 23, Number3, pp. 151 – 160。

② 参见 T. E. Hill, *Dignity and Practical Reason in Kant's Moral Theory*, Ithaca：Cornell University Press, 1992。

③ 参见伯恩哈特·福格尔：《人的尊严 出于基督教责任的政治行为 帮助定向的基督教伦理》，本文于 2009 年 11 月 4 日从北京阿登纳基金会获得。（本文是我 2009 年在中国社科院读博士期间导师甘绍平研究员发给我学习的文章，现查阅并未在国内公开发表，如果这样脚注不可以的话，只有把这个引用删除。）

西所代替，这是等价；与此相反，超越于一切价值之上，没有等价物可代替，才是尊严。"① 当代西方学者主要从"伦理学""法学"的视角解读"人的尊严"内涵，有以下几种观点：其一，"人的尊严"的核心内容是自治与自决；其二，"人的尊严"是人人特有的要求获得尊重的权利主张；其三，人的尊严的核心内涵是"自我控制"。

关于"人的尊严"的特点。一是平等性，一些西方学者主张人人生而平等，不因种族、性别、宗教信仰、社会地位等的不同而有所差异，人在尊严上也是平等的；二是差异性，一些西方学者把尊严理解为一种成就，是后天获得的具有主观差异性的高贵德性；三是相互性，一些西方学者认为人的尊严就是人与人之间的相互承认；四是不可侵犯性，一些西方学者认同"人的尊严"来源于人所固有的内在价值和属性，因此是神圣的、不可剥夺也不可侵犯。

关于人的尊严与人权的关系，很多学者赞成"人的尊严"是人权的根据，也有学者认为人权是"人的尊严"的基础，人的尊严是人权的一部分。

2. 关于"人的尊严"应用理论的研究

在政治哲学领域，很多西方学者从不同的角度探讨了妇女、工人、老年人、无家可归者以及劳动的尊严等。在这方面，德国著名的社会理论家阿克塞尔·霍耐特（Axel Honneth）开启了"承认理论"的研究，为当代西方社会中边缘人群和弱势群体的社会抗议运动寻找答案。对于个体而言，不断得到不同层次、不同方面的承认也是自我人格尊严的体现。

在法哲学领域，西方学者主要探讨："人的尊严"在法律体系中的价值和地位；"人的尊严"与宪法的关系，"人的尊严"是否属于宪法层次的基本权利或者说"人的尊严"与基本权利的关系，

① ［德］康德：《道德形而上学原理》，苗力田译，上海世纪出版集团 2005 年版，第55 页。

人的尊严与法治的关系，人的尊严与实体法的关系以及在实体法中的运用，人的尊严与程序正义的关系等。如今，尊重"人的尊严"已经成为一些国家处理安乐死案件时量刑的指导原则。

在生命伦理学领域，由生物医学技术，尤其是基因技术的应用引发的伦理道德问题对"人的尊严"提出了严峻的挑战。这个领域关涉"人的尊严"的问题最为严重。联合国教科文组织已经先后制定多项相关的宣言对这些技术的研发和应用做出了具体的规范，一些发达国家也已经开始注意这些新问题，并纷纷立法。

（二）国内研究现状

中国学者关于"人的尊严"研究起步较晚，在法学、伦理学领域的研究较为突出，在其他学科领域相对薄弱。目前，法学领域存在"人性尊严""人的尊严"和"人格尊严"混用的现象，也有学者对其进行了区分，但并未达成一致看法。如今，法学界往往在宪法层面探讨人的尊严，甚至将人的尊严提升到"宪法的最高价值"；其他关于"人的尊严"的讨论主要集中在："人的尊严"理论的建构，"人的尊严"与人权的关系、与实体法的关系，隐私权以及具体的问题、事件的探讨。在伦理学领域，"人的尊严"研究主要集中在"人的尊严"的思想渊源、内涵、与人权的关系、与生命伦理学的关系、克隆人的尊严以及生命伦理学中关涉"人的尊严"的问题等。此外，中国学者还从传统儒家、道家、法家、墨家文化中探寻"人的尊严"的思想基础，介绍国外的"尊严理论"，分析老年人、孩子、妇女、农民、劳动者、卖淫女、逝者的尊严等。总的来说，国内关于"人的尊严"研究受制于国外的研究水平，而且学科分立，缺乏系统研究，主要集中在以下5个方面：

关于中国伦理思想史的梳理及其与西方的比较研究。首先，中国学者基本赞同西方学者对"人的尊严"的思想渊源的看法，他们从西方哲学史中探寻"人的尊严"观念的历史演变过程，重点考察了康德、马克思、费希特、狄更斯、马斯洛等关于"人的尊严"思想。其次从宗教神学、西方哲学史关于"人"的思想中探究"人的尊严"思想，并且将基督宗教和儒教中的"人的尊严"思想进行比较研究。

关于"人的尊严"的根据及其与人权的关系。中国很多学者都赞同"人的尊严"归因于人类之属性或人类之特性。法学领域的学者基本认同"人的尊严是人权的根源、根据或基础"。然而，甘绍平明确指出："尊严是人权的一部分，而不是人权的根基。"①

关于"人的尊严"在法律中的地位。中国学者对"人的尊严"在现代法律中的地位做了相当深刻而全面的比较和分析：张千帆认为，中国宪法和法律将"人的尊严"作为一项基本权利来规定②；胡玉鸿指出：人的尊严是法律主体概念得以成立的基础，法律的根本目的即在于保障人的尊严的实现③。

关于"人的尊严"的内涵。中国学者从不同的学科、不同的视角阐释"人的尊严"的内涵，可归结为以下两类：一是从权利的视角，如甘绍平认为"人的尊严是一项权利，即不被侮辱"④；二是从人性的视角，如万其刚明确指出：人的尊严包括生命，理性、非理性与超理性，自主、自治与自决，自律与义务、责任，隐私，创造力和自我实现等⑤。韩跃红和孙书行从多学科的视角将"人的尊严"内涵归结为3个方面：一是在生物学意义上的人的生命尊严；二是心理学意义上的人的自尊意识和自尊心理；三是社会学意义上的"人的社会尊严"。⑥

关于"人的尊严"的应用研究。在政治哲学领域，中国学者从

---

① 甘绍平：《人权伦理学》，中国发展出版社2009年版，第160页。
② 张千帆：《宪法》，北京大学出版社2008年版，第178—180页。
③ 参见胡玉鸿《法律的根本目的在于保障人的尊严》，《法治研究》2010年第7期。
④ 甘绍平：《人权伦理学》，中国发展出版社2009年版，第160页。
⑤ 万其刚：《论人的尊严作为人权正当性根据》，博士学位论文，中国政法大学，2007年，第82—110页。
⑥ 参见韩跃红、孙书行《人的尊严和生命的尊严释义》，《哲学研究》2006年第3期。

不同的角度探讨了老年人、孩子、妇女、农民、劳动者、卖淫女、逝者的尊严等；以霍耐特为代表的法兰克福第三代社会批判理论——"承认理论"是当前中国政治哲学、政治伦理等学科研究的热点。在法哲学领域，中国很多学者都坚持"人的尊严"具有宪法意义，应该受宪法保障；我国台湾省辅仁大学的庄世同认为"人性尊严为法治的核心价值"①。在生命伦理学领域，中国学者集中探讨了"人的尊严"与生命伦理学的关系，其中主要阐述了当前生命伦理学领域关涉"人的尊严"的伦理难题，其阐述的路径、方法和观点与西方学界基本没有本质上的区别。

三　研究思路

整体研究以词义解释和历史梳理为研究基础，全面深入地解读"人的尊严"在中西伦理思想史中的主要观念、基本观点，旨在对"人的尊严"的思想渊源和历史脉络进行综观性考察，为随后的理论分析和实践应用铺垫基础；以理论阐发为研究核心，论证伦理学视野下"人的尊严"的基本问题和主张，力图澄清本课题的基本概念、主要观念，以期为具体实践领域的分析确定哲学立场、价值基础和逻辑起点；以前沿领域为研究重点，突出问题意识，从政治伦理学、法伦理学、生命伦理学的研究视角具体分析"人的尊严"在当代的际遇，竭力阐发"人的尊严"在遭遇各种挑战时所应有的全面、正确、合理的尊严观；以解决现实生活中关涉"人的尊严"的伦理难题为研究旨趣，揭示人们在面对这些伦理困境时所应坚持的道德立场和态度，为理论分析奠定实践基础。本书除了导言和结语外，共分5章：

第一章是对"人的尊严"进行词义学解释。"人的尊严"是一个复合名词，"尊严"从词义上说有它特定的解释，而"人的尊

---

① 庄世同：《法治与人性尊严——从实践到理论的反思》，《法制与社会发展》2009年第1期。

严"一方面限定了"尊严"的内涵；另一方面又扩大了"尊严"的外延。笔者首先从中英文的词义解释入手，对"人"和"尊严"进行辨析，然后得出"人的尊严"的词义学解释；其次，就当前中西方学界关于"人的尊严"的内涵在生命伦理学、法伦理学等前沿性学科领域的实践解析进行归纳总结。

第二章是对"人的尊严"进行中国伦理思想史的历史阐释。在中国伦理思想史上，由于人文语境的转移、诠释文本的转换和核心话题的转向可以将其划分为不同的历史时期，鉴于当前中国学者的"分期"，笔者根据不同历史时期"人的尊严"观念演绎发展的路径和特点，将"人的尊严"观念在中国伦理思想史上的发展划分为3个历史时期：先秦时期，秦汉至隋唐时期和宋元明清时期。在每个历史时期，笔者以各思想家之人学思想中所蕴含的"尊严"观念为主线，以各思想家所处的时代为顺序，抛开儒、墨、道、法、佛等各家学派的区分，对各思想家所继承和发展的人学思想进行反思和细致的梳理：先秦时期，诸子百家争鸣，物种尊严、"天道"尊严、人性尊严、生命尊严、主体尊严、人格尊严、自尊与他尊、自由尊严、社会尊严等在其人学思想中都有论及，具有思想启蒙的意义；由于西汉董仲舒"罢黜百家、独尊儒术"，使得秦汉至隋唐时期人学思想的丰富程度尚不及先秦时期，但这一时期的思想家在物种尊严、人性尊严、平等尊严、主体尊严、自由尊严等方面的论述较之先秦时期还是有所推进；宋元明清时期的思想家在物种尊严、人性尊严、主体尊严、人格尊严、生命尊严、社会尊严等方面继续深入探讨，特别是宋明理学之后，思想家们批判封建君主专制，试图将"人"从天、命、神、鬼的束缚中解放出来，人的个体意识开始觉醒，人作为个体的尊严开始凸显。

第三章是对"人的尊严"进行西方伦理思想史的历史阐释。纵观西方伦理思想史，笔者认为，"人的尊严"观念的日益觉醒和凸显经历了两个发展时期：即古希腊至18世纪末的理论建构时期和

19 世纪以来的实践批判时期。根据不同历史阶段的思想家对"人"的本质、特性的揭示路径和方法以及"人的尊严"在不同历史阶段所呈现出来的主要特点，笔者把"理论建构时期"分为：古希腊时期的相对尊严观，中世纪基督教传统的绝对尊严观，文艺复兴时期的主体尊严观，启蒙时期的自然尊严观，以及康德的"人是目的"尊严观①5 种表现形式；而且，每一种"尊严"形式的揭示都是从人与神、人与自然、人与社会的关系中去观察、思考、认识和把握的，即采用相对视角，以其他事物或对象，甚至以"人自身"为参照物，来揭示人本身所具有的内在价值和尊严；其中，"康德尊严"完成了"人的尊严"观念从"身份到契约"的历史性转变。所谓"人全面而自由的发展"就是在人与神、人与自然、人与社会 3 种关系的博弈中不断向前推进，"人的尊严"观念也是在这种博弈中不断呈现和进一步发展。

　　之所以把"康德尊严"单列出来，是因为康德把关于"人"的思考真正转向了作为个体存在的"人"本身，即通过自我意识在"人人都是目的"的对象性关系中去认识和把握"人的尊严"；而且"康德尊严"从某种程度上来说使西方伦理思想史上关于"人的尊严"观念的理论建构一度达到了顶峰，且表现出一定的系统性和完整性，其对后世的影响持续至今。在"康德尊严"的指导下，"人的尊严"观念开始了社会政治—法律领域和"二战"后兴起的生命伦理学领域的实践批判过程，当前学界关涉"人的尊严"问题的探讨依然常常以"康德尊严"为赞成或反驳的依据。因此，笔者

---

　　① 也可称之为"康德尊严"（Katian Dignity）。参见 Rieke Van Der Graaf and Johannes, Jm Van Delden, "Clarifying Appeals to Dignity in Medical Ethics from a Historical Perspective", *Bioethics*, 2009, Vol. 23, Number3, pp. 151 – 160。Rieke Van Der Graaf 和 Johannes Jm Van Delden 认为康德关于"人的尊严"的思想内在于康德哲学之中，因此可称之为"康德尊严"。笔者认为，康德尊严观的核心虽是"人是目的"，但他关于"尊严"的观念蕴含于其整个思想体系之中，因此笔者为了表述简洁，在之后的行文中也沿用 Rieke Van Der Graaf 和 Johannes Jm Van Delden 关于"康德尊严"的提法。

将"康德尊严"作为理论建构和实践批判两大历史时期的分界点。

在实践批判时期，笔者主要分4部分进行论述：一是源于自然法传统的"自然尊严"观对资本主义国家的宪法制度以及民法的影响；二是"康德尊严"对资本主义国家的宪法制度乃至世界秩序的影响；三是第二次世界大战后"人的尊严"正式引入国际性法律文件和各国家宪法；四是"人的尊严"在生命伦理学中的应用与挑战。在当前的社会生活领域，源于自然法传统的"自然尊严"观和康德的"人是目的"尊严观依然在涉及"人的尊严"的问题争论中作为重要理据发挥作用，可以说，当前学界关于"人的尊严"的论辩还未完全突破这两大传统。

第四章是从理论层面探究"人的尊严"的伦理根据、伦理特点和伦理内涵。第一节论述"人的尊严"的伦理根据，从赋予—尊严说，相对—尊严说，主体—尊严说和权利—尊严说等展开论证；第二节解析"人的尊严"的伦理特点，即普遍性和独特性；第三节阐释"人的尊严"的伦理内涵，即生命及其尊严，自尊与相互尊重，自主、自律与责任、义务。

第五章是在前三章对"人的尊严"进行理论阐释的基础上，论述当今社会应该如何尊重和保护人的尊严，主要通过政治伦理学和法伦理学的学科视角。第一节主要阐述尊重和保护人的尊严是国家义务；第二节主要论述承认是尊重和保护人的尊严的价值诉求；第三节主要揭示程序正义是尊重和保护人的尊严的基本要求。

四 主要特色

本书是从伦理学的学科视野，结合当前"人的尊严"在前沿性学科领域、特别是生命伦理学领域遇到的困惑和挑战，通过政治伦理和法伦理等应用伦理学视角对"人的尊严"进行系统性研究。目前国内伦理学界还未有一部系统研究"人的尊严"的理论成果。由于学科视野的差异以及高新技术的迅速发展，对"人的尊严"之伦理内涵的解析可能存在着定性定量分析的难度和以偏概全的矛盾。

"人"和"尊严"两个词发展到今天，都是很难给出令人信服、被普遍认可的确切定义的概念。因此，要给"人的尊严"下定义只能是一个尝试性的工作，而本书重在揭示"人的尊严"的伦理内涵和伦理特点。本书将按照"词义辨析—历史梳理—理论阐释—实践应用"的解释框架，在人与对象（神、自然界的万事万物、人或人本身）的关系中去揭示"人"是什么，人为什么享有尊严，人的尊严指什么、有什么特点以及包括哪些方面等，然后进一步论证在现实的社会生活中应该如何尊重和保护人的尊严。

康德以前的西方伦理思想史中几乎没有专门研究"人的尊严"的历史文本，而且，直接论及"人的尊严"的思想家也是寥寥无几，即使有也只是偶尔提到，并未对"人的尊严"做过学理阐释和分析。因此，笔者只能根据"人的尊严"的词义解释，从西方关于"人"的思想，即人学思想中去梳理"人的尊严"的根据、内涵、特点等，这是一个比较艰巨的文献分析工作。鉴于当前国内学界关于西方人学思想的研究已经达到了一定的高度，因此笔者将借助这一思想基础对"人的尊严"观念进行建构性解读。本书力图从伦理学的视野将"人的尊严"做一系统的理论阐释。

五　研究方法

本书以比较与分析、历史与现实、理论与逻辑、归纳与演绎为基本方法，主要应用以下具体方法：

1. 历史叙事法。所谓"历史叙事既不是就事论事，也不是以论代史，而是论从史出。叙事不是复述，而是创新；它既是思想的历史，又是活着的历史；既积累别人的思想资源，又不失时机地阐发自己的观点"[①]。本书中，这一方法将主要用于"人的尊严"在

[①]　赵敦华主编：《西方人学观念史》，《前言》，北京出版社出版集团2005年版，第4页。

中西方伦理思想史中的历史梳理。

2. 价值分析法。本书将以当前社会生活实践中，尤其是高新技术发展应用引发的关涉"人的尊严"的现象或事件作为分析对象，澄清"人的尊严"观念在以高科技和全球化为主要特征的 21 世纪所具有的理论价值和实践意义。

3. 系统分析法。本书将从伦理学的视野，通过政治伦理、法伦理、生命伦理等研究视角对"人的尊严"的历史演变、理论构架、实践体系等方面进行系统分析研究，以期能够更好地指导人们的社会生活实践，使人们过一种有尊严的、体面的生活。

第一章

人的尊严:词义辨析与实践解析

　　"人的尊严"涉及两个基本的概念:一是"人";二是"尊严"。人,专指具体的个人而非"人类"或"人民"等,并且是剔除了身份、种族、民族、财富、国籍、性别、能力、信仰等外在条件的一般意义上的具体的"个人",不仅包括社会生活中现实存在的个人,还包括以人的"生命形式"存在的个体生命,即胚胎、逝者、后代等。当然,笔者还是以现实存在的具体的"个人"为基础,只是在阐释过程中会考虑和关照到人的其他生命形式,即将生命伦理学的视角运用于"人的尊严"的理论阐释之中,以求关于"人的尊严"的伦理学解读能够应对当前生物医学、基因技术等飞速发展给人们带来的新情况、新问题。尊严,从字面意思来理解,就是"尊贵庄严",因此,所谓人的尊严,最直观的理解就是指个人的尊贵庄严。然而,人作为社会的、文化的存在物,在不同的历史时期、不同的发展阶段上都呈现出不同的发展样态,由此,"人的尊严"必然具有历史文化层面的深层含义,也必然要求人们必须在不同的历史文化传承中、在不同的社会生活实践中去感知和把握"尊严"之于"人"的实际意义。笔者首先对"人的尊严"进行词义学解释。

第一节　人的尊严的词义辨析

根据不同的文化—宗教传统和历史文化背景,"人的尊严"在中英文中的词义解释有共通之处,但差异也比较突出。

一　人的尊严的中文解读

"尊严"在汉语中是一个合成词,"尊"和"严"都有确切的含义,"严"字的出现晚于"尊",两者可以单独使用,也可以合在一起使用,分别指称一定的意义。

所谓"尊"在《辞海》① 中有4种含义:(1)古代酒器。青铜制,鼓腹侈口,高圈足,作圆形或方形,是古代用来盛酒做祭祀的礼器,盛行于商代和西周初期,后来泛称一切酒器或礼器。如《周礼》六尊,牺尊、象尊、箸尊、壶尊、大尊、山尊,以待祭祝宾客之礼;陆游《杂感》诗:"一尊易致蒲萄酒,万里难逢鹳鹤楼"。"尊"还可作为量词,如一尊酒,两尊大炮,五百尊罗汉;释慧皎《高僧传·义释篇》:"苻坚遣使送……金缕绣像,织成像各一尊"。(2)地位或辈分高。在古代社会,只有身份高贵、社会地位高的帝王将相、侯爵公卿等贵族才有资格用"尊"作为酒器或者祭祀用的礼器,特别是青铜制造的"尊",平民百姓是绝对不准使用的。由此,"尊"字可以引申为至高至大、至尊至上、高贵显大、威严肃穆等形容词意义。可见,古代的"尊"是一种身份地位的象征,而身份地位的高低是相比较、相对而言的,贵族通过尽可能多地占有好的物品、财富或独享某种政治、经济特权将自己和平民划分开来,以平民的贫瘠和卑微来显示自己的尊贵或高贵。因此,"尊"是一个相对概念,它需要借助、参照其他事物来体现自身的价值或

---

① 辞海编委会编:《辞海》,上海辞书出版社1990年修订版,第340页。

意义,若用在"人"身上,就必须通过与他者的对比来彰显其自身的价值和意义。如《荀子》:"天子者,执位圣尊",《韩非子·有度》:"法审则上尊而不侵"。(3)尊重,尊奉;崇敬、敬仰。如《史记·高祖本纪》:"[项羽]乃详(佯)尊怀王为义弟,实不用其命",《礼记·中庸》:"故君子尊德性而道问学",宋朝文学家苏轼《教战守》:"尊尚勇武",其中,"尊"都是作为动词"尊奉、崇敬"使用的,表明一种谦逊、崇尚礼制的处世态度。(4)称呼长辈、对方及其有关人物的敬词。如称人之父为令尊,古时称知府为太尊,知州为至尊等;又如称呼对方或有关人物为"尊府、尊驾、尊翁、尊大人、尊夫人"等,《聊斋志异·章阿端》:"尊范不堪承教"。

所谓"严"有10个含义:一是紧急,如《孟子·公孙丑下》:"事严,虞不敢请";二是紧密、没有空隙,如把瓶口封严;三是严厉、严格,如严加管束、责己从严;四是厉害,如严刑、严寒;五是威严,如《诗·小雅·六月》:"有严有翼";六是端整、整饬,如严妆、严驾;七是尊敬,如《礼记·学记》:"凡学之道,严师为难";八是指父亲,如家严、严命;九是指衣装,如《后汉书·陈纪传》:"不复办严,即时之郡";十是指姓氏。

"尊"和"严"合在一起作"尊严"用,在《辞海》中有两层含义:一是庄重而有威严,使人敬畏。《荀子·致士》中说:"尊严而惮,可以为师",在荀子看来,一个具有尊严品格又使人敬畏的人,可以作为他人的老师;司马相如在《封禅文》中说:"是以汤武至尊严,不失肃祗",这里的"尊严"实际上就是指"人"的尊贵和威严,不仅强化了"因尊而严",也使"严"具有了位尊者高贵威严、不可侵犯的意味。二是对个人或社会集团的道德价值的认识和自我肯定,这表明个人或社会集团不是纯粹生物学意义上的人或人的集合,而是作为一个道德主体而存在;作为道德主体,个人或社会集团就要努力寻求德性生活的价值和意义,而德性生活的价值和意义又必须得到他人或社会，包括人自身的承认或认可。实际上，这一层面的"尊严"是指"人"作为社会意义上的人在现实生活中得到的社会承认和认可，受社会历史条件的制约，由国家制度、法律条文、社会规范等加以确认并在人们的社会实践活动中得以实现。

《现代汉语辞海》①中的"尊严"除了《辞海》已经包含的意思外，还有"可尊敬的身份和地位"。这里，把"尊严"直接和身份、地位联系在一起，但不是所有有身份、有地位的人都有尊严，而是那些具有"可尊敬的"身份和地位的人才有尊严。何为"可尊敬的"身份和地位？这是一个"价值判断"，由个人或社会做出哪种身份和地位是值得尊敬的价值判断，这无疑受到社会历史条件和文化传统的影响。如在一个官本位社会里，是否"为官"是一个人是否拥有尊严的根本标准，官阶高低是判断一个人享有多少尊严的重要标尺，为此，人与人之间的地位是不平等的，人们因身份和社会地位的不同而享有不同的尊严。然而，在一个追求自由平等的民主社会里，是否为官和官阶的高低不再是一个人是否享有尊严或享有多少尊严的根本标准、重要尺度，社会中的每个人都是平等的，都享有平等的尊严，即使是政府的高级官员，也只是其选民的代言人，必须接受选民的监督，可以根据选民的意愿进行撤换。那么，在民主社会里，"可尊敬的身份和地位"又如何确证呢？既然每个人生来就是平等的，具有平等的尊严，那么要得到社会的承认和尊重，就必须通过自身的努力去成为一个受人尊敬的人。人们或许因为自身具有某一方面的突出才能、具有优良的品德和高尚的情操、在某行业领域取得了卓越的成就等而得到他人或社会的承认和尊敬。总之，现代意义上"可尊敬的身份或地位"已经摆脱了等级制度的阴影，更多地是指向被社会肯定和承认的个人潜能、卓越表

① 现代汉语辞海编辑委员会：《现代汉语辞海》，中国书籍出版社 2003 年全新版。

现、优良品质、高尚情操等。

综上可知，从"尊严"的词义学解释来看，"尊严"内含了三层伦理关系：一是相对于天地万物而言，人为"尊"；二是相对于一般民众而言，君王、上级为"尊"，人的身份有尊卑贵贱之分；三是相对于个人交往而言，人以德为"尊"，人人皆可为圣贤。可见，"尊严"是一个相对范畴，必须在人与物、人与人、人与社会的关系中去认识和把握其伦理内涵。

二　人的尊严的英文解释

"尊严"在英文中的名词拼写为"dignity"，是从罗曼语族进入英语系的。罗曼语族，如拉丁语"dignitas"和法语"dignité"，在日耳曼语族（北日耳曼语支）中也有相应的表达，例如 Würde 和 vardighed[①]。因此，可以说，尊严（dignity）一词来自拉丁语"dignitas"，与法语"dignité"同源。按照玛哈尼（Jack Mahoney）的解释："拉丁文中的形容词 dignus，是英文名词 dignity 的词根，意思是'有价值的'（worthy）或'应（值）得的'（deserving）。"[②] 在古希腊和罗马文献中，这个词指的是某种"值得赞誉和崇敬的东西"，或者说是某种"杰出的、卓越的特性"，例如人的杰出高贵的社会地位、"古典贵族般的高贵或高尚的德性"[③] 等。

The Random House Dictionary of the English Language[④] 中关于"dignity"的解释有 7 个：（1）举止、行为、谈吐在庄严、正式的场合表现出的自我尊重（self-respect）和欣赏（appreciation）；

---

① 参见 Rieke Van Der Graaf and Johannes Jm Van Delden，"Clarifying Appeals to Dignity in Medical Ethics from a Historical Perspective"，*Bioethics*，2009，Vol. 23，Nmber3，pp. 151 – 160。

② Jack Mahoney，*The Challenge of Human Right：Origin，Development and Significance*，Malden：Blackwell Publishing Ltd. 2007，p. 146.

③ 参见 Jacob Dahl Rendtorff，"Update of European：basic ethical principles in European Bioethics and Biolaw"，*Bioethics Update*，Vol. 1，Issue2，July – December 2015，pp. 113 – 129。

④ Jess Stein，*The Random House Dictionary of the English Language*，New York：Random House，1966.

（2）高尚、崇高的品质（nobility or elevation of character），高尚的情操（dignity of sentiments）；（3）高位（elevated rank）、高官（elevated office）、显职（elevated station）；（4）天生的卓越（excellence in estination）、在自然秩序中表现出的卓越（excellence in the order of nature）；（5）相对地位（relative standing）、等级（rank）；（6）尊称、封号（a sign or token of respect）；（7）古代的显贵、要人（person of high rank or title）或全体显贵（such persons collectively）。第一个解释可以理解为，尊严是人们在庄严、正式的场合通过举止、行为、谈吐表现出的"自尊"和"自我承认"，即一个人要享有尊严，首先要使自己的言行举止得到自我的尊敬和欣赏，这是获得他人尊重和认可的前提。可见，尊严是一个关系范畴，是自尊和他尊的统一，需要通过与他人的关系展现出来。第二、四个解释说明尊严是指一个人在与他人的交往互动中展示出的高级、高尚或卓越的一面，也就是人通过他人来映射自己的高级、高尚或卓越。第三、五、六、七个解释说明尊严是特指等级制社会里的达官显贵或对其的尊称。由以上解释可知英文中的"dignity"是指代"人"的，是指"人的尊严"，且人的尊严是在与他人的相对关系中体现出来的优越性或高级性。

《大英汉词典》① 中"dignity"的解释除了上述 7 种外，还有两个：一是值得尊重或尊敬的品德（worthy of respect moral character），二是崇高的声望（elevation of credit）、荣誉（honor）。人可能因为具备或拥有值得尊敬的品德、崇高的声望或荣誉而享有尊严。此种意义上的"尊严"不是人人都享有的，也不是生来就有的，而是人们通过自身的努力锤炼出高尚的意志和品格，获得崇高的声誉后而享有的尊严，这是一种获得性的尊严。

---

① 李华驹主编：《大英汉词典》，外语教学与研究出版社 1992 年版。

《剑桥哲学词典》① 中的"尊严"词条写道：尊严，通常指归属给人的一种道德价值或道德地位；人被认为不仅具有"人的尊严"（human dignity），而且具有"尊严感"（sense of dignity）。这里将尊严和人的道德联系在一起，人因具有道德价值或道德地位而享有尊严，这是其他物种所不具备的。人不仅有尊严，而且有"尊严感"。"尊严感"是指人具有尊严意识，可以充分表达自己的主观意愿和主体要求，拒斥受到侮辱，即人不但享有尊严，而且能够感受到自我的尊严。

所谓"人的尊严"，在实际应用中的英文表述比较混乱，如human dignity，personal dignity，inherent dignity，the dignity of human condition，the dignity of human being，the dignity of being human 等。而且，每个词汇在汉语中的解释又有着细微的差别：如 human dignity 可以说是"人的尊严"，也可以说是"人类尊严""人性尊严"；personal dignity 可以说是"人的尊严"，还可以说是"个人尊严""个体尊严"。在汉语中，人的尊严也有诸多用法，例如，人类尊严、个人尊严、个体尊严、人性尊严、人格尊严、生命尊严等。而在国际性的人权法律文件或生命伦理学的讨论中，inherent dignity（内在尊严）和 the dignity of human being（作为一个人类存在者的尊严）两者指向的对象一致，通常指的是作为一个人类存在者所具有的内在价值。而 human dignity（人的尊严）和 the dignity of being human（作为人的尊严）通常指的是人类存在者并不是因为其属于"人类"这个物种，而是因为其具有某些独特的人类特征而具有内在价值，就像说植物人、胚胎不具有尊严，那是因为植物人、胚胎不具备人的理性能力或感受能力。the dignity of human condition（人的存在的尊严）指的是人应当拥有与人类存在者的价值相匹配的生存条件，主张人有尊严的权利就是在这个意义上使

---

① ［英］罗伯特·奥迪主编：《剑桥哲学词典》，王思迅译，中国台北：猫头鹰出版社 2002年版。

用的。

　　总之，"尊严"在英文中一般指品质、情操的高贵与高尚，才能的卓越，公共场合的庄严，行为举止的威严、端庄，官阶的高级，地位的高贵等意思。综观"人的尊严"在英文中的表述，一般有两种解释路径：一是人类尊严和个人尊严；二是"作为人"的尊严和"成为人"的尊严。人类尊严指人作为人类存在者相对于其他物种所具有的不可侵犯的权威和意志，这种权威和意志体现为一些精神观念和行为规则；个人尊严指一个人类个体相对于其他存在物所具有的神圣不可侵犯的高贵和威严，这种高贵和威严与人的身份、地位、品质、才能、德性、财产、权力等相关；"作为人"的尊严指人因自身的内在价值而具有的不可侵犯的意志和威严；"成为人"的尊严指人在"成为一个受人尊敬的人"的过程中相对于他人而具有的品质、人格上的高尚、优越或卓越。

第二节　应用伦理学的实践解析

　　第二次世界大战以后，人们通过反思战争中德、意、日法西斯对整个人类造成的惨无人道的迫害，在《联合国宪章》《世界人权宣言》等国际性宣言或法律文件中明确将"维护人的尊严"作为一个宣告或原则确立下来；之后各国宪法也都纷纷效仿，将其作为一个宪法价值、宪法原则或一项最上位的基本权利在实体法中予以贯彻。20世纪60年代以来，随着生命伦理学的兴起，关于"人的尊严"的讨论也日益激烈。在器官移植、克隆、辅助生殖、基因治疗、细胞干预等生物医学技术引起的伦理问题争论中，"维护人的尊严"经常被用来支持或反对某种伦理实践，某种程度上甚至起到了制止伦理对话的作用，然而"人的尊严"概念的内涵又模糊不清，没有一个统一的定论。因此，在生命伦理学界引发了一场关于"人的尊严"的存废之争。

一　"人的尊严"概念的存废之争

人的尊严在中英文表述上的混乱，实际上不仅表明了其内涵的模糊，而且也体现了其应用上的主张纷杂，特别是在政治领域、司法领域和生物技术领域，人的尊严是一个极其混乱的"尚方宝剑"：赞成某项政策、法律或生物技术的人可以以"人的尊严"为依据来支持它，反对者同样可以以"人的尊严"来责难它。例如，支持安乐死法律化者以捍卫要求安乐死的人的自主意志尊严为理据，反对安乐死者则坚持人的生命尊严的崇高性；支持治疗性克隆的人强调需要这种新的疗法来挽救病人的生命尊严，反对者则强调人类胚胎尊严的神圣不可侵犯。

正因为尊严这个概念表述混乱，内涵模糊，使用杂陈，以至于尊严作为一种价值规范受到严重削弱，一些人武断地以为要把这个概念从伦理学中剔除出去。麦克琳认为，"尊严不过是尊重人或尊重自主"，是重复，并没有给它们增加新的内容，因此断言"尊严在医学伦理学中是个无用的概念，能够在不损失任何内容的情况下被清除"[1]。这种极端的态度对于澄清尊严的含义及其应用并无益处，因此，有些学者认为可以对尊严做出部分保留。拜尔茨（Kurt Bayertz）认为，"人的尊严"概念已经深深嵌入我们的现代性思考之中，"一个人不能在不破坏它的情况下坚持人的尊严这个概念；一个人不能在不肯定它的情况下放弃人的尊严这个概念"[2]。这种折中态度也无可取之处，绝大部分学者认为要对尊严进行新的诠释，使其内涵得到充分的揭示，使其应用得到广泛的统一。德国学者比恩巴赫尔（Dieter Birnbacher）主张尊严概念的建构要去除争议性元

---

[1]　R. Macklin, "Dignity is a Useless Concept", *British Medical Journal*, 2003, Vol. 327, pp. 1419 – 1420.

[2]　K. Bayertz ed., "Human Dignity: Philosophical Origin and Scientific Erosion of an Idea." From *Sanctity of Life and Human Dignity*, Netherland: Kluwer Academic Publishers, 1996, pp. 101 – 121.

素，使它作为一种类绝对概念继续在政治学、法学和伦理学中发挥作用。①

丹尼尔·苏尔麦斯（Daniel P. Sulmasy）认为，尊严是伦理学中的一个重要概念，不是尊重自主或者尊重公平，而是"尊重自主或者尊重公平"的原因，即因为人有尊严所以应该"尊重自主或者尊重公平"，尊严是权利的基础，而不是权利的同义词②；"尊严"包括 3 个层面：被赋予的尊严（attributed dignity）、内在的尊严（intrinsic dignity）和派生的尊严（inflorescent/derivative dignity）。被赋予的尊严指人们赋予高贵的，具有某种天赋才能、技术或力量的人的价值。内在的尊严指仅因某人是"人类"这一事实而具有的价值，不因贡献、个人或集体的选择所增减。派生的尊严是指用来描述与人的内在尊严相一致的事物的过程或状态等，如一种美德、一种事物的状态、人的某种习惯性行为等，在某种程度上都是人的内在价值的表达和体现③。这 3 个层面的尊严并不相互排斥，而是常在同样的情形下起作用，其中内在的尊严是最根本的、最基本的尊严④。由此，丹尼尔·苏尔麦斯明确指出：人仅因是"人类"、人类物种的成员而享有人的尊严。

笔者认为，我们不能因为自身无法澄清"尊严"概念的内涵以达成共识，就去否定或拒斥它，而应该对"尊严"概念进行积极有效的建构。为此，从应用伦理学的视角去分析和辨别"人的尊严"在相关的社会实践中的内涵、意义和作用。首先要说明的是，"人

---

① 参见 K. Bayertz ed. , "Human Dignity: Philosophical Origin and Scientific Erosion of an Idea. " From *Sanctity of Life and Human Dignity*, the Netherlands: Kluwer Academic Publishers, 1996, pp. 101 – 121。

② Daniel P. Sulmasy. "Human Dignity and Human Worth", in J. Malpas and N. Lickiss eds. *Perspective on Human Dignity: A Conversion*, Berlin: Springer, 2007, pp. 9 – 18.

③ Daniel P. Sulmasy. "Human Dignity and Human Worth", in J. Malpas and N. Lickiss eds. *Perspective on Human Dignity: A Conversion*, Berlin: Springer, 2007, pp. 9 – 18.

④ Daniel P. Sulmasy. "Human Dignity and Human Worth", in J. Malpas and N. Lickiss eds. *Perspective on Human Dignity: A Conversion*, Berlin: Springer, 2007, pp. 9 – 18.

的尊严"的内涵并不是单一的,而是有其复杂性、层次性和开放性。当前,关于"人的尊严"概念的实际应用主要集中在伦理学、法学、政治学领域。

二 人的尊严:应用伦理学的实践解析

(一) 生命伦理学中的"人的尊严"

J. D. 伦道夫和彼得·坎普提交给负责生物医学二期工程项目的欧洲委员会的报告中认为"尊严"的实质性内容包括 7 个方面:一是尊严在人际关系中作为认可他人的美德出现,作为一个社会概念,人的尊严(human dignity)构成了一种个人因他(她)的社会地位所具有的能力;二是尊严表征着每一个人类存在者的内在价值和道德责任,是普遍化的;三是尊严作为不同的人与人之间相互理解的结果,必须被认为是无价的,因此,作为人类存在者的人不能成为交换或商业交易的对象;四是尊严建立在自我与他人关系中的羞耻和荣誉之上,如侮辱和自尊;五是尊严界定了作为文明行为之底线的"图腾"情势和情感;六是尊严是在人类文明进程中逐渐发展而来的;七是尊严包括了个体对生命的形而上学理解,涉及人在极端情形中的有尊严的行为,这些极端情形包括生、痛苦、至爱的死亡、自己的死亡等。①

以上关于尊严的 7 种含义,大致可以归纳为:第一,尊严作为一种美德,是个人高尚的行为举止和自我对人际关系中的他者的认可。个人高尚的行为举止表现为自我对自尊的维护,如在遭受疾病的折磨、忍受非常人所能忍受的痛苦以及某些人类的重要能力如意识能力失去时,造成身体形象的损毁或个性丧失,为了结束这种感觉被排除在人类共同体之外的没有自尊的状态,个体所采取的维护自尊的行动。对他者的认可,包括对他者存在的认可和对他者作为

---

① 参见 Jacob Dahl Rendtorff, "Update of European: basic ethical principles in European Bioethics and Biolaw", *Bioethics Update*, Vol. 1, Issue2, July – December 2015, pp. 113 – 129。

独立的平等道德主体的认可，也包括对他人独特个性和才能的认可。前者主要来源于保罗·利科（Paul Ricoeur）所提出的，自我的实现和发展与他者在生活中是相互依存和共处关系，即侮辱他者、侵犯他者的自尊也就会伤害到自我和他人的真正关系，妨碍自我实现。后者主要来源于古希腊对他人经过自身努力所获得的社会地位的认可，但被认可的对象在现代社会不再局限于仅是少数人才能获得的社会地位，而是扩大到为更多的人通过后天努力能够具有的独特特征或者获得的各种才能。第二，尊严，作为人类尊严，是每一个人类存在者所具有的内在价值，即人类在自然中的独特地位。这种内在价值或者来源于人类自身所具有的能力：斯多亚学派（一译斯多葛学派）认同的人类独特的理性能力——洞察宇宙的秩序，文艺复兴时期的人文主义者倡导的人类自由选择善与恶的自由选择能力，康德道德哲学中的人所具有的理性自主能力；或者来源于外部：基督教中的上帝，人是按照上帝的形象被创造的，具有神圣性。第三，尊严作为人与人之间达成的普遍性的理性价值共识：人的身体及部分不能成为经济交易的对象。这来源于康德哲学中的绝对命令：人是作为自在目的的人类存在者，而不是仅仅把人当作手段。"在某些情形下，人类身体也被赋予了尊严"[1]。第四，尊严是人类文明进程中不断展现人性的人类文明行为的伦理底线，是人类发展到一定的阶段对自身历史反省的产物。如对奴役、性别歧视、种族歧视等的禁止。

美国生命伦理学的代表人物恩格尔哈特（H. Tristram Engelhardt）明确指出："人"是一种具有自我意识的、理性的、可以自由选择和具有一种道德关怀感的主体，然而，"并非所有的人类都是有自我意识的、有理性的、并有能力构想进行责备和称赞的可能性"，因此，"并非所有的人类都是人"。在他看来，这些"非

---

① Jacob Dahl Rendtorff, "Update of European: Basic Ethical Principles in European Bioethics and Biolaw", *Bioethics Update*, Vol. 1, Issue2, July – December 2015, pp. 113 – 129.

人"的"人类"包括胎儿、婴儿、严重智障者和没有希望恢复的昏迷者。[①] 根据恩格尔哈特的观点，如果将"自主性"看作是人是否享有尊严的标准，那么胎儿、婴儿、严重智障者和没有希望恢复的昏迷者就会因为不具有"自主性"而被排除在"尊严享有者"之列。然而，道德，无论其是相互尊重的道德还是相互同情的道德，都是以人为中心的，因此胎儿等"非人"的"人类"只是社会所需要保护的对象，其权益保护只能有赖于人们为他们所作的选择。恩格尔哈特认为，在一般的俗世条件下，可以正当地赋予胚胎、婴儿等"非人"的"人类"以一种受保护的角色，因为：(1) 这种角色支持人类生活中诸如同情和关照这类重要的美德，特别是当人类生命是脆弱和无助的时候；(2) 对于婴儿和其他一些"人类"来说，这种角色保护他们不受诸如究竟何时人类成为严格的人这种不确定性的影响，也保护那些有可能在人生的重大变化中成为没有行为能力的人；(3) 这种制度安排还可以保护抚养孩子的实践，"人类"在这种实践中成为严格意义的人。[②]

(二) 法伦理学中的"人的尊严"

如何从法律上定义"人的尊严"一直是法学及法伦理学者努力探究的问题，不同的学者、不同的国度和不同的文化背景，往往对此会有不同的理解。

意大利学者布斯奈里 (Francesco Busnelli) 指出，美国宪法将"尊严"与理性选择联系起来，认为只有那些可以进行自主选择的人才真正地享有人的尊严；而欧洲的宪法则强调"保护所有的人类的尊严，不带歧视地保护每个人"，布斯奈里进一步解释说："保护尊严就不允许对任何类型的人有任何歧视，无论有无知觉，无论是

---

① ［美］恩格尔哈特：《生命伦理学的基础》，范瑞平译，湖南科学技术出版社 1996 年版，第 144、147 页。

② ［美］恩格尔哈特：《生命伦理学的基础》，范瑞平译，湖南科学技术出版社 1996 年版，第 150、158 页。

否已经出生，无论是否已经成年。当提到尊严的时候，就是指与每个人都联系在一起的尊严。因此，它不取决于是否有个人的自由，相反，它先于个人自由，并且是个人自由的前提条件。"①

美国著名法学家德沃金（Ronald Dworkin）以"痴呆病人"为例，他首先设定："一般来说，人的尊严和其'尊重自我'的程度多寡有关。如果痴呆病人连他们自己都已感受不到了，我们需要操心他们的尊严吗？"② 在他看来，"尊严"就是不受侮辱，即"人们有权不受到在他们所属的文化或是社群中被视为不敬的举措"。从这个意义上说，痴呆病人已经丧失了知觉辨认"尊严"的能力，"甚至丧失了为尊严所苦的能力"，因此，他也无从体验侮辱，也就不再享有正常人的尊严。但是，德沃金指出，人实际上享有两种不同的权益：一种是"体验权益"，即通过自己对生活的参与而享有的权益，例如阅读小说使他感到身心愉悦；另一种是关键权益，指涉及当事人生活目标和生活理想的权益，例如阅读小说是为了成为一个文学家。由此，德沃金得出一个重要结论：从"体验权益"的角度我们无法证明痴呆病人是否享有尊严，但是，并不能证明他们没有"关键权益"，而"关键权益"才是证明人是否享有尊严的关键。德沃金解释说，只要当事人在行为中展示了其"真正的喜好、性格、信念，或是自我的能力"，就意味着他的关键权益已经实现。痴呆病人具有在他（或她）的生命中表现出其自身特质的能力，其生命历程是他（或她）自己所创造的，他同样会在日常生活中展示他（或她）的自我，因此痴呆病人也是具有关键权益的。德沃金明确指出："一个人想要被别人有尊严地对待的权利其实是一种希望别人承认其关键权益的权利。希望别人承认他是拥有道德坚持的生物，而这种道德坚持对他人生的行进是具有固有而客

---

① ［意］布斯奈里：《意大利司法体系之概观》，《中外法学》2004 年第 6 期。

② ［美］德沃金：《生命的自主权——堕胎、安乐死与个人自由》，郭贞伶、陈雅汝译，中国台北：商周出版社 2002 年版，第 256 页。

观的重要性的。"①

　　有的学者从反面对"人的尊严"进行定义。德国学者杜立希（Günter Dürig）指出："当一具体的个人，被贬抑为物体、仅是手段或可替代之数值时，人性尊严已受伤害"②。在杜立希看来，如果一个人被当作物体或手段来对待的话，那么这不仅是他（她）的人性的贬损，也是对其人性尊严的侵犯。我国台湾地区学者周志宏将"对人性尊严之贬损"归纳为：（1）对人类的屈辱与贬低，将人视为单纯的客体而非主体；（2）对个人内心之"个体性"的剥夺；（3）未能提供或保障"适合于人类的生存基础"。③ 在他看来，忽视人的主体性和个体性，不能为人提供适合其生存的条件，都是对人性尊严的贬损。然而，造成如此人性尊严之贬损的施动者是谁呢？这无疑是针对规则、政策的制定者而言的。英国学者卢克斯（Steven Lukes）认为，如果存在下列 3 种情况，即可以毫无疑义地断定这是对人的尊严的侵犯：第一，"完全控制或支配他的意志"或"不合理地限制他能够选择的目标范围"，其中还有一个"最阴险、最关键的方式"，即"消除或限制能够增强他对自己的处境和活动之自觉意识的机会"；第二，"如果没有正当理由而侵犯某人的私人空间和利益，干预他应受尊重的活动（尤其是干预他内在的自我），那这很明显是对他的不尊重"；第三，"如果有人减少或限制某人实现他自我发展能力的机会，这也是对他的极端不尊重"。④ 在卢克斯看来，控制或支配某人的自由意志，限制其自主选择权，侵犯其隐私和个人利益，限制其自我发展等行为都是对某人的极端不

---

　　① ［美］德沃金：《生命的自主权——堕胎、安乐死与个人自由》，郭贞伶、陈雅汝译，中国台北：商周出版社 2002 年版，第 270—272、274 页。

　　② 李震山：《论资讯自决权》，载《李鸿禧教授六秩华诞祝寿论文集》，中国台北：月旦出版社股份有限公司 1997 年版，第 719—720 页。

　　③ 周志宏：《学术自由与科技研究应用之法律规范》，载《李鸿禧教授六秩华诞祝寿论文集》，中国台北：月旦出版社股份有限公司 1997 年版，第 544 页。

　　④ ［英］史蒂文·卢克斯：《个人主义》，阎克文译，江苏人民出版社 2001 年版，第 121—122 页。

尊重，也是对其人性尊严的侵犯。

胡玉鸿认为，"人的尊严"从词义上可以理解为："人的尊严是由于每个个人的内在价值所获致的高贵与庄严，它也是社会上每一个人都具有的一种光荣或荣耀；人的尊严由个人自身加以认同，也需要社会或国家加以认可和保障。"① 因为，在他看来，人之所以享有尊严，是因为人自身所固有的内在价值，并非因为人所拥有的外在成就，而人因为其外在成就被他人钦佩或赞扬并不是对人的尊重。正如卢克斯所言："我们为某人的特殊成就而赞扬、为某人的特殊品质或出类拔萃之处而钦佩他，但我们把他作为一个人来尊重，则是根据他与所有其他人共有的特性。"② 然而，人的尊严虽然来源于人本身，但是每个人切实享有尊严还需要得到他人、社会或国家的认可和保障。基于此，胡玉鸿又进一步指出"人的尊严"的法律内涵：第一，生存于世上的每一个人都拥有不可侵犯的尊严，这类尊严的取得源于人的生命存在本身；第二，人的尊严在法律上要求尊重人的自主性，每个人都是理性的、独立的存在，他可以决断涉己的事务，从而在生活中充分表达自我、展示自我以及发展自我；第三，根据人的尊严的内涵，人既是法律上的权利主体，也是法律上的义务主体和责任主体；第四，相对于人的尊严而言，国家和社会更多地以"义务主体"的形式出现，国家不仅承担着维护人的尊严的使命，同时又负有保障人的尊严得以实施的义务。③

本书将人的尊严视为人自身所固有的内在价值，归因于人之为人的根本特性。正是这种特性使得人从属于"人类"的共性，显示出与非人的差别。谈论人的尊严，只要能认定是"人"，即具有人

---

① 胡玉鸿：《"个人"的法哲学叙述》，山东人民出版社 2008 年版，第 132 页。

② ［英］史蒂文·卢克斯：《个人主义》，阎克文译，江苏人民出版社 2001 年版，第 116 页。

③ 胡玉鸿：《"个人"的法哲学叙述》，山东人民出版社 2008 年版，第 148—155 页。

的基因组和人的生命特征这个基本事实，就足以认定其享有人的尊严。因此，在现代的社会生活中，人的尊严的前提是人与人相互承认，承认彼此的主体性意识与价值。

第二章

人的尊严:中国伦理
思想史的解读

中国伦理思想史中关于"人"思想即人学思想可谓非常丰富,不仅探讨了人的起源、人的本性、人生价值、人格尊严、人格理想及修养方法,而且揭示了人与自然、人与社会、人与人以及人自身的灵与肉的关系等内容。然而,在这些思想中直接论及"人的尊严"的却并不多。"尊严"一词在中国古代经典中有所论及,如《荀子·致士》:"尊严而惮,可以为师",董仲舒的《春秋繁露·立元神》:"贤者备股肱,则君尊严而国安",这两处的"尊严"均指"庄重肃穆、尊贵威严"的意思,并未完全表达尊严作为关系型范畴的内在意蕴。有的学者认为,中国传统文化中的"人"被淹没在等级、群体和社会之中,根本没有真正意义上"个人",也缺乏人的尊严所意指的"平等""自主""自由"等观念;有的学者认为,董仲舒提出"罢黜百家、独尊儒术"后,人的尊严思想在中国的发展就停滞了,直到近代思想启蒙后才被重新关注。即便如此,鉴于当前"人的尊严"概念在不同学科中的学理阐释和广泛应用,有必要从"人的尊严"的词义学解释入手,深入详细地解读中国古代思想家关于"人"的思想,挖掘其中蕴含的"人的尊严"观念,以便为当前人们运用"人的尊严"观念分析和解决伦理问题寻找历史文化基因和共同的心理追求。

综观中国伦理思想史，不同历史阶段的思想家都是在人与自然的关系、天人关系、人与人的关系、人与社会的关系中去思考和把握人的本质和特性、人之存在的价值和意义的。这里的"人"包含两个层面：一是作为物种的"一般意义上的人"；二是作为以血缘关系为纽带的等级社会中的不同个体。尽管不同历史阶段的人学思想具有相同或类似的研究旨向，但先秦诸子百家开启的儒、道、法、墨等流派以及汉唐以后佛教与儒道思想的融合，使得不同历史阶段的思想家对"人"的思考既有不同思想流派的传承又有现实问题的诘问。2014年，张立文教授出版了《中国哲学思潮发展史》一书，他遵循人文语境的转移、诠释文本的转换、核心话题的转向3条"游戏规则"对中国哲学思潮进行整体把握，按照历史进程将其分为先秦元创期的道德之意哲学思潮、秦汉奠基期的天人相应哲学思潮、魏晋南北朝发展期的有无之辩哲学思潮、隋唐深化期的性情之原哲学思潮以及宋元明清登峰造极期的理气心性哲学思潮5编。① 借鉴这一分期，根据中国古代思想家之人学思想中所蕴含的"人的尊严"观念在中国伦理思想史中演绎发展的路径和特点，笔者将"人的尊严"观念的发展划分为3个历史时期：先秦时期，秦汉至隋唐时期和宋元明清时期。

第一节 先秦时期的"尊严"观念

"先秦是中国哲学思潮的原创时期，华夏诸族融合，经夏、商、周三代'制礼作乐'，思想意识日益觉醒，哲学精神渐次突破，达到'郁郁乎文哉'的文明境域，先秦哲学思潮便在礼乐文化的人文语境的土壤中萌生和创发出来。"② 这一时期，诸子百家不仅围绕人的起源、人的本性、人格尊严、人生意义、人生理想展开讨论，而

---

① 张立文：《中国哲学思潮发展史》，人民出版社2014年版，上册，第17—19页。
② 张立文：《中国哲学思潮发展史》，人民出版社2014年版，上册，第17—19页。

且揭示了人与自然、人与社会、人与人以及人自身的灵与肉的关系，开创了中国历史上空前壮观的百花齐放、百家争鸣的学术局面。笔者根据"人的尊严"的词义学解释，建构性解读先秦诸子百家之丰富的人学思想，挖掘出以下关于"人的尊严"的思想内涵。

一 物种尊严：人与动物的区别

儒家创始人孔子以"仁""礼"观念为中心，强调人与动物的区别，充分肯定人的价值。孔子曰："仁者，人也。"[1] "仁"是人之为人的根本，一个人只有具备了"仁"才能称其为人。然而，如何"求仁"呢？"子曰：'克己复礼为仁'。一曰克己复礼，天下归仁焉。"[2] 在他看来，要为"仁"就必然与人的一些本能要求相抵触，必须通过"克己""复礼"方能"为仁"，也才能使人成为"人"。可见，孔子不是把人当作自然物对待，不是从人的自然属性去定义人，而是将人从天、命的规定性下解放出来，作为"类存在物"置于人与自然的关系中加以思考，从而将人的社会性特征"仁"规定为人区别于动物的本质特性。

孟子对"人"进行了更为深入的探讨，提出："仁也者，人也。"[3] 即人之所以为人的本质是"仁"。何为"仁"？曰："仁，人心也。"[4] 人心即"人皆有之"的"恻隐之心，仁之端也；羞恶之心，义之端也；辞让之心，礼之端也；是非之心，智之端也"[5]。在他看来，"人生来具有恻隐、羞恶、恭敬、是非之心，于是产生仁义礼智四种最基本的道德理念。它们共同构成人之所以为人的基本准则和重要根据。"[6] 仁义礼智并非外在因素附加于"我"的，而

---

[1] 《中庸·二十章》，载李春尧注《中庸译注》，岳麓书社 2016 年版，第 56 页。
[2] 《论语·颜渊》，载杨伯峻、杨逢彬注《论语》，岳麓书社 2018 年版，第 146 页。
[3] 《孟子·尽心下》，载李郁编译《孟子》，三秦出版社 2018 年版，第 144 页。
[4] 《孟子·告子上》，载李郁编译《孟子》，三秦出版社 2018 年版，第 112 页。
[5] 《孟子·公孙丑上》，载李郁编译《孟子》，三秦出版社 2018 年版，第 30 页。
[6] 李中华主编：《中国人学思想史》，北京出版社出版集团 2005 年版，第 12 页。

是"我"本身所固有的,即"仁义礼智,非由外铄我也,我固有
之也"。① 在仁义礼智中,孟子特别重视仁和义。他认为,仁是关
键,是人心,是人得以安身立命的房舍。义只是正路,是走向仁的
途径。"人之所以为人"就是"明于庶物,察于人伦,由仁义
行"②,"仁义"等道德观念是人区别于动物的根本标志。每个人都
可以通过教化而"明人伦也",不明人伦的"人"与动物无异。

荀子进一步探讨了"人之所以为人"的根据,曰:"人之所以
为人者,何已也?曰:以其有辨也。饥而欲食,寒而欲暖,劳而欲
息,好利而恶害,是人之所生而有也,是无待而然者也,是禹、桀
之所同也。然则之所以为人者,非特以二足而无毛也,以其有辨
也。"③ 在他看来,人之所以为人的根本在于"有辨"。何为"辨"?
曰:"辨莫大于分,分莫大于礼,礼莫大于圣王。"④ "辨"就是辨
别上下、亲疏的名分,而名分的辨别主要依靠"礼仪",礼仪是
"圣王"为了解决"群"而不"乱"、"群"而不"离"、"群"而
不"劳"的问题而创造的行为规范。荀子认为,"群"是人类战胜
自然的前提条件,人只有因"义"而"群"才能有战胜自然的力
量。他认为:"(人)力不若牛,走不若马而牛马为用,何也?曰:
人能群,彼不能群也。人何以能群?曰:分。分何以能行?曰:以
义。"⑤ "分"指人类社会的等级分别,它依靠"礼仪"即道德规范
和制度规范来保证。荀子强调"明分使群",包含了以群体为本位
来确定个体的社会地位,同时也包含了"人"以具有社会性为
"贵"的思想。总之,荀子认为"礼仪"是调节人与人、人与社

① 《孟子·告子上》,载李郁编译《孟子》,三秦出版社 2018 年版,第 107 页。

② 《孟子·离娄下》,载李郁编译《孟子》,三秦出版社 2018 年版,第 78 页。

③ 《荀子·非相》,载(唐)杨倞注,耿芸校点《荀子》,上海古籍出版社 2014 年版,第
44 页。

④ 《荀子·非相》,载(唐)杨倞注,耿芸校点《荀子》,上海古籍出版社 2014 年版,第
44 页。

⑤ 《荀子·王制》,载(唐)杨倞注,耿芸校点《荀子》,上海古籍出版社 2014 年版,第
98 页。

会、人与万物的行为规范，是人与禽兽的根本之别。人之所以贵于禽兽，高于禽兽，最根本之处在于人类有道德规范，不像动物那样乱伦乱行，从这个角度和意义上说，人是宇宙间最可贵的。

在荀子之前，关于人比动物、植物高贵、有灵气的思想就已有论及。古文《尚书·泰誓》中有一句话："惟天地万物父母，惟人万物之灵。"① 意思是说天地是万物的父母，人是万物中最有灵性的。灵在何处？此文并未做出回答。直到《管子》一书，才用"精气"说来解释人的灵与贵之处。《管子》的作者认为，人是由精气和形气两种气相合而产生的，且两种气相合必须适当，才能产生人，否则就不能产生人。精气不仅是构成天地万物的基本元素，还是产生人的精神、智慧的基本元素。"道"或"精气"居住到人的形体中，就产生了人的精神和智慧。② 总之，在荀子之前，很多人认为人比动物、植物要高贵，要有灵气，而人之所以有智慧，主要是得到了"精气"的原因。这种看法显然带有先天的决定论色彩。然而，荀子是从物质世界发展进化的阶段性来论证人之"贵"于万物的理由的。他说："水火有气而无生，草木有生而无知，禽兽有知而无义，人有气、有生、有知亦且有义，故最为天下贵也。"③世间万物虽然都是由"气"构成的，但其本质却有不同。水火等类虽由"气"构成但却没有生命，草木等类虽有生命却没有知觉，禽兽等类虽有知觉但却没有行为规范的"义"。宇宙间唯有人类兼有气、生命、知觉和"义"，"义"是世间万物发展的最高级形态，是人所特有的，是人区别于禽兽的根本标志。因此，人因为有"义"而"贵"于世间万物。

墨子反对"有命"论，呼吁"以力抗命"，提出人可以通过自

---

① 《尚书·泰誓》，载周秉钧注译《尚书》，岳麓书社 2001 年版，第 105 页。
② 孙鼎国、李中华主编：《人学大词典》，河北人民出版社 1995 年版，第 322 页。
③ 《荀子·王制》，载（唐）杨倞注，耿芸校点《荀子》，上海古籍出版社 2014 年版，第 98 页。

己的努力奋斗改变命运,而动物则不能。在他看来,"未有刑政",
则"天下之乱,若禽兽然"①,因此,君主必须任用贤能的人来维
护社会的安定和谐。这表明墨子已经开始从人与人的社会关系中去
思考人的本质,认为是"刑政"使人与动物区别开来。墨家不仅揭
示了人的认识基础、前提和条件及认识的可能性,而且还初步描绘
了从感性活动上升到理性思维(虑)的过程。墨家明确提出,人之
为人离不开知识,知识与人的"形"是统一的。也就是说,人具备
一定的认识能力,可以认识客观世界并获取知识,而动物则不具备
这种能力。

　　总之,先秦时期的儒家一般认为,人之所以区别于动物在于人
有仁义道德,人因有"仁义"而高于其他动植物;墨家认为人之所
以区别于动物在于人有一定的认识能力,可以认识客观世界,通过
自己的努力改变命运,而动物只能依循"本能"而生存。可见,先
秦时期的思想家将人的社会性特征"仁义"看作人与动物的根本
区别。

二　"天道"尊严——人在宇宙中的位置

　　老子认为,天地万物都是由"道"产生的,都是从"道"中
获取自己的形体和性能,"道"是天地万物的宗祖。所谓"道",
就是性自然而法自然。因此作为"道"之产物的天、地、人亦当效
法自然,其本性亦是无为自化、自然而然。"道法自然"说排除了
"神"预设在天人关系中的主宰地位。老子又提出"域中四大"
说:"故道大、天大、地大、人亦大。域中有四大,而人居其一
焉。"②可见,老子把"人"提高到与天、地、道同等的地位,明确
地肯定了"人"在宇宙中的位置,并且以哲学思维的形式赋予

---

　　① 《墨子·尚同》,载(清)毕沅注,吴旭民校点《墨子》,上海古籍出版社2014年版,
第42页。

　　② 《老子·二十五章》,载冯国超注《老子》,华夏出版社2017年版,第53页。

"人"以自然存在的合理性与合法性。

老子的这一思想被庄子继承和发展。庄子把"道"视为宇宙万物的本原,认为"道"是客观真实的存在,是无限的、无所不在的。在他看来,天人之间、物我之间、生死之间以至万物,只存在着无条件的同一,即绝对的"齐"。老子主张"齐物我""齐是非""齐生死""齐贵贱"幻想一种"天地与我并生,万物与我为一",安时处顺,逍遥自得的主观精神境界,否认有神的主宰,强调事物的自生自化。

《黄老帛书》也认同,道是包括人在内的万物的来源,整个宇宙是一个互相联系的整体,天是整齐而有秩序的,可以为人所效法。人间的"法"应该来自于天道,而不是人类自己,且只有圣人才能够掌握天道,并依此制定人间的法度和秩序。人事如果合乎天道,就会获得成功;反之,就会有灾祸。然而,《黄老帛书》强调人事必须效法天道,这并不是贬低或者蔑视人,因为天道也需要人去认识和感悟,否则人事就缺失了可以效法的自然规律和行为规则。

法家的管仲学派根据人的本性,强调"天道人情"的作用。在其看来,天道就是人心,人心是由人的本性所决定的。人情就是人类普遍具有的趋利避害的本性,任何人都有好利恶害的本性。从人的本能导出天道人情,从天道人情导出人心的作用,这是对人的主体性的肯定,突出了人的内在价值。

总之,先秦时期的道家把"道"视为宇宙万物的本原,把"人"提高到与天、地、道同等的地位,肯定了人在宇宙中的位置,并且进一步提出人事必须效法天道才能取得成功。法家将"天道"和"人性"统一起来,肯定符合"天道人情"的"人心"的主体作用。

三 人性尊严——人性是先天平等的

孔子认为,"仁"是作为个体存在的"人"所拥有的本质特性，是每个人生而具备的共同属性，表明每个人在人性上都是先天平等的。即便孔子将人性分为"上智"和"下愚"两类，但其共同具有"仁"的本性是天生的，甚至是不可改变的。孔子明确提出："性相近也，习相远也。"① 人性是相近的，人之所以会产生千差万别的特征，完全是后天的"习"所造成的，是人的生活环境、习俗和个人的主观努力综合作用的结果。在他看来，人人都具有相近的自然禀赋，因此人人都可以通过后天的教育和自身的努力而展现出不同的个体差异，成就不同的人生。人人都可以"学而优则仕"，每个人都有同等的机会和条件来成就自己。然而，这里必须澄清的是，孔子所处的时代毕竟是一个以血缘为基础的宗法等级社会，他本人是倡导和维护这种等级制度的，他所崇奉的"周礼"就是把人分为不同的等级并制定出相应等级所应遵循的礼数用以规范人的言行、维持社会秩序的一种制度，它明确区分了人与人之间的尊卑、贵贱、长幼、亲疏等关系。因此，在"礼"的作用下，孔子所谓的"人性平等"并未在当时的政治实践和社会生活实践中得到真正的体现，它更多地是作为人们期冀和向往后天的平等权利的理论依据。

孟子认为，"善"是人之本性所固有的，是每个人都平等拥有的特性。他明确提出："人性之善也，犹水之就下也。"② 即人性本是善良的，就好比水都向下流的特性一样，"向善"是人心所固有的趋势。"仁义礼智"也是"我"本身所固有的，是每个人生来就平等拥有的、能够成为君子的道德潜能。每个人都可以通过自身的努力发挥这些道德潜能，只要不使其丧失，不为物欲所伤，则"人皆可以为尧舜"③。"既然人人可以为尧舜，那么每一个人'为圣'的气质、权利、义务都是平等的、同一的。这样，便无形中破除了

---

① 《论语·阳货》，载杨伯峻、杨逢彬注《论语》，岳麓书社 2018 年版，第 214 页。

② 《孟子·告子上》，载李郁编译《孟子》，三秦出版社 2018 年版，第 104 页。

③ 《孟子·告子下》，载李郁编译《孟子》，三秦出版社 2018 年版，第 118 页。

'圣人'的超人的权威，圣人便下降为凡人。"① 在这个意义上，可以说孟子的思想中蕴含了人与人之间平等的思想。正如梁涛所言："孟子将善性看做是人的价值与意义之所在，而善性又是天平等地赋予我们每一个人的，只要扩充、培养我们的善性，'人皆可以为尧舜'，这样便从根本上保障了人与人之间平等的可能。"② 然而，事实上，并非每个人都可以成为尧舜。孟子曰："有天爵者，有人爵者。仁义忠信，乐善不倦，此天爵也；公卿大夫，此人爵也。古之人修其天爵，而人爵从之。今之人修其天爵，以要人爵；即得人爵，而弃其天爵，则惑之甚者也，终亦必亡而已矣。"在他看来，"仁义忠信，乐善不倦"是人之"天爵"，是人之所以为人的根本，是体现其生来平等的价值和尊严所在，也是其获得后天的道德权利和政治权利的根据；而"公卿大夫"作为"人爵"则是后天的，是从属于"天爵"的，是等级社会里的人获得与其身份、地位相应的道德权利和政治权利的条件。人的本性是善的，人与人之间之所以会出现后天的千差万别，关键在于"人爵"。

荀子说："性者，本始材朴也。"③ 在他看来，性最初只是一种质朴的材料，是人与生俱来的没有经过任何后天打磨的自然本性，它只限于"食色""喜怒""好恶""利欲"等自然本能，故"人之生固小人"④，人生来就是"性恶"的小人，喜欢对自己有利的东西，趋利避害。因此，荀子曰："人之性恶，其善者伪也。"⑤ "伪"是人为的意思，人的善良是人为的结果。也就是说，人性天生是恶的，但人可以经过后天的努力学习、持之以恒地践行

---

① 张立文：《中国哲学思潮发展史》，人民出版社2014年版，下册，第811页。

② 梁涛：《孟子解读》，中国人民大学出版社2010年版，第21页。

③ 《荀子·礼论》，载（唐）杨倞注，耿芸校点《荀子》，上海古籍出版社2014年版，第238页。

④ 《荀子·荣辱》，载（唐）杨倞注，耿芸校点《荀子》，上海古籍出版社2014年版，第35页。

⑤ 《荀子·性恶》，载（唐）杨倞注，耿芸校点《荀子》，上海古籍出版社2014年版，第285页。

"礼义道德",化性起伪,成为尧舜那样的圣人或君子。从人人生性皆恶和人人都有可能成为尧舜这两个层面来说,人与人之间是平等的。

道家的老子主张"见素抱朴"的自然人性论,认为人应该保持或回复到自然的纯朴状态。宇宙间的一切都是自然的,因此人的本质亦应如此。老子所说的"自然",是朴素自在的存在,既不需要任何人为的雕琢,也不需要任何知识的积累。在他看来,要保持人的朴素本性,就要少私寡欲或以"无欲"为欲。然而,如何保持人的本性不被欲望损害呢?老子主张"复归"到无知无欲的婴儿状态。因为婴儿保持了人的本真之性,无"是非""利害""善恶"之辨,婴儿眼中的世界是一个无差别的和谐的整体世界。庄子也主张尊重人性自然,反对以各种外在的事物和教条伤害人的自然本性。他认为,生死不过是气之聚散的过程,要人们以"安时而处顺"的态度淡看生死,培养一种超然的人生态度。

法家认为,人的自然本性是趋利避害、好利恶害,这主要根源于人的生存欲望和生存需要。商鞅说:"民之性,饥而求食,劳而求佚,苦则索乐,辱则求荣,此百姓之情也。"[1] 人因有饥、劳、苦、辱等生存需要而必然在利弊之间趋利避害。又曰:"民之生,度而取长,称其取重,权而索利。"[2] 在他看来,人的本性与生俱来,人的一生就是追逐名利的一生,人的所有行为都受制于好利的本性,统治者恰恰可以利用人的好利本性实现自己的统治。韩非子认为,每个人都有欲利之心,人的任何行为都受好利的本性支配,即使是父子、君臣之间,也是计利而行的。"臣尽死力以与君市,君重爵禄以与臣市。君臣之际,非父子之亲也,

---

① (战国)商鞅:《商君书·算池》,载长治《商君书评注》,武汉大学出版社 2019 年版,第 64 页。

② (战国)商鞅:《商君书·算池》,载长治《商君书评注》,武汉大学出版社 2019 年版,第 67 页。

计数之所出也。"① 在他看来，认为儒家所说的君臣之间以忠信仁义相待是不可靠的，人们必须根据"人性自私"建构起一套约束人的行为的制度规范以实现对国家的"依法"治理。法家主张人性自私，人性自私是法家的根本思想和理论依据。

墨子认为，人的自然本性趋向于恶，但人性是可变的，能变化的，"染于苍则苍，染于黄则黄"②。墨子提出"兼相爱、交相利"，宣扬"爱无差等"的平等观。在他看来，天下之人都应该不分亲疏、贵贱、贫富，平等地相亲相爱，即使君臣、父子、兄弟之间也应该在平等的基础上相互友爱。"夫爱人者，人必从而爱之；利人者，人必从而利之。恶人者，人必从而恶之；害人者，人必从而害之。"③ 凡是爱别人的人，别人也随即爱他；有利于别人的人，别人也随即有利于他；憎恶别人的人，别人也随即憎恶他；损害别人的人，别人也随即损害他。"兼爱"就是"交利"，人与人之间相亲相爱就会互相得利。国与国之间的战争、人与人之间的争夺，其根本原因就是人们"不相爱"。墨子反对等级歧视，大国侵略小国，强国压迫弱国。

总之，先秦时期的儒家、道家和法家尽管在人性"善恶"问题上有不同的看法，但一般都认同人的自然本性是先天平等的，这也仅仅是停留在人之本性的理论探讨上，一旦进入现实社会，儒家的"礼"和法家的"法"依然是为维护封建等级制度服务的；而墨子的"兼爱非攻"思想有宣扬人人平等，反对等级歧视，以强凌弱的倾向。

---

① 《韩非子·难一》，载（清）王先慎集解，姜俊俊校点《韩非子》，上海古籍出版社2015年版，第429页。
② 《墨子·所染》，载（清）毕沅注，吴旭民校点《墨子》，上海古籍出版社2014年版，第8页。
③ 《墨子·兼爱中》，载（清）毕沅注，吴旭民校点《墨子》，上海古籍出版社2014年版，第61页。

四 生命尊严——人的生命是可贵的

孔子认为"仁"的本质就是"爱人"。"樊迟问仁。子曰:'爱人'"①。在孔子看来,爱是一种基于血缘的自发的爱,对每一个人来说,都是首先爱自己的亲人,进而扩展到爱所有人。虽然孔子所言之"爱"是有差等的,但他主张"爱大众"又体现出其对"民",尤其是对下层民众、仆人甚至奴隶的关爱与尊重。他认为人生来就比世上任何东西都更为珍贵,即便受到伤害的是"小人"乃至坏人,其价值也不能和动物同日而语。"厩焚。子退朝,曰:'伤人乎?'不问马。"② 当时马匹的价值比看管马厩的人的价值要高得多,但孔子首先问人是否受伤而不问马。孔子强烈谴责陪葬习俗,甚至反对用"俑"陪葬,他咒骂:"始作俑者,其无后乎?"③ 可见,孔子是非常关爱、重视和尊重人的生命的。

孟子认为,"恻隐之心"是每个人生来就有的,是人之所以"为仁"的根据,体现了每个人对他人生命的尊重和重视。孟子极力反对滥杀无辜。在他看来,不论人的身份、地位、财富等有何差距,每个人在生命意义上都是平等的,都应该得到尊重和保护;即使为了夺取天下而滥杀无辜也是不能被接受的,"行一不义,杀一无辜而得天下,皆不为也"④,因为民众的生命比获取君主之位更重要。

荀子认为,政府有责任、有义务补贴和帮助穷人、病人、孤寡老人、作奸犯科之人以及聋、哑、跛等残疾人,使他们能够获得基本的生活保障或者具备一定的谋生技能,这是对其生命的重视以及对其人格尊严的尊重和保护。这一思想,以今天现代意义的视角来

---

① 《论语·颜渊》,载杨伯峻、杨逢彬注《论语》,岳麓书社2018年版,第154页。
② 《论语·乡党》,载杨伯峻、杨逢彬注《论语》,岳麓书社2018年版,第128页。
③ 《孟子·梁惠王上》,载李郁编译《孟子》,三秦出版社2018年版,第4页。
④ 《孟子·公孙丑上》,载赵清文注《孟子》,华夏出版社2017年版,第62—63页。

看，仍然具有十分重要的现实意义。

杨朱及杨朱学派直指个体生命的存在价值，主张"重生""贵己"及"为我"。杨朱学派肯定个人情欲的自然合理性，但其主张欲望之求必须"轻物重生"，以"贵生"为根据及原则，有限度地满足欲望。在杨朱学派看来，实现和满足人的感性情欲，是人的生命的重要内容。对于个人来说，利益是多方面的，而其中最大和最宝贵的是人的生命，其他利益只能服务于而不应有损于"生"，即保全"我"的生命是"我"个人利益中之最大者。杨朱学派认为儒家的仁义礼智等道德规范都是束缚人之生命的绳索。

道家主张，既然现实社会不把人当人看，不爱人，摧残人性，那么人只有自己爱护自己。老子反对儒家之"仁者爱人"的规范，主张自爱。他认为，若人人都能做到"自爱不自贵"①，不伤害别人，那么，整个社会就充满爱了。在他看来，国家"无为而治"就是爱民、爱人，即"爱民治国，能无知乎？"②老子反对推崇圣贤，他说："不尚贤，使民不争；不贵难得之货，使民不为盗；不见可欲，使民心不乱。"③他认为，使民不争、不盗、不乱是治国的根本，是爱民之道。这也是老子对"民"之生命的关怀和尊重。

总之，先秦时期，儒家和道家思想中均有关于尊重和重视人的生命的内涵，虽然不具备现代意义上"每个人的生命都是平等的"思想，但考虑到当时等级森严的专制社会里存在着人与人之间的不平等，尽管没有对这种不平等进行批判，但其对民众以及弱者的关怀和重视在今天仍然有一定的指导意义。

五　主体尊严——为仁由己、制天命而用之

在中国伦理思想史上，人的主体性是蕴含在人与神的关系、

---

① 《老子·七十二章》，载冯国超注《老子》，华夏出版社2017年版，第152页。
② 《老子·七十二章》，载冯国超注《老子》，华夏出版社2017年版，第152页。
③ 《老子·三章》，载冯国超注《老子》，华夏出版社2017年版，第8页。

天人关系、人与自然的关系、人与社会的关系之中的，思想家
们对人的主体性的弘扬都是通过对这些关系的辩证思考得以实
现的。

约 2 万年前，原始人类已相信人死后还有某种存在，因此宗教
学家断定原始人已经产生了"灵魂"观念。① "由灵魂观念衍生出
来的种种原始崇拜。这些崇拜的核心是逐步走向'独立'的、具有
人格意志并能操纵和主宰世界的'神'。这个'神'是由人的'精
神'脱胎而来，在其获得'实体'性格和'独立'地位后，便与
'人'形成对立，并且一步一步地占据统治地位。从此，在人类精
神思想的发展史上，除了人与自然的关系外，又出现了人与神的关
系。自然是本有的，而'神却是人造的'。"② 至此，人神关系成为
中国伦理思想史上的思想家们解读"人"的思维框架之一。"从中
国上古原始宗教发展出来的图腾崇拜、生殖崇拜、祖先崇拜以及形
形色色的鬼神崇拜，一直到汉晋以后的佛教、道教等，无不以'神
灵'为中心来建立自己的宗教体系。即使是不相信真有人格神存在
的儒家思想，也终以'神道设教'的形式，为鬼神和神灵保留了地
盘。"③ 殷人崇拜的最高神就是"帝"或"上帝"，他能主宰一切。
周人取得政权以后，为证明自己政权的合法性，把殷人对"上帝"
的崇拜逐渐发展为对"天"的崇拜，称至上神为"皇天上帝"，简
称为"天"，主张君主的行为必须绝对服从神的意旨，因为，从根
本上说，地上王权是上天赋予的。周人对传统天命观的变革，一方
面体现在天命常变的统一；另一方面，也是主要的和本质的方面，
就是提出"以德配天"，"天"指"天命"，"德"指"人德"。
"德"是天意的体现，因此，只有"德裕乃身"，才能得到"天"
之大命；同时也只有"敬德"，才能"保民"，从而得到"民"的

---

① 参见李中华主编《中国人学思想史》，北京出版社出版集团 2005 年版，第 8—9 页。
② 李中华主编:《中国人学思想史》，北京出版社出版集团 2005 年版，第 10 页。
③ 李中华主编:《中国人学思想史》，北京出版社出版集团 2005 年版，第 9 页。

拥护。可见，德是关系到政权得失和国家兴亡的大事，统治者不得不慎重对待。周朝的天命观改革所带来的直接后果，是"民"的地位的提高和"天"的神格及其所支撑的神权政治的淡化和衰落，为春秋时期人文主义的高涨创造了必要的前提。

孔子认为，"求仁"要靠主体自身的努力，即"为仁由己"①。他说："仁远乎哉？我欲仁，斯仁至矣。"② 一个人只要有求仁的要求并且能发挥自己的主体作用，就可以求仁而得仁。然而，孔子虽然强调人在"求仁"过程中的主体作用，但在他看来，人的主体性的发挥不能超越"礼"的社会要求。孟子和荀子也都强调"求仁"必须靠自身的努力，不能靠"天命"的自成。尤其是荀子，特别强调后天努力的作用，提出"涂之人可以为禹"③。在他看来，人不可能依靠人性自然发展成为圣人、君子，而是要靠后天不断地进行知识经验的积累和道德的修养。"化性而起伪"④ 可以成为圣人，但并不是必然成为圣人，关键在于每个人是否愿意通过努力学习、发挥主体性去成为"圣人"。

孔子提倡"畏天命"，因为"小人不知天命而不畏也，狎大人，侮圣人之言"⑤，但他并不否认人的主体作用，而主张人要"知其不可为而为之"⑥，明知做不到，也要尽人事，只有尽人事才可以言命，无人事亦无"命"可言。荀子在天人关系上，摒弃了孔孟"知天命""畏天命"中的消极因素，提出"制天命而用之"⑦ 和

① 《论语·颜渊》，载杨伯峻、杨逢彬注《论语》，岳麓书社 2018 年版，第 146 页。
② 《论语·述而》，载杨伯峻、杨逢彬注《论语》，岳麓书社 2018 年版，第 146 页。
③ 《荀子·性恶》，载（唐）杨倞注，耿芸校点《荀子》，上海古籍出版社 2014 年版，第 292 页。
④ 《荀子·性恶》，载（唐）杨倞注，耿芸校点《荀子》，上海古籍出版社 2014 年版，第 288 页。
⑤ 《论语·季氏》，载杨伯峻、杨逢彬注《论语》，岳麓书社 2018 年版，第 209 页。
⑥ 《论语·宪问》，载杨伯峻、杨逢彬注《论语》，岳麓书社 2018 年版，第 187 页。
⑦ 《荀子·天论》，载（唐）杨倞注，耿芸校点《荀子》，上海古籍出版社 2014 年版，第 205 页。

"化性而起伪"① 两个有创见的人学命题。在他看来，人不要去代天行事，对"天职"应该"不加虑""不加能""不加察"②，即顺其自然，"不与天争职"③。然而，人可以在"天人相分"的基础上，高扬人的主体性，"制天命而用之"④，通过自己对天时、地利的认识来利用自然、役使万物，成为自然界的主人。

墨子极力批判"有命"论，反对儒家所说的"死生有命，富贵在天"⑤，认为其乃"暴王所作"，完全是一种背离社会发展的"暴人之道"，严重束缚了人的主观能动性和人的主体性的发挥。墨子主张"非命"⑥，认为"命"是不存在的，人的寿夭、贫富和天下的安危、治乱都不是由"命"决定的，只要人能够积极努力，就可以达到富、贵、安、治的目标。人的命运都掌握在自己的手里，其富贵贫贱荣辱都可以通过自己的积极努力和奋斗而发生变化，"官无常贵而民无终贱"⑦。由此，墨子提出"以力抗命"的"强从事"论。他认为，"人力"是由人的本性所决定的，人要生存发展必须强力从事而不能怠倦。

战国时期的杨朱及杨朱学派主张"重生""贵己"和"为我"，强调个体生命的价值，可以看作是中国古代"个人主义"价值观的产生。所谓"为我"，即以"我"为中心，其实质是一种从个人至

---

① 《荀子·性恶》，载（唐）杨倞注，耿芸校点《荀子》，上海古籍出版社 2014 年版，第288 页。

② 《荀子·天论》，载（唐）杨倞注，耿芸校点《荀子》，上海古籍出版社 2014 年版，第199 页。

③ 《荀子·天论》，载（唐）杨倞注，耿芸校点《荀子》，上海古籍出版社 2014 年版，第199 页。

④ 《荀子·天论》，载（唐）杨倞注，耿芸校点《荀子》，上海古籍出版社 2014 年版，第205 页。

⑤ 《论语·颜渊》，载杨伯峻，杨逢彬注《论语》，岳麓书社 2018 年版，第 148 页。

⑥ 《墨子·非命》，载（清）毕沅注，吴旭民校点《墨子》，上海古籍出版社 2014 年版，第142 页。

⑦ 《墨子·尚贤上》，载（清）毕沅注，吴旭民校点《墨子》，上海古籍出版社 2014 年版，第27 页。

上出发，以个人为中心来看待世界、看待社会以及人与人的关系的立场和方法。这种理论主张，个人本身即是目的，社会只是达到个人目的的手段。杨朱学派不反对别人也"为我"，认为只有每个人都能做到"为我"，天下才能得到治理，此即"人人不损一毫，人人不利天下，天下治矣"①。这一点也是"个人主义"思想的基本要素，即一切个人在道义上都是平等的。杨朱学派的"重生""贵己"和"为我"的观点所包含的一种逻辑必然性是充分肯定了个人情欲的自然合理性，即便只是以"贵生"为原则的有限度的满足，也是个体自觉和人性解放的表现。

总之，先秦时期的思想家一般都是在"天人关系"的思维框架内阐释人的主体作用，从孔子、孟子的知天命、畏天命到荀子的"制天命而用之"和"化性起伪"，儒家对人的主体性的倡导从受"周礼"的束缚到顺从"天道"而为我所用，人可以认识和掌握自然的变化规律，利用其改造社会，造福人类。墨子更进一步提出"以力抗命"的"强从事"论，人可以通过自己的努力去改变所谓命运的东西，人的命运都掌握在自己的手里。这些思想都是对人的主体性的弘扬，为人的个性自觉和将人从天命中解放出来奠定了思想基础。

六 人格尊严——重义轻利、乐道忘势的大丈夫精神

孔子主张"仁""礼"结合的人格论，他认同的理想人格是"文质彬彬"的"中行"人格。② 在他看来，每个人的人格都是独立的，都能够自主地选择自己的行为，不能因为"位卑"、权势羁绊等而自贬人格、自损尊严。他提出："以道事君，不可则止。"③

---

① 《列子·杨朱》，载（晋）张湛注，（唐）卢重玄解，（唐）殷敬顺/（宋）陈景元释文，陈明校点《列子》，上海古籍出版社 2014 年版，第 204 页。
② 参见李中华主编《中国人学思想史》，北京出版社出版集团 2005 年版，第 59 页。
③ 《论语·先进》，载杨伯峻、杨逢彬注《论语》，岳麓书社 2018 年版，第 140 页。

"事君"是以"道"为原则的，如果不符合"道"，那就可以不"事君"。孔子高度赞扬伯夷、叔齐宁肯饿死也"不降其志，不辱其身"① 的独立人格。

孔子提倡"重义轻利，见利思义"，他把"义"摆在首要地位，要求人们在物质利益的面前，首先应该考虑怎样符合"义"，只有符合"义"的"利"才能获取。在孔子看来，行义是人生的最高价值，在贫富与道义发生矛盾时，宁可受穷也不会放弃道义，即"不义而富且贵，于我如浮云"②。"君子喻于义，小人喻于利"③、君子"躬自厚而薄责于人，则远怨矣"④、"君子求诸己，小人求诸人"⑤ 等都是孔子对其所重视的君子人格和尊严的具体阐释。

孟子强调人格独立和人格尊严的重要性，他大力提倡"得志，与民由之；不得志，独行其道。富贵不能淫，贫贱不能移，威武不能屈"⑥ 的大丈夫精神。他鄙视臣对君的绝对服从，鄙弃趋炎附势之人。在他看来，培养"大丈夫"精神必须通过长期不懈的努力，这是一个"养浩然之气"的过程，"浩然之气"是一个人一以贯之的行义与道的积累所产生的，"养浩然之气"的人不能做一点有愧于心的事，只能不断地提高自身的修养；而且，"大丈夫"以天下为己任，胸怀宽广，关爱他人。因此，"大丈夫"是值得每个人尊敬和爱戴的，每个人都应该积极努力地成为"大丈夫"以获得值得他人尊重的理想人格。

孟子主张"乐道忘势"，曰："古之贤王好善而忘势；古之贤士何独不然？乐则而忘人之势故王公不致敬尽礼，则不得亟见

---

① 《论语·微子》，载杨伯峻、杨逢彬注《论语》，岳麓书社 2018 年版，第 232 页。
② 《论语·述而》，载杨伯峻、杨逢彬注《论语》，岳麓书社 2018 年版，第 90 页。
③ 《论语·里仁》，载杨伯峻、杨逢彬注《论语》，岳麓书社 2018 年版，第 50 页。
④ 《论语·卫灵公》，载杨伯峻、杨逢彬注《论语》，岳麓书社 2018 年版，第 197 页。
⑤ 《论语·卫灵公》，载杨伯峻、杨逢彬注《论语》，岳麓书社 2018 年版，第 198 页。
⑥ 《孟子·滕文公下》，载李郁编译《孟子》，三秦出版社 2018 年版，第 50 页。

之。"① 在他看来，君臣之间应以"道"为重而不是"势"（即"道"尊于"势"，而非"势"压于"道"），士人应该禀"道"自重，决不能屈"道"以附"势"，自损尊严，自贬人格，"故将大有为之君，必有所不召之臣；欲有谋焉则就之。其尊道乐道，不如是不足与有为也"②。这种"乐道忘势"的观点蕴含着以"道"的平等为重去淡化"势"的等级差别之义，从而强化个体人格的独立性。由此，孟子提出有政治理想和抱负的士人必须秉持"道"而保持自身的独立人格，不能以牺牲道义、丧失士人独立人格尊严为代价。正因为士人人格的独立，使得他们能够更加关注人民的利益与福祉，而不是迎合君主的喜怒，从而奉行"民贵君轻"，做到为民请命。

《易传》特别强调君子的刚健特征，认为君子就应该具有刚毅的性格和刚健的品格。君子的刚健品格来自于万物之始，是由天的特征决定的，君子只有自强不息，日夜奋进，才可能有一种刚健的品格，才可能厚德载物。《易传》强调君子要增进德行，修建功业。为人忠实诚信，就可以增进德行；言辞诚恳实在，就可以修建功业。"自强不息、厚德载物"的君子人格是儒家《易传》所推崇的。

总之，先秦时期的儒家非常重视人格尊严和人格独立，认为人有君子和小人之分，每个人都要努力成为君子或圣贤之人，从而得到社会或他人的认可和推崇，以体现自身的价值和意义。

七 自尊与他尊——相互尊重的人人关系

孔子非常好学，且学无常师，他说："三人行，必有我师焉，择其善者而从之，其不善者而改之。"③ 在他看来，每个人身上都有

---

① 《孟子·尽心上》，载李郁编译《孟子》，三秦出版社 2018 年版，第 128 页。
② 《孟子·公孙丑下》，载李郁编译《孟子》，三秦出版社 2018 年版，第 84 页。
③ 《论语·述而》，载杨伯峻、杨逢彬注《论语》，岳麓书社 2018 年版，第 92 页。

值得他人学习的优点和长处，也有需要改正的缺点，人们应该学习
他人的优点，以他人为镜，改正自己的缺点。尊他人为师，与人为
善，待人宽而责己严，这不仅是对他人的尊重，也是自我人格尊严
的体现。孔子主张人格独立，提出君臣上下虽有差等，但是应该恪
守"礼"的规定，并彼此尊重。"君使臣以礼，臣事君以忠"①，君
主应该尊重臣下，以礼待之，而臣下应该忠于君主，为国效力。在
与人相处的问题上，孔子提倡"己所不欲，勿施于人"②，这是尊
重他人，平等待人的体现。

　　孟子认为，君臣之间应该相互尊重，对等以待。他说："君之
视臣如手足，则臣视君如腹心；君之视臣如犬马，则臣视君如国
人；君之视臣如土芥，则臣视君如寇雠（chóu）。"③ 在他看来，不
仅君臣之间要互相尊重，平等相待，人们在交友时，也应该因为友
人的品行和德性去与他相交，而不能依仗年龄长幼、地位尊卑或财
富多寡去交友，因为人与人之间在人性、人格意义上是平等的。

　　总之，先秦时期的儒家认为人与人之间的关系是相互的，尊重
别人实际上就是尊重自己，人以怎样的态度对待他人，他人也会以
相同的态度对待自己。即使在封建等级社会里，不同等级的人也应
该遵循"礼"，在与其等级相应的"礼制"要求和范围内互相以
待，友好相处。尤其是君臣之间，君主若能够尊重臣民，以礼相
待，定然能够实现和谐安邦的社会局面。

八　自由尊严——自然无为的逍遥境界

　　在老子哲学里，天是万物中最广大的一种客观存在，它不具有
人格，只是一种自然状态，而最根本的、构成万物的原始材料乃是
作为万物之宗的"道"。老子认为，道在"帝"和"天"之上，他

---

① 《论语·八佾》，载杨伯峻、杨逢彬注《论语》，岳麓书社 2018 年版，第 38 页。
② 《论语·卫灵公》，载杨伯峻、杨逢彬注《论语》，岳麓书社 2018 年版，第 147 页。
③ 《孟子·离娄下》，载李郁编译《孟子》，三秦出版社 2018 年版，第 74 页。

以自然无为的"道"打倒了主宰一切的上帝，推翻了天国，剔除了天的人格神的含义。在道与神的关系上，老子以"道"取代了"神"。他指出，治国理政应该"处无为之事，行不言之教"，如此就不需要用宗教来辅助政治而谋之于鬼神了。吉凶祸福、善恶美丑、穷富贵贱等皆属人事，既与鬼神无关，也与天命无关。可见，老子将人从天、命、神、鬼的束缚中解放出来，人只需依"道"而为、遵"道"而行，就可追求其人生的价值和境界。

庄子提倡"天人交相胜"，要求人们尊重自然，不主观妄为干涉自然，从而达到人与自然和谐相处的状态。在他看来，人应该遵循"自然"而为，人的主体性力量只能在"自然"允许的范围内发挥作用。庄子反对儒家"君君臣臣父父子子"的等级观念，认为"道通为一"，世间万物都是由"道"而生，彼此之间都是平等的。因此，人人都可以通过"心斋""坐忘""见独"等方法使自己进入无情欲、无哀乐、无忧患、无困苦的自由逍遥的精神境界。然而，庄子认为，只有摆脱万物，抛弃一切客观条件，即"无待"才能逍遥，因而只有神人、至人才能达到那种无所作为、脱离世俗、墨迹山林的逍遥境界。庄子将自由逍遥看作人生的最高境界，企图消除物我对立，取消事物的差别，追求绝对的精神自由。虽然庄子这种对脱离现实社会的精神自由的追求往往成为一种无奈的梦幻泡影，但他毕竟为芸芸众生摆脱世俗名利的束缚而达到精神的自由解放提供了一条道路，给予人们追求自由的勇气。

总之，先秦时期的道家主张自然无为，将自然之"道"置于"天"和"帝"之上，将人从天、命、神、鬼的束缚中解放出来。道家认为，人只要尊重自然，遵循"自然"而为，摆脱万物对人之身心的困扰，就可以达到自由逍遥的精神境界。先秦道家对"精神自由"的追求对后世关于人的"自由"观念的发展奠定了思想基础。

九　社会尊严——法律面前人人平等

先秦时期，儒家和法家思想中在治国理政方面蕴含的"平等"观念对后世思想家所倡导的社会平等观具有思想启蒙的作用。儒家虽然很少对社会不平等现象在理论上给予揭示和阐发，并且在律法方面提出"刑不上大夫，礼不下庶人"[①] 的等级观，但其思想中还是蕴涵着朴素的律法面前人人平等的原则。

首先，儒家强调"据法听讼，无有所阿"。无论任何人，只要违法犯罪，都要严格依法给予相应惩罚。其次，主张"为政者不赏私劳，不罚私怨"[②]，不能够因为个人的好恶和恩怨而影响了判罚的结果。再次，强调"为政在人""为政以德"[③]，注重统治者的道德修养以及"礼"的规范和引导作用，提倡圣贤之人的治国执法，重视统治者的道德品质和能力。"贤者在位，能者在职"[④]，都体现了依法任人的法律平等的精神。最后，儒家认为"徒善不足以为政，徒法不能以自行"[⑤]。治国必须德主刑辅，德法并重，即在道德优先的前提下"善""法"并行。

法家主张尚法明刑，做到"法不阿贵"[⑥] 和"刑无等级"，即不偏袒有权有势的人、刑罚没有等级之分。在法家看来，法一旦颁布生效，就必须要"官不私亲，法不遗爱"[⑦]，即做官的不偏袒自己的亲属，执法的不徇私情，君臣要"任法去私"。"法"作为规

---

① （汉）戴圣：《礼记·曲礼上》，载傅春晓注《礼记精华》，辽宁人民出版社 2018 年版，第 16 页。

② 《左传·昭公五年》，载（晋）杜预注《左传》（下），上海古籍出版社 2016 年版，第 735 页。

③ 《论语·为政》，载杨伯峻，杨逢彬注《论语》，岳麓书社 2018 年版，第 17 页。

④ 《孟子·公孙丑上》，载赵清文注《孟子》，华夏出版社 2017 年版，第 71 页。

⑤ 《孟子·离娄上》，载赵清文注《孟子》，华夏出版社 2017 年版，第 145 页。

⑥ 《韩非子·有度》，载（清）王先慎集解，姜俊俊点校《韩非子》，上海古籍出版社 2015 年版，第 44 页。

⑦ 《慎子·君子》，载高流水，林恒森注《慎子、尹文子、公孙龙子全译》，贵州人民出版社 1996 年版，第 44 页。

范社会的统一标准，乃"尺寸也，绳墨也，规矩也，衡石也，斗斛也，角量也"①，在运用过程中"不别亲疏，不殊贵贱，一断于法，则亲亲尊尊之恩绝"②，对任何人都应当做到一视同仁。法家所强调的"君臣上下贵贱皆从法""法不阿贵，绳不挠曲""刑过不避大臣，赏善不遗匹夫"③，都体现了法家公平执法的决心。

总之，儒家和法家思想中都蕴含着朴素的"法律面前人人平等"、不徇私、公正执法的思想，虽然在等级森严的宗法社会里并未得以贯彻落实，但仍然可以作为中华传统文化基因和思想根源，具有重要的启蒙作用。

第二节　秦汉至隋唐时期的"尊严"观念

春秋战国以后，诸侯征战，礼崩乐坏，社会秩序混乱。秦灭六国，一统天下，建立了我国历史上第一个统一的多民族中央集权制国家，并在西汉时期得到继承和发展。秦汉时期形成了"国家体制上由分裂到统一，由政权纷争到政权并一，由分封到郡县的转型，学术思想上由'道术将为天下裂'的'道德不一'到'罢黜百家、独尊儒术'的一统转变；王权尊崇上由东周的王权旁落到中央集权国家王权专制的转化；哲学思潮核心话题由'道德之意'到'究天人之际'的'天人感应转向'"④。魏晋南北朝是中国历史上政权更迭最频繁的时期。这一时期的哲学思潮由两汉经学转为玄学，其核心话题由"天人感应"转变为"有无之辨"，学术思想由"罢黜

---

① 《管子·七法》，载（唐）房玄龄注，（明）刘绩补注，刘晓艺校点《管子》，上海古籍出版社 2015 年版，第 29 页。

② 司马谈：《论六家要旨》，转引自李中华主编《中国人学观念史》，北京出版社出版集团 2005 年版，第 203 页。

③ 《韩非子·有度》，载（清）王先慎集解，姜俊俊点校《韩非子》，上海古籍出版社 2015 年版，第 44 页。

④ 张立文：《中国哲学思潮发展史》，人民出版社 2014 年版，上册，第 321 页。

百家，独尊儒术"转化为儒道融突和合，思维方式由烦琐的名物训诂转换为思辨的"辨明析理"。[①] 隋唐时期是中国历史上最强盛的时期，是经历了五胡乱华和南北朝近四百年的社会分裂之后的两个大一统皇朝。这一时期，"儒、释、道三教鼎立，相互论争、冲突融合，促使中国哲学思辨的深化。儒、释、道三教先后座次，唯变所适。总体而言，佛盛道衰，佛强儒弱，鼎立之势，时有倾斜"[②]。哲学思潮核心话题由"有无之辨"向"性情之原"转生，"标志着对人生本来面目的参悟上有了自觉，对人的生死来去的终极关切上有了追求"[③]。翔实而细致地梳理秦汉至隋唐时期著名思想家关于人学思想的文献，可知这一时期的人学思想在人的起源、人的本性、人与自然的关系、天人关系、人的主体性，人人平等、人的自由等方面都做了深入思考和探究，其中蕴含着丰富的"人的尊严"观念。

一　物种尊严——人"灵"万物

秦汉至隋唐时期的思想家一般都认为，人与万物都是由"气"运化而生的，人之所以区别于万物的根据在于人有仁义道德或聪明才智，而且人因具有仁义道德或聪明才智而高于其他万物。

（一）仁义道德与理性情感

东汉讲论五经同异，统一今文经义的一部重要著作《白虎通义》[④] 中指出，天地的产生是"元气"运动的结果，天由清气构成，地由浊气构成。天地之气交合运动，产生人和万物。人之所以与禽兽有别，主要在于人生而有"五常"，生而有"姓"[⑤]，即

---

① 张立文:《中国哲学思潮发展史》，人民出版社 2014 年版，上册，第 485 页。
② 张立文:《中国哲学思潮发展史》，人民出版社 2014 年版，上册，第 593 页。
③ 张立文:《中国哲学思潮发展史》，人民出版社 2014 年版，上册，第 600 页。
④ 其中关于人的论述，基本上沿袭甚至重复了董仲舒的"人副天数"的观点。
⑤ 这里指伦理文化宗法关系。

"姓，生也，人所禀天气所以生者也"和"人含五常而生，声有五音"①。因此，人是天的特殊的宠儿，人的本质在于"人道"，即仁义道德。

北周苏绰认为，人在宇宙中比草木瓦石飞禽动植物等具有更高的价值。他说："天地之性，唯人为贵。明其有中和之心，仁恕之行，异于木石，不同禽兽，故贵之耳。"② 故有"仁恕之行"，即人性中有善的成分，是人区别于木石禽兽的根本所在。人乃天地间之贵物，一死不可复生，人之所以为贵，是因为有中和之心，心是"一身之主"。苏绰的"人贵于物"思想，还认识到了人有内在的才干、内在的价值，倡导选择人才要以实际的才干为选拔标准。

唐代韩愈把天道自然与社会人事统一起来，企图统一到人格神中来解决两者之间的分歧和矛盾。他用物坏生虫来说明人是自然的阴阳元气受到破坏而产生的，天地人之间是一致的。他说："天者，日月星辰之主也；地者，草木山川之主也；人者，夷狄禽兽之主也。"③ 人之所以有这种突出的价值，因为人有仁义道德、人有性有情。"性"，指仁义本性；"情"，指感情欲望。情由性决定，人的情感意志与人的本性是一致的，情感意志的调整对人性有一定的意义，为修身养性提供理论依据。韩愈肯定情欲的作用，认为情欲要适中，作为社会的人，应使自己的理智支配情欲。

唐代李翱认为，人与万物同为宇宙间的"物"，但人之所以为万物中最宝贵的，就是人有道德之性，道德之性使人成为了人。他说："天地之间，万物生焉，人之于万物，一物也。其所以异于禽兽虫鱼者，岂非道德之性乎哉？受一气而成其形，一为物而一为

---

① 《白虎通义·姓名》，载《四库全书》，子部一五六，杂家类，上海古籍出版社1996年影印本，第54页。

② 《北史·苏绰传》，载（唐）李延寿《北史》卷六十三，中华书局1974年版，第2232页。

③ （唐）韩愈：《原人》，载《韩昌黎全集》，《外集》卷十一，中国书店1991年版，第178页。

人，得之甚难也。"① 每个人的生命都是有限的，人要使自己的有限生命区别于"禽兽虫鱼"，就不能"肆其心"，放纵自己的情感意志，而要发挥"道德之性"。在他看来，人的本性是善的，而情是恶的，即性善情恶。人人皆有圣人之性，都可以成为圣人，而人之所以不善，是因为人的知识为"情"所蔽，如果去掉"情"回复其本性，就可以成为圣人。具有"善"的本质，是人之所以成为圣人的根据。圣人和常人具有共同的本性，之所以有差别是常人由情所昏，被情所遮蔽。人所有的不善行为，均来自于情，因此要控制情的发动。

总之，秦汉至隋唐时期的思想家一般认为，人之所以贵于万物首先在于人有"道德之性"，讲求仁义道德，仁恕之行;其次在于人有性有情，人能够用自己的理智控制情欲、支配情感，消除情感可能引发的恶，使人行善，成为一个有德性、有理性的人，从而贵于其他万物。

(二) 聪明才智

西汉戴圣编著的《礼记》指出，人是"天地之心""五行之秀"，是天地所有神奇而又珍贵的力量所合力产生的精品。人与禽兽的根本区别在于人得"五行之秀气"，人生来就高出万物，这为人的高贵第一次找到了形而上的根据。凡是生于天地之间、有血气之属的万物，没有比人更有理智更有智慧的。人的智慧在于创立了政治，建立了人伦制度，使人民在礼乐中得到陶冶，创立了和平的社会环境。《礼记》特别注重人之所以为人的社会性特征，他说:"凡人之所以为人者，礼仪也。"② 在他看来，圣人制礼，目的就是使人从根本上区别于禽兽。对于人而言，"礼"既使人区别于物，

① (唐)李翱:《复性书下》，载北京大学哲学系中国哲学史教研室编《中国历代哲学文选》，中华书局 1963 年版，下册，第 557 页。

② (汉)戴圣:《礼记·冠义》，载《四库全书》，经部一二〇，礼类，上海古籍出版社1996 年影印本，第 411 页。

又使人产生自律，所以"礼"是人之所以为人的社会性根据。

东汉恒谭认为，天地万物都是"元气"或"气"的自然运动而生成的。人和万物一样，是由天地所含"元气"相结合而"偶然"生出的物种。他强调人有聪明才智，也正是这一点使人高出于万物。所有人在本质上都是一致的，虽然有贵贱之别，但都是"物"，而非"神"。人的精神和肉体是统一的，精神依附于统一的肉体。精神对于肉体的这种依存关系，是恒谭最先明确提出来的。

东晋葛洪强调，人与动物、植物不同，"夫陶冶造化，莫灵于人"①，人是宇宙间能思想的动物，最具聪明智慧，能够趋利避害；而且，人不仅能修彭、老之道，还能"假外物以为固"②，根据自然物的特点，创造条件为我所用。他认为，天地间物类变化无穷无尽，人类完全可以掌握自然规律的变化，发挥人类所特有的主观能动性，人为地加工和制造出一些与自然界本有一样的东西。

南朝宋无神论思想家何承天提出"身死神灭"，认为灵魂与肉体是不能分开的，"形神相资，古人譬以薪火。薪敝火微，薪尽火灭，虽有其妙，岂能独传?"③ 在他看来，天、地、人各有其本性，天的本性是阴阳，地的本性是刚柔，人的本性是仁义。他说："人以仁义立"，人是"禀气清和，神明特达，情综古今，智周万物，妙思穷幽赜，制作侔造化"，从而与天地"相须相成"④。天地是人生存的基础，没有天地，人就无法产生，没有人的存在，地球上就没有精神。天、地、人三者是相须而成的，他力图将天人置于平等

---

① （晋）葛洪：《抱朴子·内篇·对俗》，载王明校释《抱朴子内篇校释》，中华书局1985年版，第46页。

② （晋）葛洪：《抱朴子·内篇·对俗》，载王明校释《抱朴子内篇校释》，中华书局1985年版，第46页。

③ （南朝宋）何承天：《答宗炳居士书》，载（南朝梁）僧祐、（唐）道宣《弘明集》卷三，上海古籍出版社1991年版，第21页。

④ （南朝宋）何承天：《答宗炳居士书》，载（南朝梁）僧祐、（唐）道宣《弘明集》卷四，上海古籍出版社1991年版，第22页。

的地位,从根本上否认了"生死轮回""因果报应""神不灭"的思想。何承天提出,人和万物虽然都受自然法则的支配,但人有人的特殊本质,不能把人与其他生物完全等同。他认为,人与其他生物是根本不同的,人因"禀气"的不同而远远高于其他生物,人与其他生物的不同就在于人有灵,即人有聪明才智和神明谋虑。人的聪明才智能够创造发明新的器物,将人从一般生物中提升出来;人的"神明谋虑"是在解决日常生活问题的劳动实践中形成的,是一个生存发展过程。

唐代刘禹锡认为,气是宇宙的本原。一切事物,包括人类在内,都是自然界物质间相互运动、矛盾发展的结果。自然界先有植物,后有动物,人则是动物中最有智慧的,能够掌握自然界的规律而作用于自然界。各种事物之间的互相斗争和互相利用,便是发展的原因,从根本上否定了宇宙间有神秘的主宰者。他说:"万物之所以为无穷者,交相胜而已矣,还相用而已矣。"① 总之,人是自然界运动发展的产物,人之所以区别于动物在于人有智慧,能够认识自然和改造自然。

唐代柳宗元指出:"夫天之贵斯人也,则付刚健、纯粹于其躬,倬为至灵。大者圣神,其次贤能,所谓贵也。"②人是万物中最可贵的,因为人有认识能力和刚健的意志。"明"与"志"是人的特殊本质和能力,是人区别于物的两种潜能。人有了"明"与"志",道德就退居次要地位。"故善言天爵者,不必在道德忠信,明与志而已矣"③。"明"是指聪明智慧、人的认识能力;"志"是指人的思想、坚忍不拔的志向。"明"与"志"受之于天,人与物的差别即在于此。在他看来,"明"与"志"还是形成伦理道德的基础,

① (唐)刘禹锡:《天论·中》,载《刘禹锡集》卷五,中华书局1990年版,第71页。

② (唐)柳宗元:《天爵论》,载《柳河东集》卷三,上海人民出版社1974年版,第49页。

③ (唐)柳宗元:《天爵论》,载《柳河东集》卷三,上海人民出版社1974年版,第50页。

"道德之于人，尤阴阳之于天也；仁义忠信，尤春秋冬夏也"①。总之，只有突出人的认识能力和刚健不息的意志，才能具备仁义忠信四种美德，"明""志"配合四种美德，人就成为了一个完整的人。

总之，秦汉至隋唐时期的思想家一般认为，人之所以异于禽兽在于人"知礼尊礼"，且能够遵"礼"行事，因为人有聪明智慧、有认识能力、有思想和坚忍不拔的志向，这是人所特有的、"高于"宇宙万物的特殊规定性。

二　人性尊严——人之为人的本性

秦汉至隋唐时期的思想家对人之为人的本性的思考非常丰富，且表现出儒释道融合冲突的倾向。儒家的人性论以性善论为主流，强调人的道德行为、社会行为均有内在的人性论基础，这个基础内在于每个人的心中，因此成圣成贤的根据在自身，一切问题的解决，均靠自力。道家强调"道法自然"，认为人性中本无所谓善恶，人性是自然的，因此人要保持"真性"，防止外物对"真性"的污染，也要防止人为地破坏"真性"。佛教主张"性空""幻有""人我空""我法两空"等，因此人无所谓本质，一切都是虚幻不实的，一切都是真空假有。唐代以后，儒释道趋于融合，主要标志是皆建立起"心性论"的理论。把成佛、成道、成圣之最高境界的追求，建立在心性论的基础上，从而为宋代道学（包括理学和心学）的产生创造了思想理论基础。

（一）仁义和善

西汉陆贾认为，"性"的本质是"仁义"，治"性"就是培养人的仁义品德，使得仁义成为人的本能。治性使人向善，纵情使人为恶。在他看来，无论是修身还是治国，都要"专心一意，身无境

————

① （唐）柳宗元：《天爵论》，载《柳河东集》卷三，上海人民出版社 1974 年版，第 50 页。

外之交，心无歆斜之虑"①，从而达到"执一"之境。"专心"和"执一"就意味着天地之道，意味着仁义。人的功德要靠仁义，仁义是支配自然和阴阳的根本属性和力量，是人的生活和情感的根源。所有社会上的神圣事物，无不体现仁、义的原则，以仁义作为事物变化的根据和最高的指导原则。

西汉贾谊认为，阴阳、天地、人与万物都由"德"生，而"德"由"道"生。道是宇宙万物的最终本原，而德则是宇宙万物的直接本原，即"道"生"德"，"德"生万物。在他看来，"德"就是仁义道德，是人和万物的本质属性。他继承了孔子"性相近也，习相远也"的人性思想，认为人在本性上相差不远，造成人性不同是人的生长环境、习俗的作用。"习"可以改变人性，而圣人智人也可以改变风俗，改造环境。人生而为赤子，无所谓善与恶，之所以有"善人"和"恶人"之分，乃教育、教化和个人积极努力的结果。

《淮南子》②主张人性本善，认为"人之性有仁义之资"③，而"仁义之资"必须与后天教育相结合，才能成人之善，即善性是内在根据，教育是后天条件。《淮南子》秉持"法天顺情"的天人观，认为人与自然是同构的、统一的，人在天地宇宙间的出现是一个自然过程，即"人生于无，形于有，有形而制于物，能反其所生。若未有形，谓之真人。真人者，未始分于太一者也"④。人之所以为天下贵，虽然在于有较高的智慧，但是智慧也和动物的本能一样，是一种自然现象。《淮南子》主张人应该顺其自然地发展，强

---

① （汉）陆贾：《新语·怀虑》，载王利器注《新语校注》，中华书局1986年版，第132页。

② 《淮南子》是西汉皇族淮南王刘安及其门客集体编写的一部道家著作。

③ （汉）刘安：《淮南子·泰族训》，载（汉）许慎注，陈广忠校点《淮南子》，上海古籍出版社2016年版，第508页。

④ （汉）刘安：《淮南子·诠言训》，载（汉）许慎注，陈广忠校点《淮南子》，上海古籍出版社2016年版，第341页。

调人的价值不是对社会、事功、事业的追求，而在于保持安静恬愉，使人的生命能自然地延续、生存。作为自然生成的人效法自然的法则，就是人的智慧的表现。

（二）人副天数

西汉董仲舒认为，"天"是人之所以为人的本原和依据。他说："为生不能为人，为人者，天也。人之人本于天，天亦人之曾祖父也。此人之所以上类天也。"① 无论是肉体还是精神，人都是天的副本，人的一切，包括形体、情欲、意志、道德意识等都是天赋予的。由于天、人同类，天和人可以"阴阳之气"为中介相互感应，相互制约。因此，宇宙若无人，就不称其为宇宙。人在宇宙中的地位是最高的，即"天地之精，所以生物者，莫贵于人"②。人之所以"贵"于万物在于"人受命乎天也"，"唯人独能为仁义"，"唯人独能偶天地"③。关于人性，董仲舒认为，"如其生之自然之资谓之性；性者，质也。"④ "性"是"生之自然之资"，是质。性之表现于外者谓之仁，情之表现于外者谓之贪。"人之诚，有贪有仁，仁贪之气，两在于身。身之名取诸天，天两有阴阳之施，身亦两有贪仁之性。"⑤ 即是说，人生来就有"贪仁之性"，人之本质中又有与性相对的"情"，因此不能说"人性本善"，而必须加之以"人力"，以性禁情，方可使人成为善人。由此，"善"是人力或后天努力的结果，或者说，人性的现实之善是"圣人"教化的

---

① （汉）董仲舒：《为人者天第四十一》，载陈蒲清注《春秋繁露·天人三策》，岳麓书社1997年版，第182页。

② （汉）董仲舒：《人副天数第五十六》，载陈蒲清注《春秋繁露·天人三策》，岳麓书社1997年版，第218页。

③ （汉）董仲舒：《人副天数第五十六》，载陈蒲清注《春秋繁露·天人三策》，岳麓书社1997年版，第218页。

④ （汉）董仲舒：《洞察名号第三十五》，载陈蒲清注《春秋繁露·天人三策》，岳麓书社1997年版，第171页。

⑤ （汉）董仲舒：《洞察名号第三十五》，载陈蒲清注《春秋繁露·天人三策》，岳麓书社1997年版，第171页。

结果。

《中庸》开篇便说："天命之谓性，率性之谓道，修道之谓教。"① 性是天之所命或天所赋予的，既指人性，也指物性。遵循人之本性自然发展而行动就是道，修明道且推广于众人就是教化，即教化应该依循人的自然本性。《中庸》提出："诚者，天之道也；诚之者，人之道也。"② 天道就是诚，人道就是追求诚。"天道"和"人道"由"诚"而沟通，在"诚"的基础上合一。人性是天赋予人的"中和"之德，是作为天命的"诚"在人身上的体现，"诚"与"中和"在根本上是一致的，这将"中和"之德提到了世界观的高度，视为宇宙的本体和法则。在《中庸》看来，以"诚"为中介环节，可使人性与天道天命相通。天道天命的"诚"体现为人性，可达到天人合一的境界。

（三）善恶教化而成

西汉扬雄反对神学目的论，反对有主宰一切的造物主，认为天是"无为之为"的自然，天不能主宰自然界，更不能干预人类社会。他说："人之性也善恶混，修其善则为善人，修其恶则为恶人。气也者，所以适善恶之马也与？"③ 人性是善恶杂混在一起的，主观上向善修养就成为善人，向恶修养就成为恶人。人性中往往是善不足而恶有余的，人只有不断加强"修性"，以达到善性增长而恶性被抑制，从而成为一个纯善的具有"仁义"的君子。

东汉王充认为，"人禀天地之性，怀五常之气，或仁或义，性术乖也"④。人性是人禀天地之性而获得的。人性有贤有愚，有善有恶，即"论人之性，实有善有恶。其善者故自善矣，其恶者故可教

① 《中庸·第一章》，载李春尧注《中庸译注》，岳麓书社 2016 年版，第 5 页。

② 《中庸·二十章》，载李春尧注《中庸译注》，岳麓书社 2016 年版，第 63 页。

③ （汉）扬雄等：《法言·修身》，载李守奎，洪玉琴注《扬子法言译注》，黑龙江人民出版社 2003 年版，第 196 页。

④ （汉）王充：《论衡·本性》，载北京大学历史系《论衡》注释小组编《论衡注释》，中华书局 1979 年版，第 201 页。

告率勉使之为善"①。在他看来，人性虽然是天生的，有一定的稳定性，但也有可塑性的一面，可以通过"教告率勉"的手段进行改造。

北周苏绰认为，在人的禀性上虽有"性善情恶"，但性的善恶是可以随着环境、条件、地点、时间的改变而改变的。他说："然性无常守，随化而迁。化于敦朴者则质直，化于浇伪者则浮薄。浮薄者则衰弊之风，质直者则淳和之俗。"② 即是说，人性的变化需要洗心革意，教化而成，而推行儒家的教化，有一个重要的前提，那就是衣食足，即孔子的所谓"先富后教"之义。苏绰主张有赏有罚，认为赏罚应随之而出，还必须以教化加以补充，但其更注意对个人道德之心的陶冶。

北齐刘昼认为，性是由人禀受外在的气而产生的，"人之禀气，必有性情"③。然而，"情者，是非之王，而利害之根"④，因此提出要"去情""防欲"。他认为，人性本来是善的，是纯洁坚贞的，由于受欲望的影响，所以会变得邪恶起来。在他看来，人性中的美质不是天生的，而是后天学习、染化的结果。人生存的原则是"义"，义是人生的最高原则。刘昼认为，命运是由天决定的，是人不能改变的。人通过努力只可决定自身的贤与否。

（四）人性自然，本性之悟即佛性

三国魏王弼提出"万物以自然为性"⑤，人是万物的一部分，人就必然以"自然"为性。"自然"指"道"或"无"的一种真实无妄的状态或不加任何限制的自然而然的本质存在，是形而上的，而善和恶都是人之具体可见的行为，是通过具体的活动而显现

①　（汉）王充：《论衡·率性》，载北京大学历史系《论衡》注释小组编《论衡注释》，中华书局1979年版，第104页。

②　《北史·苏绰传》，载（唐）李延寿《北史》卷六十三，中华书局1974年版，第2232页。

③　《刘子·防欲》，载付亚庶释《刘子校释》，中华书局1998年版，第10页。

④　《刘子·防欲》，载付亚庶释《刘子校释》，中华书局1998年版，第10页。

⑤　（魏）王弼：《老子道德经注》，载楼宇烈释《王弼集校释》，中华书局1980年版，第77页。

的。因此，无论是善是恶都不能成为人性最本质的东西。在他看来，性与情的关系，犹母与子、体与用、动与静的关系，性静情动，情以性为本。他既强调以性为本体的人性论，又迂回地肯定了情欲的合理性。

三国魏阮籍主张"循自然而性天地"，认为"自然"是最高实体，由它产生天地，再由天地产生万物，而人是万物中之一物，因此从本质上说，人乃"自然"的产物。人的身体和本性不仅源自"自然"，而且其基本构成也是物质性的"阴阳之积气"和"五行之正性"。他说："人生天地之中，体自然之形。身者，阴阳之积气也；性者，五行之正性也；情者，游魂之变欲也；神者，天地之所以驭者也。"① 万物一体也就是天地自然。在他看来，人类的道德法则和伦理规范只是人类社会发展到一定阶段的产物，因此不能像儒家那样把仁义礼法作为人的本性、本质强加给人类。

西晋郭象以道家"任自然"的名义，把儒家的仁义道德纳入道家的"自然"之中，把仁义道德看作是人之不可缺少的本性，认为万物（包括人在内）都有自己的规定性，即"性"或"性分"。他说："性分各自为者，皆从至理中来，故不可免也，是以善养生者，从而任之。"② "自为"就是自己而为或自然而为，包括人性在内的一切事物的"性"都是事物自身所具有的，并非外力所强加，芸芸众生或万有之间之所以存在各种差别，正是由"性"决定的；"性"是不可改变的，人或物生来就具有某种自然给予的不变的"性"；人或事物的"性"，都有一定的范围和限度，即"分"或"极"，人或事物只有保持在"分"或"极"内，才不失其为此人或此事物。郭象强调"人性自然"，但他认为人性中不仅包含自然

---

① （魏）阮籍：《达庄论》，载韩格平注《竹林七贤诗文全集译注》，吉林文史出版社1997年版，第115—116页。

② （晋）郭象：《达生注》，载（清）郭庆藩释《庄子集释》，中华书局1961年版，第3册，第631页。

属性，还兼有社会属性，人不只是自然的存在，还必须受仁义礼法等社会规范的制约，只是这种"制约"是以"自为"的方式起作用。在他看来，人性的"自用""自为"来源于"造物者无主"和万物的"自生""独化"。天地万物的存在发展是以自身的存在发展为依据，因此作为个体存在的"有"，便有其独立性、自足性和绝对性。郭象反对在自身之外寻找事物存在的根据，而是强调人性的根据即在人自身之内。刑、礼、智、德以及仁义、尊卑贵贱等社会规范都有其产生的客观原因，都有其存在的理由，因此也就自然而然地构成人性的内容。

东晋张湛认为，人的生命乃一气之化，气聚为生，气散为死。生死是人生不可抗拒的法则，生命对人也只有一次，这是"达生肆情"的生命物质前提。在他看来，人的生命是短暂的、有限的，而人性的本质又是好逸恶劳，追求感官的享乐。人的生命与人性的本质有一种必然的联系，因此把满足人性的需求看作是生命的基本内容，即"圣人顺天地之道，因万物之性，任其所适，通其逆顺，使群异各得其方，寿夭咸尽其分也"①。充分满足人性需求，是"达生肆情"的人性论根据，而仁义礼法、儒家名教是对人生的束缚，是"达生肆情"的主要障碍，只有破除它才能"达乎生生之趣"。可见，张湛提倡一种"无拘无束""及时行乐"的人生观。

唐代禅宗祖师慧能认为，人人都有成佛的本性。成佛的根据在"佛性"，而佛性又在人性中。他说："三世诸佛、十二部经，在人性中本自具有，不能自悟，须求善知识指示方见。"② 又"自性能含万法之大，万法在诸人性中"③。他强调人性与佛性的统一，反对离开人性谈佛性。人性即是佛性，"佛"不是别的，就是人自己的

① 《列子·汤问注》，载杨伯峻释《列子集释》，中华书局1979年版，第216页。
② （唐）慧能：《六祖大师法宝坛经》，载石峻等编《中国佛教思想资料选编》卷二，中华书局1981年版，第4册，第39页。
③ （唐）慧能：《六祖大师法宝坛经》，载石峻等编《中国佛教思想资料选编》卷二，中华书局1981年版，第4册，第37页。

本性。佛与众生的区别即在于觉与不觉、悟与不悟、念与不念。慧能把成佛的途径、方法、根据全部转移到对自己"本性"的觉悟上来。慧能佛性说的根本特点就在于用佛性来规定人性,或把佛性界说为人的本性、人的本来面目,从而把佛性看成是人的唯一本质。

(五) 形神统一

南北朝范缜认为,精神现象不是任何质体都有的,只有活人的形体才具有这种属性和功能。人质有知,木质无知,有知和无知是由不同的物质实体决定的,从而肯定了不同的质有不同的作用,精神是人这种物质实体特有的功能。人之质与木之质的区别就在于人具有精神的特性。

范缜提出"形神相即",即"神即形也,形即神也。是以形存则神存,形谢则神灭也。"[①]"形"是形体,"神"是精神,形体存在,精神才存在;形体衰亡,精神也就归于消灭。在此基础上,范缜进一步提出了"形质神用"的著名论点,即形体是精神的质体,精神是形体的作用,是由形派生出来的东西,决不能脱离形这个主体而单独存在,这就克服了以往"神灭论"者把精神看作是一种精气的局限。范缜强调人的生命是人之肉体自身所具有的属性、功能,人的身体同人的精神是不可分割地联系在一起的。人活着的时候,形神"合而为用",人死之后,神就离开形体转移到别处,即人死则形神俱灭。范缜第一次较为系统地解决了形神关系问题,并为中国人学思想确定了形神一元论。

总之,秦汉至隋唐时期的思想家竭力探讨人之为人的本性,首先,认为在天人关系层面,"天"是人之所以为人的本原和依据,天和人可以"阴阳之气"为中介相互感应,相互制约,人的一切,包括形体、情欲、意志、道德意识等都是天之所命或天所赋予的,人性是天赋予人的"中和"之德,是作为天命的"诚"在人身上

---

① (宋)范缜:《神灭论》,载(南朝梁)僧祐、(唐)道宣《弘明集》卷九,上海古籍出版社1991年版,第56页。

的体现，天道天命的"诚"体现为人性，可达到天人合一的境界。人之所以"贵"于万物在于"人受命乎天也""唯人独能为仁义""唯人独能偶天地"，且人具有精神的特性。人的身体同人的精神是不可分割地联系在一起的，人活着，形神"合而为用"，人死则形神俱灭，第一次较为系统地解决了形神关系问题，为中国人学思想确定了形神一元论。其次，在人与自然关系层面，人是"自然"的产物，人的身体和本性不仅源于"自然"，而且其基本构成也是物质性的"阴阳之积气"和"五行之正性"。然而，人不只是自然的存在，还必须受刑、礼、智、德以及仁义、尊卑贵贱等社会规范的制约，这些规范是人类社会发展到一定阶段的产物，都有其产生的客观原因和存在的理由，因此也就自然而然地构成人性的内容。最后，一切事物（包括人在内）都有自己的规定性，即"性"或"性分"，因此都应在自身之内去寻找其存在的根据。"人之性有仁义之资"，即仁义道德是人之不可缺少的本性。人有性有情，性静情动，情以性为本。治"性"就是培养人的仁义品德，必须与后天教育、教化和个人努力相结合才能使人成其为"善人"，即"善"是人力或后天努力的结果，治性使人向善；而情与性相对，纵情使人为恶。人生存的原则是"义"，义是人生的最高原则。人应效法自然，保持生命的自然延续和生存，把满足人性的需求看作是生命的基本内容，从而实现人的价值和尊严。

三 主体尊严——任自然而尽人事

秦汉至隋唐时期的思想家通过对天人关系、人与自然的关系的析理分辨，揭示了人如何在天道的作用下发挥自己的主体性，任自然，尽人事，利用和支配万物为我所用，掌控自己的命运。

西汉陆贾认为，无论是"逆取"还是"顺守"①，人的主观能

---

① （汉）司马迁：《史记·郦生陆贾列传》，载《四库全书》，史部二，上海古籍出版社1996 年影印本，第 643 页。

动性都发挥着重要的作用。他主张"夫道莫大于无为"，但他并不排斥有为。在他看来，若没有人为的努力和奋斗，社会就不能进步。然而，有为不是妄为，而必须以"道"为准，以"有为"求"无为"，对一切凡人力所能为、又必须为的事，均应该尽力而为之。

《淮南子》明确指出，无为不是无所作为，而是因势利导的主动行为。历史上公认的"先圣"都是积极有为的，都是因循事物的自然本性及其发展趋势而大有作为的。《淮南子》认为，法令制度的制定应适乎人群之需要，应考虑大势所趋、人心所向，即"法生于义，义生于众适，众适合于人心，此治之要也"①。

东汉王符特别重视人在宇宙中的地位。他将天、地、人并称为"三才"，认为它们在宇宙之中有各自的任务和作用，必须互相补充，互相配合。人的作为主要是靠"感应"的，以道德行为去感动自然。仲长统不迷信神秘的"天道"，主张尽人事。在他看来，"天道"仅是自然界的客观规律。人们努力不过是为了认识、掌握自然的客观规律，从而为人所用，创造出人为的空间而已。

三国魏嵇康秉持"越名教而任自然"②的人生观，"任自然"不只是因顺自然之道和人的自然本性，更重要的是因任人的本心。嵇康把外在的客体化的"自然"转化为内在的、主体性的"心"，反映了嵇康对自我意识和人的主体性的强烈追求。

东晋葛洪认为，人有聪明智慧，可以完全掌握自然规律的变化，根据自然物的特点发挥人类所特有的主观能动性，人为地加工和制造出一些与自然界本有一样的东西。而且，人能够通过一定的方法，养生延寿、得道成仙。人人都可能得道成仙，在这一点上，

---

① （汉）刘安：《淮南子·主术训》，载（汉）许慎注，陈广忠校点《淮南子》，上海古籍出版社 2016 年版，第 217 页。

② （魏）嵇康：《释私论》，载戴明扬校注《嵇康集校注》，人民文学出版社 1962 年版，第 234 页。

每个人都是平等的，但最终成仙与否关键在于每个人后天的努力，即立志、明师和勤求。

唐代刘禹锡提出天与人"交相胜，还相用"① 的观点，具有积极的进取精神。他认为，一切事物都是自然界物质间相互运动、矛盾发展的结果。自然界的功能与人类的功能各不相同，互有所长，天能胜人，人也能胜天，即"交相胜"；而且，人能够主动利用和支配万物，充分发挥其主体作用认识和改造自然万物为我所用。然而，人能否胜天，他认为这取决于人对"理"的认识程度。理昧而言天，人若没有掌握和了解自然界的规律和发展趋势，就无法掌控自己的命运，而将其归结为天命。这不仅彻底否定了"天"的主宰意识，而且把天人关系颠倒过来，突出了人的价值。

唐代柳宗元认为，"元气"是宇宙的本源。他区分了自然的东西与人为的东西，否定了天或神对人的主宰权，提出"受命不于天，于其人"② 的思想，充分认识到尽人事的作用。在他看来，"圣人"并非得之"天"命，而在于"有道"，重在于人。人们之所以相信天命鬼神的根源在于"力不足"，"力不足"就只能求神赐物。因此，人的祸福，社会的治乱取决于人，而不取决于神。

唐代禅宗六祖慧能以"心地性王"的比喻，阐述了心与性的关系。所谓"性"，是指人所固有的本性、德性或成佛的智慧，它是人的生命最本质的东西，即人性与佛性的合一。心性同一说为"自心是佛"与"本性顿悟"的六祖慧能创立的南宋法门。法门提供了人性论的根据和理论支撑。在他看来，众生的自心、本性就是成佛的内在根据，这是以宗教形式对人的主体性的肯定。

总之，秦汉至隋唐时期的思想家充分肯定了人的主体性，认为首先人应该认识、顺应"天道"和事物发展的内在规律，在此基础上充分发挥主观能动性和主体作用，用聪明智慧利用和支配万物以

---

① （唐）刘禹锡：《天论·上》，载《刘禹锡集》卷五，中华书局1990年版，第68页。

② （唐）柳宗元：《贞符》，载《柳河东集》卷一，上海人民出版社1974年版，第22页。

满足自身的物质需要和精神需要；其次，人之所以相信天命鬼神的根源在于"力不足"，人可以充分发挥主体性，通过提高自己的实力来摆脱天或神对人的思想的禁锢，从而彰显人作为主体的价值和尊严。

四　平等尊严——一阐提人皆得成佛

南北朝范缜认为，人生是循着自然法则的运行而生活的，所以因果报应是不存在的，人的荣华富贵也并非积善修德的结果。他不承认门阀士族在精神上、道德上乃至生活上的高人一等，具有否定命定论、蔑视上层特权的现实意义。没有人天生是富贵的，富贵是偶然的，所以人是平等的。

晋宋间佛学家竺道生强调众生都有"佛性我"。作为佛性或本体的"理"并不因为实在自体的"我"而空，佛性是有，而且这个"有"是"我"不能判断的。道生说："理既不从我为空，岂有我能制之哉？则无我矣。无我本无生死中我，非不有佛性我也。"①在他看来，佛性不可断灭，它自在于每个众生之中，关键在于能否"自见"。即是说，成佛的根据不在他处而在自处，因此便不能舍近求远，希冀来世。而且，佛性始于有身，人人都有成佛的种子或萌芽，悟也应从有身开始，强调"自悟"，即成佛的自觉性。道生认为，一切众生，皆禀阴阳二气以生，都具有成佛的种子或佛性（把佛性作为众生的本性），但众生为惑所覆，佛性被掩盖，但并不是没有佛性。道生强调人人都有佛性，一阐提人②也能成佛，体现了佛教的平等观。因人人具有成佛的根据，因此在佛性面前人人平等，即使有劣根性的人也能成佛。

总之，这一时期的道家和佛教思想蕴含着朴素的"平等"观

---

①　（晋宋）竺道生：《注维摩诘经》，载石峻等编《中国佛教思想资料选编》卷一，中华书局1981年版，第207页。

②　佛经所说的那种不具信心、断了善根、不能成佛的人。

念。道家反对命定论，认为人生来并无贫富贵贱之分，人是依循自然规律而生存。佛教强调人人都有佛性，人人都有成佛的种子和"自悟"的能力，即佛性面前人人平等。

五 自由尊严——自然本性与精神逍遥

西晋郭象认为："乘天地之正者，即是顺万物之性也，御六气之辩者，即是游变化之途也。"[①] 只要顺着万物本性，即可在万物的变化过程中达到逍遥，宇宙间的一切事物都可以逍遥。在他看来，逍遥与否的决定因素，是逍遥的主体能否按自己的自然本性去活动。每个人都有自己的自然本性，因此每个人都具有追求"逍遥"或达到自由的内在根据，都平等地享有追求自由的权利，这是任何外在力量都不能剥夺的。事物之间虽然有差别，甚至对立，但都不能构成"逍遥"的障碍，因为能够达到逍遥的唯一根据就在于每个人的自然本性，而每个人的自然本性都是自足的、自然无为的，逍遥的本性即是内在的心性同一。客观事物的差别只是外在的，且生来如此，不能消除，不能改变。郭象所强调的"足性"逍遥与"有待"逍遥，则具有反对世家大族垄断"逍遥"的意义，同时也表达了郭象在人性或心性平等上的潜在意识。

东晋高僧支遁明确指出逍遥乃心（精神）的逍遥而非肉体的逍遥。他说："逍遥者，明至人之心也。"[②] 心的逍遥不是指每个人的心，而是"至人"的心。他把逍遥的主体规定为"心"，就是明确把人的自由理解为精神意志的自由。然而，在他看来，即使在精神领域，也不是人人都能得到自由。人的精神一旦被外物所累，不但得不到自由，反而会成为外物的奴隶。支遁"逍遥论"最根本的一

---

① （晋）郭象：《庄子逍遥游注》，载郭庆藩释《庄子集释》，中华书局1961年版，第1册，第20页。

② （晋）支遁：《逍遥论》，载张㧑之注《世说新语译注》，上海古籍出版社1996年版，第174页。

点就是不以"自足"或"适性"为逍遥的理论根据,从根本上否定了向秀、郭象自由观的理论基础。

总之,秦汉至隋唐时期,支遁与郭象"逍遥论"的根本区别在于"自足"与"至足"的区别。郭象的"逍遥观",充其量只能是一种心理上的安慰,在现实中难以转化为真实、具体的自由,因此只具有思想启蒙的作用;而支遁的"逍遥论"强调的仅是精神上的自由逍遥,而且并非人人都能得到这种精神自由,因此支遁所谓的"自由"不具有普遍性。但他们的自由思想将"自由观念"与现实实践联系起来加以思考具有一定的进步意义,由于其深受封建等级制度的束缚,仍未触及人之自由的本真意义的内核。

第三节 宋元明清时期的"尊严"观念

"宋元明清时期虽历王朝更替,北方民族入主中原,中国古代社会向近现代转化,但作为大一统的中央集权君主专制的根本制度没有变,以农为本的经济基础依旧。"① 这一时期的哲学思潮核心话题由隋唐的"性情之原"转生为"理气心性","理气心性"是当时大多数哲学家、思想家所阐释、论争和热议的共同话题,宋明理学应运而生。"宋明理学是一次唯变是从、影响深远的思想解放运动,它在化解积贫积弱的冲突与社会危机、社会伦常冲突与道德危机、儒释道三教冲突与信仰危机、儒学式微冲突与其生命智慧危机中,以其智能创造,出入佛老几十年,'尽究其说',然后反求诸'六经',复兴儒学,而成为中国学术和哲学思潮发展史上的高潮。"② 明末社会动乱,私欲横流,人心迷惘,解构理学哲学思潮已成大势所趋。明亡,清入主中原,知识分子陷入"天崩地解"的悲愤之中,批判宋明理学空疏而不着经济事功,甚至把矛头直接指向

---

① 张立文:《中国哲学思潮发展史》,人民出版社2014年版,下册,第817页。
② 张立文:《中国哲学思潮发展史》,人民出版社2014年版,下册,第818页。

君主专制制度的最高维护者孔子。笔者通过对宋元明清时期的哲学家、思想家的人学思想的文献梳理，认为这一时期的思想家在人的起源、人的地位、人的本性、人的主体性、人格尊严、人的生命观、人的社会承认等问题上有深度的思考和理性的论证，其中蕴含着丰富的"人的尊严"观念。

一　物种尊严——人为万物之灵

北宋周敦颐认为人"灵"于万物。他在《太极图》中说："'乾道成男，坤道成女'，二气交感，化生万物。万物生生，而变化无穷焉。惟人也得其秀而最灵。"① 即是说，人与宇宙间的万事万物都是阴阳二气和水火木金土五行交感的结果，所不同的是"惟人也得其秀而最灵"，充分肯定了人在宇宙中的地位。在他看来，首先，人之所以不同于万事万物，不在于与万事万物有不同的本质，而在于人从二气五行中获得了"秀"气，获得了"真"与"精"，因而是最"灵"性的，这从来源上论证了"灵"的形上根源。其次，他还认为人类中最灵的人是圣人，圣人给人类定出了一个人之所以成为"人"的标准，即"人极"，也就是仁、义或纲常礼教。

北宋张载认为，宇宙万物的最原始的形态"太虚"的本质就是气，无形的气通过聚、散等运动形式，形成了万事万物，包括人。他论证人的时候，始终将人的生命、身体、性格、伦理道德、才能以及相关的一切问题，都与"气"的聚散运动联系在一起。可见，他为人学的诸问题找到了一个形而上的根据——气。正如李中华所言："张载的学说体系第一次给我们描绘了一幅以气为本的人学体系和世界万事万物的演变体系。在这个体系中，不仅有人的位置，也为人之所以为'人'，找到了本体论上的根据，为人学思想体系的展开，创造了一个比较有效的理论框架和思维模式。"② 张载从

---

① （宋）周敦颐：《周子通书》，徐洪兴导读，上海古籍出版社2000年版，第48页。
② 李中华主编：《中国人学思想史》，北京出版社出版集团2005年版，第439页。

哲学形上学的角度肯定了人的价值，特别强调了人之所以比草木瓦石要"灵"和"贵"的原因在于人得"天地之最灵"的"灵气"，故而有情感、有思维、能劳动。而人之所以得"灵气"完全是无目的、无意识的阴阳"二端"运动的结果。人身上是没有神性的，只有"灵气"所产生的智慧和能力，这种智慧和能力又是可以"与人交相胜"的根据，人也因此比宇宙万物更崇高更伟大。

南宋朱熹认为，理既是宇宙万物（包括人类）的唯一本原和共同本质，是多样性之所以统一的根据，又是万物的普遍法则和合理准则，是宇宙必然性与合理性的根据。这就是"理一"，但统一的理又表现为万事万物的多样性，即"分殊"。"分殊"表现为气的流动化生，宇宙间的一切（包括人）都是"气化"的结果。他说："且如天地间，人物草木禽兽，其生也莫不有种，定不会无种子，白地生出一个物事，这个都是气。"[①] 即是说，人与物都是禀于二气五行变化来的，"只是一个阴阳五行之气，滚在天地中，精英者为人，渣滓者为物"[②]，人与物之间由于"气禀"不同才会有差别，人因得"精英"之气而高于仅得渣滓的物，充分肯定了人在宇宙中的地位。此外，他又进一步指出，人与宇宙万物是同体，人是"理"与"气"运化而生的，差别只在于人知道仁义礼智，即人有智慧和感情，人的行为受礼制和社会规范制约。

南宋陆九渊认为，"仁"是人之所以为人的根据，也是人之所以区别于禽兽草木的特征。他说："仁，人心也。从心所欲不逾矩，此圣人之尽仁。"[③] 又说："仁，人心也。心之在人，是人之所以为

---

① 《朱子语类》卷一，载《四库全书》，子部六，儒家类，上海古籍出版社 1996 年影印本，第 18 页。

② 《朱子语类》卷十四，载《四库全书》，子部六，儒家类，上海古籍出版社 1996 年影印本，第 227 页。

③ （宋）陆九渊：《论语说》，载钟哲点校《陆九渊集》，中华书局 1980 年版，第 9 页。

人，而于禽兽草木异焉者也。"① 可见，在他看来，如果背离了"仁"的要求，就不是人，就失去了人性。一个人最终是否具有人性以及具有何等的人性等诸多问题，完全在于其自身，并不取决于别人的帮助。

明代王阳明关注心体，其思想的基础与起点就是"心即理"。他说："人者，天地万物之心也；心者，天地万物之主也。心即天，言心则天地万物皆举之矣。"② 心成为了世界的本体，也就是人成为了世界的主宰，没有人心就没有万物。在他看来，人与万物的区别就在于人有意识能动性，然而，他夸大了心灵的作用，把"人心"夸大为万物的本源，强调意义世界在人心中的存在，从而导致"心外无物、心外无事"的结论。

明末清初王夫之认为，人性离不开人的生理基础——气化的存在。气是人成为人的"材"，人和物同来源于气，而"人者，阴阳合德之神所聚"③。人和物的不同是"气"的生化不同，人是由气的精粹部分即精气构成的。在精气构成人的基础上，他进一步指出，人之所以异于万物鸟兽草木者，在于人有其独到的人道特征，即"人道则为人之独"，这一命题揭示了人与物、人与禽兽的区别，表示了人道及人之所以为人的特点。所谓"人道"，就在于人有学习、思考的潜能，而动物则没有。具体来说，就是人之所以区别于草木禽兽就在于，动物有本能而无意识，人有本能、有意识、有睿智，尤其有后天的"研其理"，即人通过学习而具有思想、情感、伦理、道德意识等。王夫之的"人道观"，最突出的是人的"思勉"，认为人能"思勉"，便有了"仁义道德"，正是有了"仁义道

---

① （宋）陆九渊：《学问求放心》，载钟哲点校《陆九渊集》，中华书局1980年版，第373页。

② （明）王阳明：《答季明德》，载董平、吴光等编校《王阳明全集》卷六，上海古籍出版社1992年版，第214页。

③ （清）王夫之：《可状篇》，载船山全书编辑委员会校《船山全书》岳麓书社1996年版，第12册，第369页。

德", 人类与禽兽才相区别, 这就彻底地否定了理学家们所谓豺狼、蚂蚁也有仁义道德的无稽之谈。

明末清初的唐甄从生理上指出了人与禽兽的区别。人的自然生理上的欲求先天地具有美的欲求, 而不是动物那样只能满足于生理上的需要。他认为, 人的这种自然生理是一个发展变化的过程, 在这个过程中人的生命现象与人的"义理之性"相统一, 人性的形成离不开人的生命意识, 生命意识的内容首先表现为"欲"的冲动力。在他看来, 义与利统一于人的欲求之中, 欲是生命意识的表现, 也是人性的内容。他反对空谈性理, 认为人性首先在"功利"上体现出来, "性才合一"是与生命的需要相统一的。他说: "人有性, 性有才, 如火有明, 明有光。"① "性浑无物, 中具大明, 智所由出。苟善修之, 物无不通。智之本体, 同于日月。"② 他认为"智"比仁、义、礼更重要、更根本, 是它们的"本体"。智与人的需要直接相连, 只要人有了知识和智慧, 就能实现"三德"的社会功能, 使性才达到统一, 从这个意义上说, 是"智"使人成为了人。

清初颜元从天地的关系中, 即从气化中探索人的起源。他说: "天地者, 万物之大父母也。父母者, 传天地之化者也。而人则独得天地之全, 为万物之秀也。得全于天地, 斯异于万物而独贵; 惟秀于万物, 斯役使万物而独灵。"③ 人是万物中的一个特殊种类, 是得"天地之全"形成的, 即人是得"天地之全"的万物之灵。他强调人既是生物性的存在, 又具有道德属性, 是化生物性为道德性的具体体现。在他看来, 人是"天地之肖子", 因为对于天地大父母, 人类还要实行所谓大孝子的任务。"孝子"就是人在创造文化

---

① (清) 唐甄:《潜书·性才》, 载吴泽民校《潜书》, 中华书局 1955 年版, 第 16 页。
② (清) 唐甄:《潜书·性才》, 载吴泽民校《潜书》, 中华书局 1955 年版, 第 18 页。
③ (清) 颜元:《习斋记余·人论》, 载王星贤、张芥塵、郭征校《颜元集》, 中华书局 1987 年版, 下册, 第 511 页。

中既创造了自己又保护了宇宙环境。人类有责任在维护自身生存发展的同时，也要使自然界的"宇宙生气"得以健康地存在和发展。在人与自然的关系中，人的因素起决定性的作用。

清代戴震认为，人是从阴阳中分化出来的。人与物都是以类为别，"皆气化之自然"。人和动物都有生的欲望、死的恐惧等，其差别有三：首先，人有抽象思维能力，能认识事物的规律，动物没有这种能力。他说："人之异于禽兽者，虽同有精爽，而人能进于神明也。"[1] 人之所以能思维，在于"人之才，得天地之全能，通天地之全德"[2]，即人具备了自然界的全部能力，并与自然界的完美特性相通。其次，人有礼仪而动物没有。他说："人之异于禽兽者，以有礼仪也。"[3] 最后，人能利用规律调节自己的行为而动物不能。他说："夫人之异于物者，人能明于必然，百物之生各遂其自然也。"[4] 人不仅能遂于自然，而且能调节自己的行为以改造自然，使人得到发展，也使人与物有了根本的区别。在他看来，人和动物之所以有这样的差别在于人与动物的体质不同，即"才"的不同。他说："成是性，斯为是才。别而言之，曰命，曰性，曰才；合而言之，是谓天性。"[5] 戴震还认识到，人需要学习才能成为真正的人。人之所以成为人在于"资于学问"，能养成德性，也就是说他觉察到了人的社会性存在。

总之，宋元明清时期的思想家普遍认为，人之所以"灵"于万

① （清）戴震：《孟子字义疏证·性》，载张岱年主编《戴震全书》，黄山书社1997年版，第6册，第156页。

② （清）戴震：《孟子字义疏证·性》，载张岱年主编《戴震全书》，黄山书社1997年版，第6册，第156页。

③ （清）戴震：《孟子字义疏证·性》，载张岱年主编《戴震全书》，黄山书社1997年版，第6册，第191页。

④ （清）戴震：《孟子字义疏证·性》，载张岱年主编《戴震全书》，黄山书社1997年版，第6册，第191页。

⑤ （清）戴震：《孟子字义疏证·性》，载张岱年主编《戴震全书》，黄山书社1997年版，第6册，第196页。

物首先在于人自然而然获得了二气五行中的"秀"气、"灵气"或"精气",人因"秀"气而知晓仁义或纲常礼教,人因"灵气"而产生智慧和能力,人因"精气"而有"人道",有学习、思考的潜能,知道仁义礼智,而"智"比仁义礼更重要、更根本,即人之所以"灵"于万物根本在于人有智慧和理智。其次,人作为类存在物与其他事物的差别在于:人有抽象思维能力,能认识事物的规律;人能通过学习获得仁义道德,知晓礼仪规范;人能认识和利用规律来改造自然,使人自身得到发展。最后,人是"天地之肖子",在人与自然的关系中,人的因素起决定性的作用。

二 人性尊严——理气心性、理欲之辨

北宋周敦颐认为,人得二气五行之"秀"而有"灵","灵"主要表现为"知",有了"知",五行之性感于外物而动于心,便分辨出善恶,形成错综复杂的人事万象。他从外物触动人的内心看,认为人性应分为善与恶两类,而从五行的规定性来看,人性又应分为五品:刚、柔、善、恶、中五品。"中"是最理想的人性。他说:"惟中也者,和也,中节也,天下之达道也,圣人之事也。"① 在他看来,能"中"者,便可以成为圣人,可以"立人极"。"中"是人性的理想境界。人要达到"中"的境界,就要"诚","诚"就是"无妄""无为",做到顺其自然地表现宇宙和人性的本然,不加矫饰,杜绝人为。

北宋张载认为,人和宇宙万物都是"气"化生而成的,而"性"只是"气"的一种存在形式和"气"的某一方面的特殊规定。他认为,要认识人性,首先要认识天道(天性)。他说:"天良能本吾良能。"② "天良能"指天道是善良的,天道的善良出自于

---

① (宋)周敦颐:《通书·师》,载徐洪兴导读《周子通书》,上海古籍出版社2000年版,第34页。

② (宋)张载:《正蒙·诚明》,载章锡琛点校《张载集》,中华书局1978年版,第22页。

"吾良能"即人的善良。因此，天性无意志，也无善恶之分。然而，人为何有善恶好坏之分呢？他认为，这是由于人性有天地之性和气质之性之分。"天地之性"是永恒的、善的、和而乐的，是理想的人性，人人都应该追求；而"气质之性"是指每个人生成之后，由于禀受阴阳二气的不同而形成的特殊本性，是人与生俱来的自然属性——人的生理需求或人的本能。人通过学习，可以改变"气质之性"，改变的方向就是"天地之性"，就是向善，就是成为圣人。

北宋程颢认为，天地万物，包括人，都是在天道之下通过阴阳二气的氤氲化生出来的，人只是得天地阴阳中的正气而已。他说："人与天地一物也。"① 人性不善的根据是"气"的缘故。从天理的角度看，人性是至善至美的，是人生来所固有的。但从"禀于气"的角度看，人性则呈现出了善与恶的两重性。因为"气"有正偏、清浊之分，禀于正、清之气的才就善，禀于偏、浊之气的才就恶。他承认，人先天存在差异，先天条件不好的人，只要肯学习，积极上进，也可以达到"上智"的境界。他认为，理和欲在现实中通常是有矛盾的，要以"理"压"欲"，以"理"统"欲"，甚至提出"饿死事小，失节事大"的观点，标志着中国封建社会后期的社会伦理已经变成了一把杀人不见血的软刀子。

北宋王安石说："性者，有生之大本也。"② "生"指生命，"人性"是人的生命的本质。他认为，"性"是无善无恶的，是与生俱来的，而又包含了一切善恶是非的可能性在内，他认同孔子"性相近，习相远"的观点，认为"习"能使人性变得丰富多彩、千变万化。在他看来，"性"是"情"的根本，也是"情用"的根据，但"情"在化为善恶之时，则不受到"性"的制约，而是在动的

① （宋）程颢、程颐：《遗书》卷十一，载王孝鱼点校《二程集》，中华书局1981年版，第120页。

② （宋）王安石：《原性》，载（唐）武标校《王文公文集》，上海人民出版社1974年版，第316页。

过程中,感于物而形成的。判断君子和小人的标准,他有十分独特的见解:"君子养性之善,故情亦善;小人养性之恶,故情亦恶。故君子所以为君子,莫非情也;小人之所以为小人,莫非情也。"① 他认为,只有情是可以直接认识和把握的,离开"情"就无法谈"性"。

北宋苏轼说:"性者,其所以为人者也。"② 人性是人之所以为人的根据和特征,人不同于动物、植物乃至万事万物的根据就是有人性。人性是君子和小人共同拥有的,人性是先天不变的且并无善恶之分。人性的存在是不以人的主观意志为转移的,君子通过后天的努力只能日修其善,以消其不善,但对于人性本身是无法改变,无法增减的。小人可以日修其不善以消其善,但也不能改变人性本身。

南宋朱熹说:"性即理也,在心换作性,在事换作理。"③ "吾之性即天地之理。"④ 即人性与天理的本质内容是一致的。他认为人性是善的,因为"自唯人也得起秀而最灵,所谓最灵,纯粹至善之性也。是所谓太极也"⑤。朱熹认为,人是"理"与"气"运化而生的,因此人性中兼具"天命之性"与"气质之性"。"天命之性"是善的来源,"气质之性"是人性多样性的来源。天命之性不包括"气"在内,因而是纯粹至善的;气质之性中包括了昏、明、厚、薄等差别,自然就有善恶之别。即是说,善恶是随着气质之性的获

① (宋)王安石:《性情》,载(唐)武标校《王文公文集》,上海人民出版社1974年版,第315页。

② (宋)苏轼:《东坡易传》卷一,载《四库全书》,经部三,上海古籍出版社1996年影印本,第4页。

③ 《朱子语类》卷五,载《四库全书》,子部六,儒家类,上海古籍出版社1996年影印本,第86页。

④ 《朱子语类》卷九十八,载《四库全书》,子部八,儒家类,上海古籍出版社1996年影印本,第127页。

⑤ 《朱子语类》卷九十四,载《四库全书》,子部八,儒家类,上海古籍出版社1996年影印本,第18页。

得而来的。"人之所以有善有不善，只缘气质之禀，各有清浊"①。禀其清气的人就善，禀其浊气的人就恶。朱熹还以"气禀"不同来解释圣、贤与不肖的根源，甚至认为人的政治地位、生死寿夭也是由气质决定的。人性善恶是天生的，圣愚之别也是天生的。他主张"革尽人欲复尽天理"，认为"天理"和"人欲"是相互对立、彼消此长的，因而人应该选择天理而去除人欲。

南宋陆九渊认为，"仁"是人区别于禽兽草木的根据，人性就是仁义，背离仁义，就背离了人性。他说："人性本善，其不善者迁于物也。"② 即是说，人性本来是善的，是有仁义的，之所以会有不善的表现，是被物质欲望所引诱的缘故。因此，人应该向内用功，发明本心，切己自反，剥落物欲，改过迁善。在他看来，一个人最终是否具备人性以及具备何等的人性，完全在于一个人自己，并不在于别人的帮助。人既然有个人意志自由，人的社会责任就应该由个人来承担，而不应该由别人或社会来承担。

明代王阳明认为，心与性是相通的，心之体，性也，性即理也。性即理的基础是心与理的统一。他对宋明理学中的"理"赋予了新的规定，"礼字即理字。理之发见，可见者谓之文；文之隐微，不可见者谓之理：只是一物"③，认为"良知上自然的条理，不可逾越，此便谓之义；顺这个条理，便谓之礼；知此条理，便谓之智；终始是这条理，便谓之信"④。在他看来，理是人心体之中的先天普遍的规定性。吾心便是天理，天理是万物产生的根源，是事物变化的归宿。人可以把外在的道德律令的"天理"内化为人的内在

---

① 《朱子语类》卷四，载《四库全书》，子部六，儒家类，上海古籍出版社1996年影印本，第72页。

② （宋）陆九渊：《语录上》，载钟哲点校《陆九渊集》，中华书局1980年版，第416页。

③ （明）王阳明：《传习录上》，载董平、吴光等编校《王阳明全集》卷一，上海古籍出版社1992年版，第16页。

④ （明）王阳明：《传习录上》，载董平、吴光等编校《王阳明全集》卷三，上海古籍出版社1992年版，第108页。

的道德自觉，并用"良知"去知善知恶，因此所谓的"理"实际
上就是指仁义礼智信等伦理道德，"性即理"即人的本性就是人有
伦理道德。

明代罗钦顺试图用自然规律来解释人性，他认为，"气在理
先"，先有气才有万物的产生，也才有理。[1] 人和物都来源于阴阳二
气，此谓之"理一"；世界上人和物个个不同，此谓之"分殊"。
在他看来，"天命之性"只存在于"气质之性"之中，因此人性皆
善而无恶。人欲出自人的本性，不可由人任意改变。人的善恶不在
于有欲与无欲，而在于自己的节制。在他看来，气质之性就是义理
之性，泯去了"天理"与"人欲"的对立，肯定了欲的存在与作
用，这对宋明理学的人性论提出了质疑。

明代王廷相认为，气是整个世界统一的基础，包括人类在内的
一切事物都是气化而来，气是本，是造化的实体。他说："天地之
间无非气之所谓者，其性其种已各具于太始之先矣。金有金之种，
木有木之种，人有人之种，物有物之种，各各完具，不相假借。"[2]
他还进一步认识到人的精神现象、心理活动离不开人的形体，为人
性问题找到了物质根源，从而与理学家相对抗。

明代李贽不承认有与"人欲"相对立的"天理"，认为"忠孝
节义"不是天生的，而是来自现实生活。他认为，人性之自然表现
就是追求物质利益，因此，自私是人的天性。然而，人却偏要用仁
义道德去掩盖自私，这就势必失去人的真实性而变得虚伪。于是他
提出"童心说"，主张人性的真实性和自然性，不以善恶论"公"
"私"，而是以真假论善恶。童心是人的本心或"真心"，是人的自
然本性，人的行为若遵循"童心"，人性就是善的，否则就是恶的。
他说："夫童心者，真心也。若以童心为不可，是以真心为不可也。

---

① （明）罗钦顺:《困知记》卷上，中华书局1990年版，第4页。
② （明）王廷相:《家藏集五行辩》，载侯外庐等编《王廷相哲学选集》，中华书局1965年
版，第172页。

夫童心者，绝假纯真，最初一念之本心也。若失却童心，便失却真心；失却真心，便失却真人。人而非真，全部复有初矣。童子者，人之初也；童心者，心之初也。"①

明末清初学者黄宗羲认为，人是从理与气的运动变化中产生的，气构成了人的生理心理结构，气是人的生命的基础。他提出"离心无所谓性"②的心性一元论，认为人是禀气而生的，生而有心，有心才有性，即心性是合一的。在他看来，人是气质凝聚而成，受气质而生的，有气质然后才能讲义理，义理是从属于气质的，是后天形成的，除气质之外没有独立的义理，即承认气质之性是唯一合法的人之本性。黄宗羲提出"心无本体，功夫所至，即是本体"的命题。"心无本体"就是指人没有先天的仁义礼智的本性，仁义礼智等不限于人们的道德情感而存在，而是在后天的"体用"关系中形成的。在他看来，人性是一个发展过程，是在"应物处事"中发展起来的。他明确反对理学家的性情之辨，提出"离情无以见性"，认为性依存情，离开了情就无所谓性。

明末清初学者顾炎武认为，精气构成了人的血肉之躯。他说："精气为物，自无而之有也；游魂为变，自由而之无也。"③人的精神也是由精气构成，它包含了人的心理和生理的内容。精气流行变化构成人的生命，这主要指人的自然性存在。人之为人的本性则是文化造成的，文化使人的生命意义得到提升。他说："愚所谓圣人之道者如何？曰：'博学于文'，曰：'行己有耻'。"④即是说，人要"博学于文""行己有耻"才能成为人（社会人）。人是不可能

① （明）李贽：《童心说》，载《焚书》卷三，中华书局1975年版，第98页。
② （清）黄宗羲：《诸儒学案中一》，载沈芝盈点校《明儒学案》卷四十七，中华书局1985年版，第1109页。
③ （清）顾炎武：《日知录·游魂为变》，载黄汝成释《日知录集释》，岳麓书社1994年版，第21页。
④ （清）顾炎武：《亭林文集·与友人论学书》，上海扫叶山房，民国十七年，石印本，第1页。

离开社会文化的，离开了社会，人就无法成为人。关于人性，顾炎武指出，心是"为气之心"，是"验于事物"的，是发展变化的，而不是先天就有所谓道心的存在。"验于事物"，体物于外的经验是人心存在的基础，人的心性离不开人伦日用的存在内容，从而否定了"用心于内"的人性论。在他看来，人有向善的本质和能力，因此才能"验于事物"。人性之所以"近于善"，就是因为人有向善的本质和能力。他认为，个人私利是客观的存在，是人之常情。因此，破除百姓之"私"而达到天下大治是不合实际的，道德的善也不能离开人的实际利益，这些都是对理学人性论的否定，使人性的内容有了合理的、新的因素。

明末清初学者王夫之认为，作为禀气而生的人之性是离不开"气"的，"性在气中"，而"气"是不停变化的，所以性日生日成。他说："夫性者生理也，日生则日成也。则夫天命者，岂但初生之顷命之哉！形日以养，气日以滋，理日以成；方生而受之，一日生而一日受之"①。他主张"性即理"，身心是统一的，因此人生理的变化也必然导致人性的变化。人性与兽性之所以不同，是因为人的生理不同所导致的。"人所独有"是人的生理有发展出人性的特性，或者说有内在的潜能，这些潜能在社会生活与文化的构建中，逐渐形成了人性的内容。在他看来，人性随着"习"的变化而变化，即"习与性成"。"习"有习于善者，有习于恶者，习于善则性亦善，习于恶则性亦恶。王夫之主张"天理与人欲同行"，认为天理人欲是统一的，"理"寓于"欲"中。他充分肯定了人的合理欲求，认为"欲"是道德形成的前提，甚至把"欲"当作人自己发展自己的杠杆。在他看来，只有肯定人的合理欲求，人们的身心才能健康发展，道德上才能实现自我完善。

明末清初学者颜元认为，理作为气之理，表现在人身上就是

---

① （清）王夫之：《尚书引义·太甲二》，载船山全书编辑委员会校《船山全书》，岳麓书社 1996 年版，第 2 册，第 299—300 页。

"性"，亦即气质之性，离开气质便无以为性。他说："非气质无以
为性，非气质无以见性也。"① 在他看来，性理就是生理，人性不能
离开人的生理结构，"性"存在于人的生理结构之中。行事看不见
的，是通过情表现出来的。他说："存之为仁义礼智，谓之性者，
以在内之元亨利贞名之也。发之为恻隐、羞恶、辞让、是非，谓之
情者，以及物之元亨利贞言之也。才者，性之为情者也，是元亨利
贞之力也。"② 元亨利贞是天之道的内容，人之道的内容是仁义礼
智，也是人性的内容。天之道通过人之道表现出来。颜元提出只有
一个"气质之性"的人性一元论，是从根本上批判了程朱理学形性
相离、形外有性的唯心论。他的宗旨在于论证人的感情欲望的合理
性和现实性。

清代戴震批判改造了传统儒家建立在"性善论"基础上的天赋
道德论，用物质性的阴阳五行去阐释人的生命本质，建立起具有近
代意义的"血气心知"的人性一元论。他认为，人与动物的区别就
在于人有血气心知，血气心知是气质之性（血气）与义理之性
（心知）的统一，是人性的基本内容。血气心知是由欲、情、知3
个层次构成，他说："人生而后有欲，有情，有知，三者，血气心
知之自然也。"③ 他认为，人要成为人，必须通过学习而得"知"，
"知"是人的天地之大德，存在于日用事为之中，而在于学。人有
了"知"才能不溺于私，才知美丑是非，这是人的社会性内容。

总之，宋元明清时期的思想家从以下几个方面探讨了人之为人
的本性和尊严。一是关于人与动物的区别：认为人性本来是善的，
是有仁义的，"仁"是人区别于禽兽草木的根据，人之所以"灵"

① （清）颜元：《存性篇·性理评》，载王星贤、张芥塵、郭征校《颜元集》，中华书局
1987 年版，上册，第 15 页。

② （清）戴震：《存性篇·性图》，载王星贤、张芥塵、郭征校《颜元集》，中华书局 1987
年版，上册，第 21 页。

③ （清）戴震：《孟子字义疏证·性》，载张岱年主编《戴震全书》，黄山书社 1997 年版，
第 6 册，第 197 页。

于万物在于有"知","知"是人的天地之大德,存在于日用事为之中,必须通过学习而获得,人有了"知"才能不溺于私,才能分辨善恶,才知美丑是非。二是关于天道与人道:认为天性无意志,也无善恶之分。人性有天地之性和气质之性之分。"天地之性"是纯粹至善的,是人人都应该追求的理想人性,"气质之性"是每个人因禀受阴阳二气的不同而形成的特殊本性,人通过学习,可以改变"气质之性",达到"天地之性"。气质之性就是义理之性,泯去了"天理"与"人欲"的对立,充分肯定了人的合理欲求,认为"欲"是道德形成的前提,甚至把"欲"当作人自身发展的动力。三是关于理欲、性情之辨:认为理和欲在现实中通常是有矛盾的,"天理"和"人欲"是相互对立、彼消此长的,因此人要以"理"压"欲",以"理"统"欲",甚或选择天理而去除人欲。人应该向内用功,发明本心,切己自反,剥落物欲,改过迁善。人欲出自人的本性,人的善恶不在于有欲与无欲,而在于自己的节制。人可以把外在的道德律令的"天理"内化为人的内在的道德自觉,并用"良知"去知善知恶,因此所谓的"理"实际上就是指仁义礼智等伦理道德,"性即理"即人的本性就是人有仁义礼智等伦理道德,这是人们在后天的"体用"关系中形成的。"性"是"情"的根本,也是"情用"的根据。只有情是可以直接认识和把握的,离开"情"就无法谈"性"。四是关于人性善恶:认为人是在天道之下得天地阴阳中的正气化生出来的。"气"有正偏、清浊之分,禀于正、清之气的才就善,禀于偏、浊之气的才就恶。人性是人之所以为人的根据和特征,是人的生命的本质。"性"是与生俱来、无善无恶的,只是包含了一切善恶是非的可能性。人性随着"习"的变化而变化,即"习与性成",习于善则性亦善,习于恶则性亦恶。人有先天自然禀赋的差异,先天条件不好的人,只要肯学习,积极上进,也可以达到"上智"的境界。人性可分为刚、柔、善、恶、中五品,"中"是最理想的人性,人要达到"中"的境界，就要"诚"，即"无妄""无为"，做到顺其自然地表现宇宙和人性的本然。人性之所以"近于善"在于人有向善的本质和能力。个人私利是客观存在的，道德的善不能离开人的实际利益。人有个人意志自由，人的社会责任应该由个人来承担。人的精神现象、心理活动离不开人的形体，为人性问题找到了物质根源。

三 主体尊严——天与人交相胜

北宋张载认为，"天"是自然之天，是没有意志、没有目的的"太虚"之"气"。他说："天不能皆生善人，正以天无意也。"① 人只要尽人道，就可以与"天地并立"而三。人的主体意识的觉醒，给人争到了与天地同等的地位，并使人从天地的规定性中独立出来。在他看来，人可以认识和掌握自然界的规律并加以用之，因而人有征服自然的可能性。可见，张载认识和发觉了人在自然界面前的主体意识。他还指出，宇宙的变化是无穷的，所创造出来的事物也是千差万别的，人具有无限的认识能力，可以认识宇宙的无穷变化。

北宋程颢说："只心便是天，尽之便知性，知性便知天，当处便可取，更不可外求。"② 即心外无物，对"理"的体认和把握不需要外求于物，只要体验自己的内心和反省自身而感悟，便可以穷理尽性，明白人生的真谛，达到理想的人生境界。他认为，"心"不仅是"天"，还是"性"，是"命"，是"道"，即"心则性也，在天为命，在人为性，所主为心，实一道也"③。圣人能够真实地感觉到自己与物同体，圣人之心最能体现"天道""天理"的自然之

---

① （宋）张载：《横渠易说·系辞上》，载章锡琛校《张载集》，中华书局 1978 年版，第189 页。

② （宋）程颢、程颐：《遗书》卷十一，载王孝鱼点校《二程集》，中华书局 1981 年版，第15 页。

③ （宋）程颢、程颐：《粹言·心性篇》，载王孝鱼点校《二程集》，中华书局 1981 年版，第1252 页。

性，因此圣人就是仁人，达到了"仁"的境界。程颢在建立理学大厦的同时，不仅引入了心学的种子，也为人学找到了形上的价值基础，为突出人学的主体性开辟了一条道路。

北宋王安石提出的"天命不可畏"①"祖宗之法不可守"②"人言不足恤"③思想对人的主体性和人的创造性作了充分的肯定，鼓励人们积极进取，十分明确地回答了社会进步和人才以及人的思想解放之间的关系。在他看来，"天"没有意志，没有情感，不可能对人事进行赏惩，因此"人"（指革新变法之人）要从"天"的束缚中解放出来；"祖宗之法"不应该成为前进的绊脚石，而应该以其活的精神来指导现实的变法，将人从传统的文化和思想习惯中解放出来；"人言"或"流俗"也不能成为变法前进的绊脚石，而应该对有碍于变法更新的"人言"或"流俗"进行分析，进而制造有利于变法革新的舆论，将人从社会习惯中解放出来。

南宋陆九渊主张"收拾精神自作主宰"④，他特别重视人的主体作用，强调人的精神独立和精神自由。陆九渊对学生朱济道说："请尊兄即今自立，正坐拱手，收拾精神，自作主宰。万物皆备于我，有何欠阙。"⑤他认为，人要自作主宰，就要通过精神的专一养成刚健弘毅的人格，从而达到精神的高度自由。至于如何养成刚健弘毅的人格，他说："人要有大志。"⑥有大志，一个人的人格才会刚健弘毅，才会克服声色犬马的迷惑，才会良心善性勃然而发，才会真正在天地间挺立，才会真正高扬起人的主体性旗帜！

---

① （宋）李焘:《续资治通鉴长篇》卷二十九，载《四库全书》，史部六，编年类，上海古籍出版社1996年影印本，第552页。

② （宋）王安石:《夫子贤于尧舜》，载唐武校《王文公文集》，上海人民出版社1974年版，第323页。

③ （宋）王安石:《上皇帝万言书》，载唐武校《王文公文集》，上海人民出版社1974年版，第3页。

④ （宋）陆九渊:《语录下》，载钟哲点校《陆九渊集》，中华书局1980年版，第455页。

⑤ （宋）陆九渊:《语录下》，载钟哲点校《陆九渊集》，中华书局1980年版，第455页。

⑥ （宋）陆九渊:《语录下》，载钟哲点校《陆九渊集》，中华书局1980年版，第450页。

明代王阳明认为，"吾心便是天理"，这在一定程度上肯定了人有内在自由，人能够重建自己的心灵。他说："盖天地万物与人原是一体，其发窍之最精处，是人心一点灵明。"① 他把"人心"夸大为万物的本原，极力突出人的价值，使主体的心灵挺拔起来。王阳明提出的"知行合一""存天理、去人欲""致良知"和"事上磨练"等以修齐治平为终极关怀的哲学，最终都体现为高扬人生价值的人学思想。这些命题首先把人心看做天地万物的本原，肯定了人的主体作用；其次把外在于人的道德律令的"天理"转换成人人皆有的人类本性，内化为人的内在的道德自觉，并用"良知"去知善知恶，这不仅否定了传统道德的虚伪性，又确立了人的主体性。在他看来，人人都要服从天理，人人都有良知，在良知面前人人都是平等的。

明代王廷相说："尧有水，汤有旱，天地之道适然尔，尧汤奈何哉？天定胜人者，此也。尧尽治水之政，虽九年之波而民罔鱼鳖；汤修救荒之政，虽七年之亢而野无饿殍。人定亦能胜天者，此也。"② 在他看来，天道悠远而难知，人事近而易见，强调事在人为，人只要通过自己的努力、奋斗，就一定能够胜天，这一"人定胜天"思想在承认天的客观存在的基础上，高度肯定和弘扬人的主体性，突出了人的价值和尊严。

明代李贽认为，人要尊重自己，就要"率性而为"，不能高视别人而贬低自己。在他看来，"率性"在一定意义上来说就是"童心"，"童心"是人的本心或"真心"，是人的自然本性，即人的本性是自由的。他说："人所同者谓礼，我所独者谓己。学者多执一己定见，而不能大同于俗，是以入于非礼也。"③ 可见，他尊崇个性

---

① （明）王阳明：《传习录上》，载董平、吴光等编校《王阳明全集》卷三，上海古籍出版社 1992 年版，第 107 页。

② （明）王廷相：《慎言五行篇》，载侯外庐等编《王廷相哲学选集》，中华书局 1965 年版，第 57 页。

③ （明）李贽：《四勿说》，载《焚书》卷三，中华书局 1975 年版，第 101 页。

自由,认为自由自在地发挥个性就是"礼",但人的自由并不能否
认"礼"的存在。道德是人存在的自利,自由地发展着个性的人,
自然也会对自己的行为负责。他说:"士贵为己,务自适。如不自
适而适人之适,虽伯夷、叔齐同为淫僻;不知为己,唯务为人,虽
尧舜同为尘垢秕糠。"①"为己"是独立自主,"自适"是自由选择
自己的行为。

　　明末清初王夫之继承了"人定胜天""天人交胜"的思想,并
进一步发挥了人的主观能动性作用。他认为,人作为自然界的主
人,不能消极地适应自然,而要积极地改造自然。"人道之流行,
以官天府地裁成万物而不见奇迹。故曰天者器,人者道"②,人与自
然的区别在于人能发挥主观能动性,人能胜天。首先人必须通过
"相天"③,改变自然与"任天"的禽兽相区别;其次还必须通过
"竭天"④,充分发挥、利用天所赋予的认识和改造客观世界的能
力。在他看来,人能与天争相胜,能改造客观世界为自己服务。

　　总之,宋元明清时期的思想家普遍认同"天人交胜""人定胜
天"的思想,提出的"天命不可畏""祖宗之法不可守""人言不
足恤""收拾精神自作主宰""人要有大志""知行合一""存天
理、去人欲""致良知"和"事上磨练"等以"修齐治平"为终极
关怀的哲学,最终都体现为高扬人作为主体存在的价值和尊严的人
学思想。具体而言,一是在天人关系、人与自然、人与社会关系层
面,首先提出人只要尽人道,就可以与"天地并立"而三。人的主
体意识的觉醒,给人争到了与天地同等的地位,并使人从天地的规

---

　　①　(明)李贽:《答周二鲁》,载《焚书》卷一,中华书局1975年版,第258页。

　　②　(清)王夫之:《思问录·内篇》,载船山全书编辑委员会校《船山全书》,岳麓书社
1996年版,第12册,第405页。

　　③　(清)王夫之:《吴徽百牢》,载船山全书编辑委员会校《船山全书》,岳麓书社1996年
版,第5册,第617页。

　　④　(清)王夫之:《吴徽百牢》,载船山全书编辑委员会校《船山全书》,岳麓书社1996年
版,第5册,第617页。

定性中独立出来。人作为自然界的主人，不能消极地适应自然，而要积极地改造自然。人与自然的区别在于人具有天所赋予的无限的认识和改造客观世界的能力，人能发挥主观能动性认识和掌握自然界的规律，改造客观世界为自己服务，人能胜天。其次，主张"天命不可畏、祖宗不足法、流俗不足恤"，鼓励人们积极进取，要从"天"的束缚、传统的文化和思想习惯、社会习惯中解放出来，对人的主体性和人的创造性作了充分的肯定；二是在人的主体性和人的自由层面，首先，吾心便是天理，把人心看做天地万物的本原，这在一定程度上肯定了人有内在自由，人能够重建自己的心灵，只要体验自己的内心和反省自身，便可穷理尽性，明白人生的真谛，达到理想的人生境界。其次，把外在于人的道德律令的"天理"转换成人人皆有的人类本性，内化为人的内在的道德自觉，并用"良知"去知善知恶，这不仅否定了传统道德的虚伪性，又确立了人的主体性。再次，强调事在人为，人只要通过自己的努力、奋斗，就一定能够胜天，高度肯定和弘扬人的主体性，突出人的价值。重次，人要自作主宰，有大志，养成刚健弘毅的人格，从而达到精神的高度自由，追求精神独立。最后，人要尊重自己，就要率性而为，自由自在地发挥人的自然本性，但尊崇个性自由不能否定"礼"的存在。道德是人存在的自利，自由地发展着个性的人，自然也会对自己的行为负责，充分体现人作为主体的价值和尊严。

四 个体尊严——个性自觉与人的解放

明代李贽人学思想的核心是提倡个性自由和人的解放。他认为，宗教礼法是按照统治者个人的愿望制定出来的，是一家之礼法，因此一切"条教之禁""刑法之施"等都是精神枷锁，人要打破这种枷锁，"率性而为"。"率性"就是"童心"，"童心"是人的本心或"真心"，是人的自然本性。他要求破除封建道德对童心的异化、扭曲，复"真心"，做"真人"，扬弃伦理异化，实现人性复归。在他看来，每个人都有自己独立的人格，都有自己的个性，"夫天生一人，自有一人之用，不待取给于孔子而后足也"①。人的本性是自由的，每个人都可以自由地选择自己的生活道路和人生态度，那么就只有使天下之民，各遂其生，各获其愿才能造就一个"并育而不相害"的社会。李贽反对君主专制，在政治上主张人民"自治""自理"。他企图冲破封建礼教和政刑的束缚，呼唤个性自由。提倡男女平等、婚姻自由，张扬自然人性论与个性解放。关于人的权利，李贽认为，人人皆有自己独立思考的权利，也有这样的天赋能力。然而，社会上普遍"以孔子之是非为是非"②，恰恰以孔子的权威剥夺了人们思考的权利，人们的心智成为了无用的东西，人们的精神已经枯萎。因此，他以"颠倒千万世之是非"的勇敢气概，向封建蒙昧主义宣战，大胆地提倡"不以孔子之是非为是非"，希望人要有骨气，要相信自己，尊重自己，"是非无定论、无定质"③，人人都可以按照自己的理性做出独立的判断，要把人当人看。他还进一步提出人有批评自己的权力，时代不同，判断是非的标准也不同。总的来说，李贽的人学思想不仅赋予人性以新的内涵，而且倡导人的平等自由，具有启蒙意义，是通向近代人学的桥梁。

明末清初黄宗羲充分肯定了个人私利的自然合理性。他说："有生之初，人各自私也，人各自利也，天下有公利而莫或兴之，有公害而莫或除之。有人者出，不以一己之利为利，而使天下受其利，不以一己之害为害，而使天下释其害。"④ 在他看来，人的原始

① （明）李贽:《答耿中丞》，载《焚书》卷一，中华书局1975年版，第16页。

② （明）李贽:《藏书·世纪列传总目前论》，载《藏书》，中华书局1959年版，第1册，第1页。

③ （明）李贽:《藏书·世纪列传总目前论》，载《藏书》，中华书局1959年版，第1册，第1页。

④ （清）黄宗羲:《明夷待访录·原君》，载沈善洪主编《黄宗羲全集》，浙江古籍出版社1985年版，第1册，第2页。

本性是"自私自利"的,"各得自私""各得自利"是人不可剥夺的自然权利,在这一点上,人与人之间是平等的。人们只是为了自身的利益才组织起社会,建立起国家。人人各得自私,各得自利,才是天下之大公。然而,封建君主专制却"使天下之不敢自私、不敢自利"。他明确指出,能满足天下人之利益的就是"公利",反之,以一己之私利而损害天下之公利的则是"公害"。黄宗羲把"私"视为人的本性,但他的前提是承认人的自然权利,批判了君主专制,倡导个性解放。他反对天下是非出于天子,认为其神化了君主统治,扼杀了人的个性。他反对愚昧教化,主张"公其是非于学校",提倡"清议",兴办学校等,从而争取个性自由;他呼唤个性解放,打破封建政治专制,还政于民,倡导政治言论自由,改革吏治;他批评当时的读书人个性泯灭,呼吁读书人要有"务得于己,不求合于人"的英雄气概,不要被权势所吓倒、所指挥。总之,黄宗羲的人学思想承认人的自然权利,批判君主专制,倡导个性解放,争取个性自由,具有丰富的近现代思想启蒙的现实意义。

明末清初顾炎武对君主专制、"君为臣纲"的道德教条进行了有力的冲击,提出了改变旧的社会风俗的道德主张。在他看来,不能把亡国和亡天下混为一谈,君主一家一姓的灭亡,这叫做"亡国";政治腐败,道德沦丧,社会黑暗造成人与人之残杀叫做"亡天下"。保国是君臣的事,保护天下才是人人有责。这是其"天下兴亡,匹夫有责"①的道德观的内容。顾炎武认为,人才不振的根本原因就在于封建的禁防束缚,封建的防民之术、治民之具的发展严重地限制了人的发展。在他看来,天下之人应有自己的权利,而八股取士禁锢了人的思想,扼杀了个性,坑杀了天下人才,因此主张废除当时的官制,尊重实际有用的人才。他鼓励知识分子要有不屈不挠的英雄气概,青年人要把自己造就成执宰天下的豪杰之士,

---

① (清)顾炎武:《日知录·正始》,载黄汝成释《日知录集释》,岳麓书社1994年版,第471页。

只有这样才能促进个性解放。总之,顾炎武对传统人学思想的尖锐批判,使古代人学思想逐步走向近代,为近代人学思想的产生和形成奠定了思想基础。

明末清初王夫之从理论上批判复古主义的"返朴"之说。他认为,所谓"返朴"是使人的生命力(内在潜能)无法得到发挥,从而导致"人事尽废"而无所作为,最终人就会退化到动物中去。他强调人格独立的重要性,主张人要尊重自己生命的价值。在他看来,人生命的价值就在于人有自觉的能动性,而人的能动性就是一种实践活动,人只有发挥自己的能动性才能发展自己。他认为,君主一家一姓的利益和社会民众的利益应该区分,君臣关系应该是平等的,因为君臣应为"一体",是"公"的关系,都是对天下负责,父子、兄弟、夫妇等关系也都是平等的。总之,王夫之通过对"君纲"的批判,开启了人与人平等关系的研究,提出"以天下之大公"作为人们伦理活动、道德情操的最高标准,是民主思想的萌芽。

明末清初唐甄从人的生存权和财产权不可剥夺的观点出发,对君权给予深刻的揭露。他认为,君主是通过杀戮抢劫得天下的,君主打着"天""国家"的旗号,推行的却是一人的独裁专制,因此百姓横遭涂炭,实为独裁者一人造成。他还指出,君主得到天下后不把人当人看,由此导致社会动乱。唐甄猛烈抨击了君权神授,把帝王与盗贼并提,即"凡为帝王者皆贼也"①,甚至主张处决帝王。这在当时是胆大包天的,具有呼唤人的解放的思想启蒙意义。

明末清初颜元反对"命定论",反对空谈"性理",提倡"践履""习行"的实学精神,认为人凭借自己的"实力"就可以掌握自己的命运,人只有从实事实功的经验中得来的知识才算真知识。他强调知识的获得即所谓的"知至"是从"习"中来的,否认

① (清)唐甄:《潜书·全学》,载吴泽民校《潜书》,中华书局1955年版,第176页。

"生知圣人"。在他看来，长期的封建专制、奴化教育、理学精神的禁锢，使人性受到了异化和扭曲，因此必须要唤醒人的自觉意识，通过"习行"使人自己挺立起来。他说："父母生成我此身，原与圣人之体同；天地赋与我此心，原与圣人之性同；若以小人自甘，便辜负天地之心、父母之心矣。常以大人自命，自然有志，自然心活，自然精神起。"① 他强调立志用功，不要"以小人自甘"，凡人和圣人一样，都可以通过立志、用功、习行，成就一番事业。

清代戴震在批判宋儒的"天理人欲之辨"的理欲分离论的基础上，系统地提出并论证了"事为皆有于欲""无欲则无理""理存于欲"等理欲统一的思想观点，把人类的欲望及对生命的追求，看作是人类自身发展的基本动力。在他看来，欲是理的物质基础，理是欲的条理、规则。离开欲，就没有理；离开理，欲就要发生偏离。人有欲望、要求是完全合理的，欲是人性发生发展的动力。人的一切行为都以欲为基础，没有欲也就没有人性的存在。圣人之道的基本精神就是使天下百姓达情遂欲，这是天下得治的基础和保证。"理义"在人的生存发展中也是不可或缺的，而且在一定意义上说，建立在"人欲"基础上的这种"理义"的价值，带有一定的必然性。戴震强调"天理"与"人欲"的统一，其实质是充分肯定了人首先是一个生物学意义的感性实体，仁义礼智等道德规范实现的道德之善是在人伦日用等各种欲望之中的。他批判"以理杀人"比酷吏的"以法杀人"更酷烈惨毒，这是当时关于人的解放最有力的呐喊。

总之，明清时期的特殊历史条件决定了这一时期思想家的逻辑起点是对君主专制的批判，从批判中提升人性与人的价值和肯定人的自然权利，不仅赋予人性以新的内涵，而且倡导人的平等自由，具有思想启蒙的意义，是通向近代人学的桥梁。

———————————

① （清）颜元：《习斋先生言行录卷下·学须》，载王星贤、张芥塵、郭征校《颜元集》，中华书局1987年版，下册，第668页。

首先,强调"天理"与"人欲"的统一,认为人有欲望、要求是完全合理的,充分肯定个人私利的自然合理性;人类的欲望及对生命的追求是人类自身发展的基本动力,"仁义礼智"等道德规范实现的道德之善是在人伦日用等各种欲望之中的。圣人之道的基本精神就是使天下百姓达情遂欲,从而实现天下得治。批判"以理杀人"比酷吏的"以法杀人"更酷烈惨毒,这是当时关于人的解放最有力的呐喊。

其次,人的本性是自由的,每个人都可以自由地选择自己的生活道路和人生态度,提倡"不以孔子之是非为是非",每个人都要相信自己,尊重自己,按照自己的理性做出独立的判断。强调人格独立的重要性,主张人要尊重自己生命的价值,即发挥人的自觉能动性,在实践活动中发展自己。人有批评自己的权力,时代不同,判断是非的标准也不同。反对命定论,反对空谈性理,提倡"践履""习行"的实学精神,认为人凭借自己的"实力"就可以掌握自己的命运,人只有从实事实功的经验中得来的知识才算真知识。每个人都可以通过立志、用功、习行唤醒人的自觉意识,使人自己挺立起来,成就一番事业。

最后,反对君主专制,主张人民"自治""自理",企图冲破封建礼教和政刑的束缚,呼唤个性自由,提倡男女平等、婚姻自由,张扬自然人性论与个性解放。宗教礼法是一家之礼法,人要打破这种精神枷锁,"率性而为",复"真心",做"真人",扬弃伦理异化,实现人性复归。猛烈抨击君权神授,承认人的自然权利,坚持人的生存权和财产权是不可剥夺的,君主是通过杀戮抢得天下,打着"天""国家"的旗号,推行一人的独裁专制,不把人当人看,导致社会动乱,不能把亡国和亡天下混为一谈,保国是君臣的事,保护天下才是人人有责。主张废除八股取士,认为其是封建的防民之术、治民之具,严重限制了人的发展,禁锢人的思想,扼杀个性,无法选取出实际有用的人才为国效力;反对愚昧教化,倡导政治言论自由，呼吁读书人要有"务得于己，不求合于人"、执宰天下、不屈不挠的英雄气概，不要被权势所吓倒、所指挥。批判"君纲"，认为君臣、父子、兄弟、夫妇等关系都是平等的，提出"以天下之大公"作为人们伦理活动、道德情操的最高标准。

五　人格尊严——尊"道"自主的君子人格

南宋朱熹认为"圣贤千言万语，只是教人明天理，灭人欲"①，灭人欲的过程是"渐渐消去"人欲的过程，直到"革尽人欲，复尽天理"②，如此便达到了完人的境界。他强调人去欲之后追求的是"步步皆合规矩准绳""粹然以醇儒之道自律"的君子人格，进而追求圣贤境界，而佛老的寡欲、无欲学说追求的是超然出世、身如枯树、心如涸井的境界。

南宋陆九渊既反对"迁于物"，又反对抽象的道理，主张把纵欲主义和禁欲主义结合起来，认为人要善于"循吾固有而进德"，就是遵循人性所固有的特征和规律的发展，必然会达到不纵欲也不禁欲的理想境界，他将其称之为"大人"境界。在他看来，人心中有了欲望，就会"迁于物"而不能自拔，就不能反观自己的本心，更谈不上"发明本心"，也就不可能成为"大人"。他认为，学者的修养就是自我解放，就是要消除个人与宇宙之间的"限隔"，就是要把知识化为自己的精神境界，使自己成为一个"大人"。

明末清初王夫之主张"立志""养志""志之自立者人也"等思想，目的在于培养独立人格，去掉奴性，自己掌握自己的命运。他强调"志"在道德修养中的重要性，认为人要获得生命的价值就必须立志。立志，人就可以正确地决定自己行为的动机与目的，可

---

① 《朱子语类》卷十二，载《四库全书》，子部六，儒家类，上海古籍出版社1996年影印本，第185页。
② 《朱子语类》卷十二，载《四库全书》，子部六，儒家类，上海古籍出版社1996年影印本，第185页。

以去改造客观世界，可以"以身任天下"。此外，王夫之提出的
"裁之于天下，止之于己"和"立志于己，施之于天下"思想既表
现了他作为身罹国难而不失民族气节的爱国志士的气节和情操，也
揭示了道德理性的积极作用，突出了人的生命价值和人格尊严。

　　总之，宋元明清时期的思想家强调尊"道"自主的君子人格尊
严，认为人要善于"循吾固有而进德"，遵循人性所固有的特征和
规律的发展，消除个人与宇宙之间的"限隔"，把知识化为自己的
精神境界，通过"立志""养志"培养独立人格，自主决定自己行
为的动机与目的去改造客观世界，"以身任天下"，追求"步步皆
合规矩准绳""粹然以醇儒之道自律"的君子人格和"大人"境
界，进而追求圣贤境界。这一时期对人的自主性和道德理性的重视
一定程度上突出了人的生命价值和人格尊严。

六　生命尊严——身心健康、生命的道义价值

　　北宋王安石十分重视人的生命①（并无不可侵犯之意），认为
养生是提高人的生命质量和人生境界。在他看来，要养生首先要注
意人的外在形体，使人有一个健康的体魄，还要有健康的心灵或者
内心世界。他认为，"形"是事物发生之"本"。一个人的修养之
道的关键是"养气保形"。一个人的"养气保形"是通过"礼"
"乐"的修养达到正性和保形的养生目的，因此不是一个纯自然的
问题，而是包含人文因素、社会因素在内的社会问题。"养生保形"
的目的在于"尽性"，即尽人道。王安石心目中的大人（圣人）以
事业为基础，强调人对社会和自然改造过程中所建的事功。

　　北宋苏轼认为，"养生难在去欲"。"去"不是禁止禁绝，而是
"节制"的意思，"欲"不仅指性欲，而且包括一般意义上的生物
性欲望和社会性欲望。在他看来，养生之道在于限制人的各种欲

---

　　①　王安石重视人的生命，但他并不认为人的生命是不可侵犯的。

望，以达到一种生理、心理以及人际关系的平衡；"去欲"是节制人欲的恶性膨胀。一个人的各种欲望被节制在正常的范畴以内时，就会真正做到心平气和，真正做到养生与养性同步，真正进入人生的放达逍遥境界。他说："任性逍遥，随缘放旷，但尽凡心，别无胜解。以我观之，凡心尽处，胜解卓然。"① 养生不仅要养身而且要养心。

明末清初王夫之心目中的理想人格是"以身任天下"的大丈夫。他提出"因人建极"，认为人生存的自然权利也包括人生存的家园，这种自然权利不依赖于"王者"，不以"改性受命"为转移。在他看来，人类只是为了自己的生存和发展才建立国家，因此必须珍视自己的生命，也必须"自畛其类"。人既要"畛生"，又要"务义"，要把生和义统一起来，且生是义的基础。生命之可贵，生命之有价值，就在于它能"载义"。他说："生以载义，生可贵；义以立生，生可舍。"② 生命不体现道德要求，就没有价值。这一思想在人学史上是独一无二的。王夫之既重视生命的价值，又看到了生命的价值在于道义，即人要有理想、有骨气，要立志，开启了对生命意义的研究。更加值得重视的是，他的"自畛其类"是为了"保其群""卫其类"，所谓"群"和"类"是社会化了的群体，而不是抽象的人，这又体现了一种民族精神。

总之，宋元明清时期的思想家十分重视人的生命③（并无不可侵犯之意），认为养生不仅要保持身心健康，而且要提高人的生命质量和人生境界。首先，养生之道在于限制人的各种欲望，以达到一种生理、心理以及人际关系的平衡；"去欲"是节制人欲的恶性膨胀。一个人的各种欲望被节制在正常的范畴以内时，就会真正做

---

① （宋）苏轼：《东坡志林·论修养帖寄子由》，载王松龄校《东坡志林》，中华书局1981年版，第8页。

② （清）王夫之：《尚书引义·大诰》，载船山全书编辑委员会校《船山全书》，岳麓书社1996年版，第2册，第363页。

③ 王安石重视人的生命，但他并不认为人的生命是不可侵犯的。

到心平气和，养生与养性同步，进入人生的放达逍遥境界。其次，人类既要"畛生"（珍视自己的生命），又要"务义"，要把生和义统一起来，且生是义的基础。生命之可贵，就在于它能"载义"，即人若没有理想、没有骨气、没有志向，人的生命若不体现道德要求或道义，就没有价值可言。这一思想在人学史上是独一无二的。

七 社会尊严——事功评价、君民平等

南宋陈亮以人的耳、目、鼻、口的私欲为人的本性或人性，认为其是不可违背的。他从肯定人性的功利性出发，强调声、色、臭、味、安逸等对人之不可少，同时提出"性也，有命焉"的调节方法，即用"命"（客观条件）来控制调节"性"，以达到人对欲望的合理满足。在他看来，人欲并非都是坏的，也并非都与"天理"相悖，即"天理人欲可以并行"①。陈亮肯定事功、功利在道德评价中的重要作用，认为观"心"固然重要，但更重要的是看"迹"，"心"通过"迹"来表现。

南宋叶适并不否定"仁义"的重要性，认为"仁义"不能离开功利，且只能在功利之中。他说："仁人正谊不谋利，明道不计功。此语初看极好，细看全疏阔。古人以利与人，而不自居其功，故道义光明。后世儒者，行仲舒之论，既无功利，则道义者，乃无用之虚语尔。"②在他看来，"仁义"若不与"功利"结合，就成为没有实际意义的空话，最终必然导致仁义自身的消亡。叶适主张用功利与道德统一的观点来评价人。他认为，人们的物质生活和农业生产是整个封建"王业"的基础，也是道德的基础。他反对以天理人欲作为划分圣和狂的标准，认为事功才是道德评价的依据。叶适

---

① （宋）陈亮：《又乙巳春书之一》，载邓广铭点校《陈亮集》，中华书局1987年版，第346页。

② （宋）叶适：《习学记言序目》卷二十三，载孙鼎国、李中华主编《人学大辞典》，河北人民出版社1995年版，第458页。

将事功与义理结合起来,用事功来评价义理,比陈亮的"专言事功"的主张似乎更合理,更有真理性。他认为,真正代表仁义的人,是那些敢于作为的人,敢于在现实社会中立足于收复中原、统一国家的人。

明代李贽人学思想的核心是关于个性的平等自由问题,他把王学内部一派所倡导的道德面前人人平等发展为人在天赋本能和天赋权利上的平等。首先,他认为,人人都有"童心",人人都有"生知"的知觉能力,即"天下无一人不生知,无一物不生知,亦无一刻不生知者"①。而且,在他看来,天生具备知觉能力的人便是佛,即"生知者便是佛","既成人矣,又何佛不成,而更等待他日乎?"既然成就了人,也就成就了佛,因此人人都能成佛,这说明人在天赋本能上是平等的。其次,李贽从"生知"出发,进一步认为人人在德性上都是平等的,愚夫愚妇与圣人相同。"德性"平等,道德上的"能为"也是平等的。他认为人是能尊德性的,尊德性就是为众人之所能为,率性而为,没有什么"过高"之处。李贽在"德性"及"能为"的平等上,对道家学说的君子与小人,圣人与不肖等等级秩序进行了批评,提出"致一之理"的平等观。所谓"致一之理",指人天生就是平等的,没有什么高低贵贱之分。既包括圣人与凡人的平等,王侯与庶民的平等,也包括男女之间的平等,他认为男女在见识、智能上都是平等的。李贽的平等观,与现代的所谓平等,虽然还有很大距离,但毕竟超越了古代思想而含有近代平等的色彩。

明末清初黄宗羲主张"天下为主君为客"②,认为天下万民才是主人,君是客,而当时的现实恰恰颠倒了这种关系。他从人的本性出发,论述了人在社会生活中的一系列平等内容,提出要废除

---

① (明)李贽:《答周西岩书》,载《焚书》卷一,中华书局1975年版,第1页。
② (清)黄宗羲:《明夷待访录·原君》,载沈善洪主编《黄宗羲全集》,浙江古籍出版社1985年版,第1册,第2页。

"桎梏天下人手足"的非法之法，提倡在法律面前人人平等。"天下为主"反映出的是一种平等思想。在他看来，天下人的利益高于一切，"为天下""为万民"等就是一种平等思想。君臣关系是一种平等关系，因为君臣都是为天下万民服其劳。父子关系是血缘关系，这是不能改变的，所以"臣不与子并称"，这是关系到平等的基础问题。把血缘关系和政治关系分开，这是具有近代意义的一个重要的人学命题，也是对传统政治观念的重大突破。

明末清初唐甄主张"天地之道故平"①，认为天地万物都是平等的，男女平等是人类平等的基础。他告诫君主，若不与臣民平等就只能是孤家寡人。如何平等？他认为，君主要"抑尊"，要同农夫一样才能平等。人与人的平等就应该如同兄弟一样。可见，唐甄秉持的"天道故平"的人权平等观念，并没有停留在抽象的论证上。

总之，宋元明清时期的思想家首先肯定人性的功利性，强调用"命"（客观条件）来控制调节"性"，以达到人对欲望的合理满足。但并不否定"仁义"之于人性的重要性，认为"仁义"只能在功利之中且通过功利表现出来，否则就只能成为没有实际意义的空话，自我消亡。真正代表仁义的人，是敢于作为、敢于在现实社会中立足于收复中原、统一国家的人。其次，主张用功利与道德统一的观点来评价人，人们的物质生活和农业生产是道德的基础，事功是道德评价的依据，因此将事功与义理结合起来，用事功来评价义理更合理，更有真理性。再次，人人都有"童心"，人人都有"生知"的知觉能力，人在天赋本能和天赋权利上是平等的，人是能尊德性的，尊德性就是为众人之所能为，率性而为，因此每个人在德性上也都是平等的。最后，认为人天生就是平等的，没有什么高低贵贱之分，男女在见识、智能上也都是平等的，且男女平等是

① （清）唐甄：《潜书·大命》，载吴泽民校《潜书》，中华书局1955年版，第96页。

人类平等的基础。因此要废除"桎梏天下人手足"的非法之法，提倡法律面前人人平等。天下人的利益高于一切，君臣都是为天下万民服其劳，因此君臣关系是一种平等关系，而父子关系是不能改变的血缘关系。把血缘关系和政治关系分开是具有近代意义的一个重要的人学命题，也是对传统政治观念的重大突破。

第三章

人的尊严:西方伦理
思想史的解读

关于"人"的认识和思考始终是西方思想家们关注的主题之一。① 根据人的尊严观念在西方伦理思想史中演绎发展的路径和特点,德国学者斯特潘尼亚斯(Markus Stepanians)明确指出:人的尊严观念在西方曾经历了3个历史发展时期,即从古希腊开始到康德为止的哲学——神学时期、19世纪中叶到20世纪中叶的政治时期、从20世纪中叶始的法律建构期②。就西方伦理思想史而言,内在于康德哲学的人的尊严思想即"康德尊严"是人的尊严观念发展的一个顶峰,其理论的系统性和完整性是其他任何历史阶段都无可

① 西方伦理思想史中关于"人"思想即人学思想非常丰富,但直接论及人的尊严的思想却并不多。康德以前,除了文艺复兴时期意大利人文主义思想家皮科的拉丁文名著《论人的尊严》外,没有一部直接以"人的尊严"为主题的著作。即使皮科的《论人的尊严》,通篇也没有直接提及"人的尊严"(dignity of man)的语句,有学者认为"整篇文章就是一篇关于尊严的专题论文"参见 Rieke Van Der Graaf and Johannes Jm Van Delden,"Clarifying appeals to dignity in medical ethics from a historical perspective",*Bioethics*,2009,Vol. 23,number3,pp. 151 – 160。一直以来,学界普遍认为康德的《道德形而上学原理》是西方伦理思想史上一部系统阐述其关于人的尊严思想的著作。因此,要从历史的角度阐释人的尊严,我们只能参考一些涉及人的尊严思想的历史文本。然而,究竟哪些历史文本,或者说哪些思想家的人学思想是关涉"人的尊严"的呢?从整个西方伦理思想史来看,人学思想主要包括人的起源、人的本性、人的本质、人的目的和精神追求4个方面。因此,笔者将从有关"人"的思想中去寻求人的尊严的历史渊源,以探究人的尊严观念的历史延续性。有鉴于此,本书对人的尊严观念的历史阐释,实际上是采用历史叙事法对人的尊严观念进行建构性解读。

② 甘绍平:《人权伦理学》,中国发展出版社2009年版,第138—139页。

比拟的，而且"康德尊严"对之后西方主要国家的政治—法律实践具有重要的指导意义。因此，可以说，"康德尊严"是"人的尊严"观念从理论走向实践的重要转折点。笔者不仅将"康德尊严"单列出来进行考察，而且将其作为西方伦理思想史中划分人的尊严观念之发展时期的分界点。鉴于斯特潘尼亚斯的划分法，笔者将人的尊严观念在西方伦理思想史中的发展划分为两个历史时期：从古希腊开始到 19 世纪初的理论建构时期和从 19 世纪开始的实践批判时期。

第一节　古希腊至 19 世纪的理论建构时期

综观西方伦理思想史，不同历史阶段的思想家都是在人与神的关系、人与自然的关系、人与社会的关系中去描绘"人的形象"的，进而考察人自身相对于其他事物或对象所具有的价值和尊严。这里的"人"包含两个层面：一是作为"一般意义上的人"；二是作为社会生活中具体的个人即"社会意义上的人"。正如赵敦华所言："人对自身的反思不是镜像式的自我观照，人通过其他对象也可以认识自己。人固然可以通过人与人之间的关系（经济、政治等社会关系和语言交往）反思自己，但人的自我反思也可以是神的形象的折射；即使人以外界的自然物为对象，也可以通过人与自然、主观与客观的关系看到自己的形象。人对自身反思的对象既是人自身，也是人与物的关系，还可以是表面上与人无关的异己对象"①。即人是在与对象的关系中认识自己和他人的，而这个对象往往是与人发生直接或间接关系的事物，也可以是人本身，甚至是与人无关的事物。

---

① 赵敦华主编：《西方人学观念史》，北京出版社出版集团 2005 年版，第 3 页。

一　相对尊严——古希腊时期的尊严观

古希腊时期的尊严观念取决于当时关于人的观念，在这一时期，关于人性的认识突出体现为：神人同形同性和人性"自然"。

"神人同形同性"说是古希腊哲学家色诺芬尼（Xenophánes）首先提出的，他认为希腊神是按照希腊人的形象和观念创造出来的，他们从形体、性情、道德到行为都与人相似。在追求美德的过程中，人们面对各种好坏价值可以进行自主选择，然后通过不懈地努力，实现自己的人生目的和精神追求，从而彰显自己的价值和尊严。概而言之，对希腊神的崇拜充分表达了希腊人对人性的肯定、对自然的敬畏和尊崇以及对不断超越自我的希冀和向往。可以说，这是古希腊时期的"人"借助于神的力量而享有的超越于动物以及其他生物的尊严。

人性"自然"是指古希腊时期思想家总是从"自然"中去寻求人之为人的本性。最早的自然哲学家认为人是由某个原初物质（水、火、原子等）构成且不断发展变化而来的。人是自然的一部分，人性是"自然"赋予人的本性。为了进一步论证人所具有的内在特性，很多思想家从人与动物、其他生物的比较中去考察人的优越性。苏格拉底（Socrates）明确指出，人与动物的本质区别是人有灵魂，即人具有能够认识自我的理智理性。柏拉图（Plato）认为人是利用身体达到一定目的的灵魂，灵魂包括理性、激情和欲望，理性把人与动物区别开来。亚里士多德（Aristotle）提出，人是有理性的动物，具有理性思维的特殊功能，能够灵活地利用身边的一切东西来保全自己。古希腊时期，人区别于动物的"理性"主要指自然理性，即自然赋予人的理性思考、理性判断的能力。此外，在古希腊的思想家看来，人与动物最大的不同在于人能够追求一种有意义的生存。可见，这一时期的思想家开始思考人生的价值和意义，善、德性（美德）、幸福、快乐等通常是他们所认同的人生目的或精神追求。在苏格拉底看来，德性是唯一值得人们追求的目的，只有有德性的生活才是有价值的，没有德性的生活没有价值，根本不值得过。柏拉图认为，善是人生追求的最高目标，幸福在于至善。亚里士多德认为，德性是一种与理性相适应的自然禀赋，德性是自然赋予人的、内在于人的心灵之中的善的原则或规范，"德性就是一种品质"①，人们只有通过不懈的努力才能接近或达到德性的要求，从而享有人的尊严。亚里士多德所认同的"德性"主要是指功能的卓越，即人因其灵魂在某方面天生具有的卓越功能而具有某种德性，获得他人的认可，赢得荣誉，享有尊严。

古希腊时期，"人的尊严"一般是和德性（美德）、卓越的成就、较高的社会地位等联系在一起的，只为少部分特定的个人所享有，有学者称之为"相对尊严（Relational Dignity）"②。很明显，这一时期的"尊严"状况和欧洲各城邦国家普遍实行的身份等级特权下的民主政治制度是分不开的。因此，就社会人来说，每个人生来就处于一定的社会制度之中，现实的社会制度赋予每个人一种制度化生存的尊严，这种"尊严"在古希腊时期主要呈现为4种形式：身份尊严、德性尊严、主体尊严、契约尊严。

（一）身份尊严

古希腊时期，"dignitas"主要限定于共和国中的贵族和高级官员，如执政官（consuls）和元老院议员（senators）③，严格说来，dignitas只是一个特别地与贵族阶层相关、用来表示一个人的身份等级的概念。即是说，这一时期的"尊严"主要适用于具有较高社会地位的人。在希腊城邦的历史上，有过君主制，也有过具有个人

---

① ［古希腊］亚里士多德：《尼各马科伦理学》，苗力田译，中国人民大学出版社2003年版，第25页。

② 参见 Rieke Van Der Graaf and Johannes Jm Van Delden，"Clarifying Appeals to Dignity in Medical Ethics from a Historical Perspective"，*Bioethics*，2009，Vol. 23，Number3，pp. 151 – 160。

③ 参见 Rieke Van Der Graaf and Johannes Jm Van Delden，"Clarifying Appeals to Dignity in Medical Ethics from a Historical Perspective"，*Bioethics*，2009，Vol. 23，Number3，pp. 151 – 160。

独裁色彩的僭主政治；但在城邦制度发达时期，以共和政体居多。共和政体中又有民主共和与贵族共和之别。但是，无论哪种政体，其本质上都是一个身份等级特权下的民主政治结构，处于这种社会政治结构中的个人往往因其身份地位而享有尊严，无须考虑其他的因素，而身份地位大多都是因为出身、种族、血统等因素而直接享有的，或者说是世袭而来的。这无疑是一种社会不平等的表现。

古希腊时期的思想家大多认为，人天生有高低贵贱之分，每个人天生所具有的自然禀赋不同，所继承的身份地位也不同。贵族生来就是贵族，不仅具有高贵的血统，而且享有高贵的社会地位，而平民生来就是平民，血统一般，地位卑贱。在亚里士多德看来，有些人天生就赋有自然的本性，而有些人天生就具有一个奴隶的灵魂；无论是在自然中还是社会中，低级的受高级的领导和统治是合乎自然的事情；如果是相反，优秀的人和低劣的人平等，那才是最违背自然的事情，是最不平等的。这一思想为古希腊城邦的等级制度提供了合理性的依据。

古希腊城邦的人员由贵族、自由公民、无自由权的自由人、外邦人和奴隶组成，不同的身份决定了他们在城邦国家中拥有不同的地位，不同的身份地位决定了他们在权利、利益和职责等方面的不同，以致不同身份地位的人在城邦国家中所享有的尊严也是不同的。罗马共和国虽然表面上充分体现出制约与平衡的本质特征，但实质上仍然是一个贵族共和国，因为，贵族把持着共和国中的所有重要事务，他们形成一个凌驾于其他阶层之上的特权阶级，平民虽然有权参加公民大会，但他们不能进入元老院和出任高级官员。总之，古希腊时期的人的尊严主要表现为等级制度下的身份尊严，实际上是一种特权尊严，是因为人的身份而被赋予的尊严，是外在性的尊严。因此，它会随着享有者身份的变化而变化，既可以获得，也可能丧失。

　　(二) 德性尊严

　　古希腊时期，"dignitas" 还主要适用于"道德正直"的人①。西塞罗明确谈到尊严与德性之间的联系："必须承认，一颗英勇而伟大的心灵会将大多数人觉得特别美好的东西视作微不足道，他基于坚定不动摇的理性而蔑视它们；一个具有坚强心灵和巨大韧性的人将会忍受那些看起来充斥于人生和命运中的各种严酷处境，而不偏离人的自然状态，也不丧失一个明智之人所应有的尊严。"② 这表明尊严具有了内在性的特征。这一时期，拥有尊严的人往往是因为他有一个"突出的表现"，而这个表现通常指的是政治上或军事上的成就，或者是在与共和国的利益相关的各种行动中展示出卓越的才能、优秀的道德品质和高尚的气节等，如舍己为国、智慧、勇敢、节制、正义等。而且，这些"突出的表现"必须得到他人、社会的承认，它们可以不同程度地展示出来被人们所认可。因此，享有尊严的人一般是有卓越才能的人和具有良好的道德品质并践行道德即有德性的人。

　　由此可知，古希腊时期的"尊严"并不适用于每一个人，它只为某个或某些"特定"的人所拥有。换句话说，只有少数人可以通过自身的努力在与他人的相互关系中展示出其卓越的潜能、才能以及优秀的道德品质，做出显赫的功绩、取得卓越的成就，从而获得德性，赢得荣誉，得到他人的崇敬和赞赏。正如亚里士多德所言："真诚的人，总是为了朋友，为了母邦而尽心尽力，必要时甚至不惜自己的生命。他鄙弃金钱、荣誉，总之那些人们竞相争夺的好东西，为自己他只求得高尚。一个极大快乐短时胜过多日，一年的高尚生活胜于多年的平庸时光，一次高尚伟大的

---

　　① 参见 Rieke Van Der Graaf and Johannes Jm Van Delden, "Clarifying Appeals to Dignity in Medical Ethics From a Historical Perspective", *Bioethics*, 2009, Vol. 23, Number3, pp. 151 – 160。

　　② ［古罗马］西塞罗：《论义务》，王焕生译，中国政法大学出版社 1999 年版，第 67 页。

行为胜于多次琐碎活动。"① 而邪恶的人是那些为了自己的利益不择手段，不惜违反德性的人。因此，在亚里士多德看来，并不是所有的人都能够成为有德性的人，人虽然都倾向于德性，但"自然赋予人用于理智和德性进程的武器很容易用于相反的目的"②，因而会有一些人永远都达不到德性的要求，甚至成为违反德性的恶人。而且，人只有借助一些外来好处，如财富、名誉、门第、闲暇等，才能实现自己的德性，获得幸福；而神不需要任何外来好处，只需通过自身本性的完善便能够得到幸福。因此，在古希腊，一些人因德性而享有尊严，而德性最初只是内在于人们心灵之中的善，需要人们通过不懈的努力才能获得。而且，人是不断发展变化的，人所具有的德性也不是永恒的，它可能随着人的变化而丧失。即是说，人所享有的德性尊严是人们通过自身的努力而获得的，它也可能随着人不再具有某种德性而丧失。

古希腊时期，很多人都把追求德性作为自己的人生目的，然而，并不是每一个人都能够达到德性的要求，获得幸福。因为，人在自然禀赋上的差异是客观存在的。希腊化时期的斯多葛学派就明确指出，追求德性是生活的最终目的和最高的善，是人之为人的价值和尊严所在。然而，德性是自然律的终极目标，只有极少数有智慧的人能够通过自身的努力达到德性的要求，而一切人，包括儿童和成年人、有智慧和无智慧的人都能履行责任，责任是德性的从属目标。但是，责任并非专属于人类，动物也有责任，一切有待实现的自然本性，如自我保存、趋利避害、婚配繁殖等，是一切动物的责任。而孝敬父母、敬重兄弟、热爱朋友、忠于国家等才是人所特有的责任。因此，人比动物的优越之处在于人有德性，德性使人比

① ［古希腊］亚里士多德:《尼各马克伦理学》（修订本），苗力田译，中国社会科学出版社1999年版，第209页。
② ［古希腊］亚里士多德:《政治学》，1253a 35 - 37，转引自赵敦华主编《西方人学观念史》，北京出版社出版集团2005年版，第50页。

动物高贵，使人享有人所特有的价值和尊严。然而，社会现实生活中能够享有德性尊严的人只是极少数，因为，是否具有德性主要还是在于人是否具有实现某种德性的自然禀赋，后天的努力只是实现某种德性的必要的推动力，自然禀赋的差异是人之所以能够作为一个独立个体存在的根本，是人之多样性存在的前提。

可见，古希腊时期的德性尊严只为少数人享有。是否享有德性尊严归因于人是否具有某种德性，即德性尊严是德性赋予人所享有的尊严，而德性是具有自然禀赋的人通过后天的努力获得的，因此人所享有的德性尊严也是获得性的。既然可以获得，那么也可能会丧失，即可能因为人不再具有某种德性而丧失。

(三) 主体尊严

严格说来，古希腊的思想家还没有认识到人具有"主体意识"，只是认识到人具有主观能动性和道德自主意识。这里之所以探讨所谓的"主体尊严"，是为文艺复兴时期的人文主义所激发的真正意义上的"主体尊严"寻求历史的连续性，为其诞生寻找学理基础。

古希腊早期，埃斯库罗斯（Asichulos）在《普罗米修斯》中歌颂了人的道德自主意识，他极力赞扬和推崇人类的英雄普罗米修斯那种无私无畏的精神和敢于反抗暴君的英雄气概。在人与命运的问题上，伊壁鸠鲁（Epicurus）明确否认命运、宿命论和神意。他认为，万事万物都按照原子规律运动，没有什么命运，人类只要顺应自然生活就可以了，即人可以在自然规律的范围内创造自己的生活。希罗多德（Herodotue）在《历史》中明确指出，人是历史的主体，神的活动是围绕人的活动而展开的。这可以说是古希腊时期对人在历史进程中的主体性的最高概括。

在古希腊时期的思想家看来，人不仅是一种物质性的存在，更主要的是一种精神性的存在。苏格拉底提出的"认识你自己"命题意味着人们开始反思自身存在的价值和意义，充分表达了人自身的主体性意识的觉醒。苏格拉底要求认识的"自己"是内在于人的心灵的原则，即德性。在他看来，人可以运用自己的理性分辨是非善恶，从而指导自己的行动，趋善避恶，获得幸福，以实现自身在社会上、文化上存在的价值或意义。即是说，人能够充分发挥自己的主观能动性或主体性去追求幸福的生活。人作为主体存在的尊严就体现在其追求幸福生活的过程之中。

（四）平等尊严

古希腊的"平等尊严"大多囿于"应然"的理论探讨之中，但它对当时等级制度下民主政治的进程具有非常重要的指导意义。诚然，越是不平等的社会越能够激发起人们对平等的向往和追求。何谓"平等"？"平等"对人的现实生存和价值具有怎样的意义？这一时期的思想家对"平等"的认知有很大的歧义。早期智者学派在讨论人事问题时，就围绕着"人性、自然、平等"等因素形成了自然说和约定说两种观点的争论①。"自然说"所坚持的"自然"来自自然哲学中的本原观念，特指人类本性。自然说认为人应按照自己的本性来决定自己的命运，不应受外在法律和习俗的约束。坚持"自然说"的"自然派"又有寡头派和民主派之分②。寡头派认为，人在本性上有高低、强弱之分，因此，按照人的本性，强者应该拥有比弱者更多的东西，优者应该比劣者多获得一些。因为，自然的法则就是不平等，就是优胜劣汰，强者统治弱者；而法律却追求平等，要求强者和弱者一样，这是违反自然的，实际上是不平等的。而民主派认为，人在本性上没有高低、贵贱、贫富、强弱之分，自然就意味着自由和平等。法律所追求的平等实际上是对自然的限制，凡是法律上正当的东西往往是有害于自然的。

在古希腊后期的斯多葛学派看来，国家不是人们的意志达成协议的结果，而是自然的创造物。在他们看来，人生时有贫富贵贱之分，但在世界城邦中，各民族具有平等的地位，每一个人都是作为

---

① 赵敦华主编：《西方人学观念史》，北京出版社出版集团 2005 年版，第 28 页。
② 赵敦华主编：《西方人学观念史》，北京出版社出版集团 2005 年版，第 30 页。

"世界公民"而存在。"他们认为，神圣的理性寄寓于所有人的身心之中，不分国别和种族。他们创立了一种以人人平等的原则和自然法的普遍性为基础的世界主义哲学。"① 一切人都是平等的公民，是互爱互助的兄弟，没有阶级、种族和任何等级差别。也就是说，人出生时所拥有的自然禀赋的差异是客观存在的，这是由自然赋予每个人的理性的差异决定的，正是因为这些差异，才体现出每个人类存在者的个体性和唯一性。而在世界城邦中，作为公民来说，每个人都是平等的，都是相亲相爱的兄弟。这体现了早期的社会契约论的观点。罗马共和国末期的思想家西塞罗（Cicero）强调，人作为有理智、有天赋的生物在宇宙中居于中心地位。他在《论义务》（On Duties）中明确指出："人必须要考虑其本性上的卓越（杰出）和尊严""人有尊严，因为人能够学习和思考，不像动物"②。在他看来，人的尊严根植于具有普遍性的人类本性的卓越，即人类具有动物所不具备的学习和思考的本性——理智。从这个意义上来说，对于每个有理智的人类存在者而言，他们所享有的尊严是平等的。但是，西塞罗的这一思想并不彻底，他仍然无法忽视人在自然禀赋上的差异，以及人们由于自然禀赋的差异而享有的尊严差异的客观存在，以致他虽然号召人民推翻王权专制，但又反对纯粹的民主制度。他说："在民主制中，政治权利的平等本身就是不正确的，因为它不尊重人的尊严（dignitus）：不允许人们享有他应拥有的高于他人的荣誉或权力等级。"③

由上可知，古希腊时期的思想家从"自然"出发，结合人的制度化生存，探讨社会意义上的"人"的平等问题以及人性基础上的

---

① ［美］博登海默：《法理学：法律哲学与法律方法》，邓正来译，中国政法大学出版社1999年版，第13页。

② 参见 Rieke Van Der Graaf and Johannes Jm Van Delden，"Clarifying Appeals to Dignity in Medical Ethics from a Historical Perspective"，*Bioethics*，2009，Vol. 23，Number3，pp. 151 – 160。

③ ［古罗马］西塞罗：《论共和国、论法律》，王焕生译，中国政法大学出版社1997年版，第7页。

人的尊严问题。虽然他们的探讨基本只限于学理层面，对何谓"平等"尚且还处于"自然—平等—制度"的逻辑框架里；而且，他们关于"平等"的思想分析论证并不彻底和充分。但是，即使这一并不成熟的"平等"思想对等级社会中的人们关于"平等"的认知和向往也具有非常重要的指导意义。

二　绝对尊严——中世纪基督教传统的尊严观

"上帝"在中世纪人学思想中扮演着举足轻重的角色，可以说，所有关于"人"的思考都或多或少地打上了上帝的烙印。从整个西方伦理思想史来看，较之于古希腊，中世纪基督教传统关于"人性、人的自由、人的尊严"等思想可谓迈出了一大步。

在基督教看来，世间的万事万物都来自于共同的造物主，但人是上帝按照"自己的形象"创造的，他不仅赋予人以肉体，而且将自己的智慧和自由意志也赋予了人。基督教认为，人与上帝是既有联系又有界限的，人只能无限地接近上帝，却不可能达到上帝的至善，因为上帝具有至高无上的地位，人神之间有着不可逾越的差距。即是说，中世纪的基督教思想家始终以上帝或神作为目标和参照系，从一般意义上的人出发来揭示人的本性和人的价值。在他们看来，人的尊严是上帝"赋予"的，即上帝按照自己的形象造人时将自己的尊崇和威严也"赋予"了人类，而且，上帝"赋予"每一个人的尊严都是平等的。这里，人的尊严常常以绝对形式（Unconditional Form）表现出来，有学者称之为"绝对尊严（Unconditional Dignity）"[①]。

人肖上帝，人性即神性。基督教认为，上帝造人时不仅赋予人类以肉体，而且赋予人类以"自由意志"，人被置于世界的中心，按照上帝的意志管理世间万物，人是万物之王。因此，人不仅分与

[①]　参见 Rieke Van Der Graaf and Johannes Jm Van Delden，"Clarifying Appeals to Dignity in Medical Ethics from a Historical Perspective"，*Bioethics*，2009，Vol. 23，Number3，pp. 151 – 160。

了上帝的外貌，而且分与了上帝的神性。上帝是善的根源，上帝创造的人性也是善的。人之所以能够在堕落的状态中行善，那是因为人仍然保有自由意志、良心和理性，它们都是现实的人所具有的善的本性。托马斯·阿奎那（Thomas Aquinas）把意志定义为"理性的意欲"，人所特有的"理智"不仅为意志判定对象，而且为意志确定获得对象的途径和手段。在他看来，人是追求善的存在，人生的目的就是追求良善生活、获得幸福，人生目的的实现是人的自由意志和理智共同作用的结果。总之，在中世纪的基督教看来，人是上帝创造的，所谓人之为人的本性即人性也是由上帝赋予的，即上帝赋予人以神圣的人性，恰是人的神圣人性使得人具有超越于动物的神圣目标，人可以通过自身的努力实现这一神圣目标，从而享有人作为类存在物的神圣尊严。因此，这一时期的"人性"具有明显的"神性"特征，人性尊严是由上帝的神性赋予的或者说分与了上帝的神性而赋予的尊严。

圣保禄（使徒保罗）区分了从亚当来的和从基督来的两种人性，并在此基础上，区分了神圣和世俗两个领域。他认为，这两个领域在社会现实生活中是对立的，但又不可避免地交织在一起。圣保禄要求基督徒不但要绝对地、无条件地服从上帝的诫命，而且要服从世俗政权，像好公民那样履行一切世俗的社会义务，要在世俗生活中追求神圣的目标。在他看来，对于每一个基督徒来说，不仅要通过自身的努力实现自己在世俗社会中的人生价值，而且要追求神圣的目标，实现自身的超越性价值，这就是基督徒的尊严所在。这种绝对尊严可分为：神学德性尊严、神权等级尊严和个体平等尊严。

（一）神学德性尊严

中世纪，上帝是至善。理性认识的善是共同之善，至善统摄共同之善。托马斯把人的德性区分为基本德性（谨慎、正义、节制、坚韧）和神学德性（信、望、爱）。基本德性适用于尘世生活，神学德性适用于神圣生活，但两者并不是分离的。只有依靠信、望、爱的精神鼓舞，人的基本德性才能贯彻到底。在他看来，神学德性是基本德性得以实现的前提和基础，人只有笃信上帝，具备了神学德性，才可能在社会现实生活中获得基本德性，赢得赞誉和奖赏，从而享有人的尊严。可见，中世纪的德性尊严与基督教有着非常密切的关系，甚至可以说，基督教在中世纪是人的德性之源。

中世纪很多基督教思想家认为，人之所以享有德性尊严是因为人信仰上帝，上帝赋予人以神学德性，神学德性激发和鼓舞人的基本德性，使人成为一个有德性的人，从而享有德性尊严。可见，神学德性在成就人的基本德性的过程中起着关键的作用。从某种意义上来说，人的德性是上帝赋予的，人因德性而享有的尊严也是上帝赋予的。

（二）神权等级尊严

关于人和社会的学说，托马斯认为，其核心是"自然律"。自然律是上帝制定的、铭刻在人的心灵之中的永恒律，表现为人的自然禀赋和倾向，它是统摄人间一切法律，包括神圣领域的神律、教会和世俗政权的民法（人律）的永恒律。在他看来，国家就是一群人按照自然律组成的团体，是完善的社会，它使用一切必要的手段，达到社会的根本目的，即公民的共有之善。公民的共有之善是公民的理性认识的善，而上帝是至善，至善统摄共有之善。可知，人的神圣生活高于世俗生活，教会的目的高于国家的目的。上帝在人的社会现实生活中处于至高无上的地位，是绝对的主宰和权威，可以说，人始终处于上帝的掌控之中。"神祇享有当时超越一切的尊严，人的尊严逐渐湮没在神祇尊严的威严之中，人慢慢丧失了自身自然、质朴的独立属性"[1]。上帝赋予人以不同的自然禀赋和倾向，因为社会中的阶级和等级差异是客观存在的，不容置疑的。这

---

[1] 徐大同:《西方政治思想史》，天津教育出版社2002年版，第6页。

在一定程度上为中世纪神权等级社会的存在和发展提供了合理性依据。

所谓神权等级社会，就是将世俗君权和宗教神权合二为一的社会。中世纪，查士丁尼皇帝第一个提出"君权神授"思想，鼓吹君主所拥有的权力是上帝或神授予他的，实际上是实行专制主义的政治体制。奥古斯丁（St. Augustine）奠定了中世纪西欧"君权神授"的理论基础。他认为，只有"上帝的选民"才有资格成为上帝之城（the city of god）的居民，地上之城（the City of Man）只能是"上帝的弃民"的居住之所。受奥古斯丁的"君权神授"思想的影响，西欧各国纷纷建立起一套采邑分封制度，形成了封建社会的新型人身依附制度，封建庄园是其基本形式。由此，中世纪的神权等级社会中形成两个最基本的等级：一是教皇、主教、神父和僧侣构成的精神等级；二是其他职业的平民信徒和民众组成的世俗等级。不同的等级拥有不同的权利，并且鼓吹这是上帝的意志。托马斯明确指出："上帝要人们之中有些人成为主人，有些人成为农奴，并且使主人爱上帝，农奴服从他的主人"①。可见，中世纪的人的尊严实际上是神权等级下的"人"的尊严，是由每个人的出身、种族、身份、财富或社会地位等决定的，尤其是侧重于人的血统、身份和地位。

（三）个体平等尊严

中世纪，西欧社会有着非常丰富的平等观念，但仅限于观念上的，缺乏强有力的社会实践的现实基础。然而，作为观念形态的"平等"，对于后世，尤其是文艺复兴时期"个人"的凸显、"平等"的张扬有着重要的思想启蒙意义。

基督教认为，人是上帝创造的，不仅所用的材料相同，而且都和上帝的样貌相似，这表明每一个人都是上帝创造出来的相似物，

---

① ［意］阿奎那：《阿奎那政治著作选》，马青槐译，商务印书馆 1982 年版，第 99 页。

人是先天平等的。而且,上帝在造人时并没有规定谁高于谁,在他看来,他所创造出来的人在人格上是平等的,即"人人平等"是神的旨意。因此,所有人在上帝面前都是平等的,他们没有等级、阶级、种族、财富、地位等方面的差别,甚至没有长幼辈分的顺序。在神圣的宗教领域,所有人都以兄弟姐妹相称,每个人都是平等的。但在尘世生活中,严格的等级秩序使得人们把对尘世生活不平等的不满寄希望于神圣生活的平等。这在一定程度上缓解了人们内心的矛盾,心甘情愿地在尘世生活中赎罪,坚定不移地信奉上帝,以求未来能够进入天堂过上快乐幸福的生活。中世纪的一些思想家已经看到基督教对人的精神的禁锢和压抑,开始探讨人与人、人与社会之间的平等关系。托马斯认为,所有人的自由生来平等,虽然其他禀赋都不平等。一个人不应该像一个工具一样服从另一个人。这在很大程度上解放了人们的思想,使人们认识到一个人的价值和尊严不是像工具一样的服从,每个人都拥有相同的自由。总之,在中世纪的基督教思想中,虽然还没有出现真正意义上的"个人",但关于个体平等的思想已经悄然萌生,为文艺复兴时期张扬人的个体价值奠定了观念上的基础。

上述尊严并不是人所固有的,一些基督教思想家认为,人的尊严也可能会丧失。按照基督教的教义,人是上帝创造的,是万物之主,享有充分的自我选择和自由决断权,而且,人追随上帝的意志,服从上帝的意志。但是,人和神的这种密切关系却因人违反上帝的命令而破裂了,人神关系破裂的后果就是人的堕落。圣保禄认为,人类堕落主要出自两种本性的罪恶:一是"人类没有信仰崇拜一个至高无上的上帝的本性";二是出自人的肉体的"道德意义上的邪恶"。[1] 因此,人性堕落以后,人不但没有能力净化自己的灵魂,用灵魂控制肉欲,而且也不能指望通过宗教仪式和道德行为,

---

① 赵敦华主编:《西方人学观念史》,北京出版社出版集团 2005 年版,第 70 页。

即"事功"就可以使人摆脱罪的奴役而获得拯救。只有笃信依靠上帝的恩典才能够摆脱那凭自身不可避免的肉欲的控制，恢复人的自由，使身体成为心灵行善的工具，重获人的尊严。总之，即使亚当犯下原罪，丧失了人的尊严，但依然没有使尊严永远远离人类。因为，在基督教看来，人的尊严既然是由上帝"赋予"的，那么也可能因为人的堕落本性而丧失。然而，上帝不会抛弃人类，仍然要拯救人类，只要人类笃信上帝，依靠上帝的恩典，就可以从罪恶中获救，重获人的价值和尊严。

综上所述，在中世纪的基督教思想家看来，人是上帝的奴仆和实现上帝意志的工具，除了爱上帝和信仰上帝之外，人自身没有什么价值和尊严可言。人之所以拥有尊严是因为人拥有区别于地球上其他生物的特性，即人是上帝照着自己的形象创造的，而"用上帝的形象创造人意味着，要把他创造成一种独立的、自主的存在"[1]，因此，上帝"赋予"人以"自由意志"。然而，上帝并不干预凡人的生活，拥有尊严的人类也有着独立抉择、自由行动的权利，当然，其所产生的后果也无例外地由人类自己承担。这就在一定程度上为人的自立、自主、自治提供了宗教论证。总之，人的尊严是上帝"赋予"的。正如日本学者星野英一所言："通过宣传人由神创造、由基督拯救，因而在神面前的人是平等的说教，确立了人类尊严思想，是基督教给西欧乃至更广阔地给世界带来的贡献，它构成了中世纪以后西欧人类观的基本哲学。"[2] 尽管其他的特性，如人的理性、人的自由意志等在基督教传统中也经常被提及，但能够充分表明人类存在者的价值和尊严的就是"人由上帝按照自己的形象所造"这一根本特性。

---

① ［美］查尔斯·L. 坎默：《基督教伦理学》，王苏平译，中国社会科学出版社1994年版，第78页。

② ［日］星野英一：《私法中的人》，王闯译，中国法制出版社2004年版，第16页。

三 主体尊严——文艺复兴时期的尊严观

文艺复兴时期的人文主义者对"人",尤其是对"个人"的重新发现,对人的主体性的张扬以及对人自身内在价值的确认,使得"人的尊严"观念主要呈现"个体性"和"主体性"的特征。尽管这一时期强调的"个人"还不是真正意义上的作为"主体"存在的个人,而是作为"自由和个性主体"存在的个人,更多地是强调每个人生来就具有的潜能或才情,但毕竟一改中世纪推崇神性、贬抑人性的基督教传统,开始从人自身去寻找人所固有的内在价值和尊严。

文艺复兴时期的人文主义者竭力批判中世纪基督神学以神为中心、以来世幸福为精神寄托、以禁欲主义为道德戒条以及竭力否定人的价值、蔑视人的存在、贬低人的现世生活的幸福和意义的倾向,提出了以人为中心的思想。他们歌颂人的伟大,赞扬人的价值,尤其是人的个体价值,提倡尊重人的尊严;提倡意志自由和个性的自由发展;肯定人是现世生活的创造者和享受者,强调以追求人的现世幸福为目标,大胆提出享乐的尘世要求。可见,文艺复兴时期的人神关系主要表现为人与神的疏离,即人文主义者们竭力将人从神学的枷锁中解放出来,提倡人自身的价值和尊严。

文艺复兴时期的人文主义者坚决反对基督神学对人性的摧残和对个人自由的束缚,极力主张个人自由和个性解放,强调一个人有权利、有自由按照自己的个性和意愿选择自己的生活。即是说,他们竭力摆脱基督神学对人的精神压抑和束缚,开始从人自身去寻求一种超越性的力量,弘扬人的主体性。人之所以具有主体性,在于人具有意志自由和某种实现自我、超越自我的潜在能力。

首先,人的意志自由,就是人的意志的自由判断,即人的判断不借助对上帝的信仰,也不受欲望的干扰和约束,而是根据理性的理解自由地做出的。人不但有意志的自由,还具有"行动"的要求，人可以根据意志做出的自由判断采取行动，充分激发人的潜能和才情，尽可能地实现自我、超越自我。罗伦佐·瓦拉（Lorenzo Valla）在《论自由意志》中，反对上帝的意志决定人的意志。他认为，上帝只是以智慧预知，而使上帝预知的事件得以实现的是人的自由意志，因此，人的自由意志才是事件发生的实际原因。此外，瓦拉明确把人的自由意志的本性归结为追求德性和快乐，肯定了人类追求现实幸福的合理性。皮科则着重强调人的本性是自由，认为人的命运完全是由人的自由选择所决定的。人之所以是"最幸运的生灵并因此堪配所有的赞叹"，是因为人在"宇宙秩序中"具有特殊的地位——"不仅让野兽，甚至让星体和世界之上的心智都羡慕"①。上帝赋予人的自由使人能够决定自己的本性，人依据他所自由选择的生活，可以任意塑造自己的本性。因此，人是自由的造物，人的尊严就在于人有自由，有学者称之为"主体尊严（Subjective Dignity）"，并且认为这是在文艺复兴末期发现的"一种新的尊严形式"。②

其次，人的主体性还表现在人的创造力以及人对自身价值和现实幸福的追求。马尔西利奥·费奇诺（Marsilio Ficino）继承了柏拉图主义，认为人的本质是灵魂，而人的灵魂是神圣的、不朽的，具有非凡的创造力。在他看来，人的"灵魂既有倾向于低一级生命的感性，又有沉思高一级精神的理性。处在肉体之中的灵魂摆脱不了这样一个矛盾，它不断地追求永恒幸福，但又总得不到满足"③。因此，人是否能够获得永恒幸福，享有人的尊严在于人是否能够摆脱自身灵魂的矛盾性。法国的人文主义者米歇尔·蒙田（Michel de Montaigne）认为，人的理性是健全的生活常识，而不是固执的教

---

① ［意］皮科·米兰多拉：《论人的尊严》，顾超一、樊红谷译，吴功青校，北京大学出版社 2010 年版，第 18 页。

② 参见 Rieke Van Der Graaf and Johannes Jm Van Delden，"Clarifying Appeals to Dignity in Medical Ethics from a Historical Perspective"，*Bioethics*，2009，Vol. 23，Number3，pp. 151 - 160。

③ 赵敦华主编：《西方人学观念史》，北京出版社出版集团 2005 年版，第 136 页。

条，也不是严格的逻辑思维。蒙田认为人的命运和价值源于人本身。他说："看人应看人本身，而不是看他的穿戴。"①即是说，一个人的价值，不在于他的财富和样貌，而在于他的身体是否健壮，灵魂是否纯洁、高尚，他是否能干、坚定、沉稳，能与凶命恶运抗争。

这里需要特别指出的是，法国思想家布莱士·帕斯卡（Blaise Pascal）在赞美理性的伟大的同时，也睿智地看到了它的脆弱。他说："思想——人的全部尊严就在于思想。因此，思想由于它的本性，就是一种可惊叹的、无与伦比的东西。"② 然而，"人只不过是一根苇草，是自然界最脆弱的东西；但它是一根能思想的苇草。用不着整个宇宙都拿起武器来才能消灭他；一口气、一滴水就足以致他于死命了"③。由于思想，人能够认识到自己的界限，认识到自身主体性的有限性，帕斯卡坚持人不能因为自身的有限性就对自己失去信心，"人的伟大之所以伟大，就在于他认识自己的可悲"④。诚然，人并不是自己活动的唯一尺度，作为主体存在的人与自然之间、世俗与神圣之间是有张力的，人之主体性的关键在于"让我认识我们自己的界限吧；我们既是某种东西，但又不是一切"⑤，即弘扬人的主体性就是不断认识自己的界限或有限性，竭尽所能地超越这些界限或有限性，从而获得进步，实现人作为主体存在的价值和尊严。

纵观文艺复兴时期，"个人"解放以及对"个体价值"的强调，使得"人的尊严"观念主要呈现"个体性"和"主体性"的特征。

---

① Autobiography of Michel de Montaigne, Boston, 1935, p. 372. 转引自赵敦华主编《西方人学观念史》，北京出版社出版集团 2005 年版，第 142 页。

② ［法］帕斯卡：《思想录》，商务印书馆 1985 年版，第 179 页。

③ ［法］帕斯卡：《思想录》，商务印书馆 1985 年版，第 157—158 页。

④ ［法］帕斯卡：《思想录》，商务印书馆 1985 年版，第 175 页。

⑤ ［法］帕斯卡：《思想录》，商务印书馆 1985 年版，第 32 页。

（一）个人主体尊严

文艺复兴时期的人文主义者竭力将人从神权统治下的等级制度中解放出来，但他们重视个性的自我，特别重视人的气质性一面或才情，即着重从人本身所具有的特性或个性来认识和把握人的本质。然而，这只是对中世纪基督教神学桎梏的对治，而不是人本身的自觉自立。因此，文艺复兴时期的人文主义虽然代表着人性的觉醒，个性自我的觉醒，但是，其所谓的人性只是一个混沌的泛说，个性自我也只是一个混沌的整合，只限于就人的才情和气质而言，缺乏对人本身的反思和超越。即便如此，我们仍然可以肯定的是，这一时期的人文主义者所有以"个人""个性"以及人的个体价值为出发点的思考，为启蒙时期"个人"的独立和自主奠定了思想观念基础。

在人文主义者看来，每个人自身都内在地具有某种价值，这种价值是人之为人，人之所以区别于他人的根据，人的尊严就在于此。然而，人之为人的价值基础是什么呢？或者说人为什么会具有某种价值呢？答案是每个人生来就具有某种实现自我、超越自我的潜在能力，而且只有人才有这种潜在能力，即创造和交往的能力（语言、艺术、科学、制度），观察自己，进行推测、想象和辩理的能力。这些能力一旦被激发、释放出来，就能使人具有一定程度的意志自由和选择自由。人可以根据自己的需要和切身利益自由选择自己想要的世俗生活，甚至改变自己的发展方向，进行创新，从而打开改善自己和人类命运的可能性，弘扬人的主体性价值。

人是劳动的主体，人的尊严寓于人的劳动之中。阿尔贝蒂（Alberti）说："人的尊严寓于劳动中，而且仅仅寓于劳动中。"①马泰奥·帕尔米耶里（Matteo Palmieri）也明确指出："人类最值得称颂的事情不外乎为了国家的富强，城市的优美和公众的利益而进

---

① ［意］加林：《意大利人文主义》，李玉成译，生活·读书·新知三联书店1998年版，第62页。

行的活动"①,而从事这些活动的人是最值得称赞和尊敬的人。他进一步解释说:"有道德的人应当追求财富……只要不损害别人,凭熟练的技艺增加自己财富的人是值得称颂的。"② 可见,帕尔米耶里将利益、劳动、道德和尊严联系在一起,表明人的尊严不在虚幻的宗教活动中,而在现实的世俗生活中,确切地说,在人的职业劳动和经济活动中。意大利的空想社会主义者托马斯·康帕内拉(Tommas Campanella)将劳动列为人的美德,初步阐述了劳动光荣的思想。他认为,劳动无贵贱之分,但才能有高低之别;人的才能是在劳动和工作中培养的,是通过劳动和职业表现出来的。在他看来,即使劳动和工作培养起来的人的才能有所差异,但劳动和工作本身没有高低贵贱之分,因此,凡是从事劳动和工作的人们,其相互之间是平等的,都平等地享有作为劳动者存在的人的尊严。

(二)社会主体尊严

宗教改革运动的领袖马丁·路德(Martain Luther)明确指出:人有两个本性,一个是心灵本性,属于上帝王国,服从基督;一个是肉体本性,属于世俗王国,服从法律。每一个基督徒都同时属于两个王国,但两者不再是分离的实在,上帝王国是在世俗社会之中的,按照神圣目标改造社会的精神动力和价值标准。因此,所有的基督徒都只属于一个阶级,即宗教阶级,他们有着共同的信仰和灵魂。教士和信徒只是从事不同职业的基督徒。职业的差别属于世俗王国,不同职业的基督徒在上帝王国里没有职业差别,他们是平等的,即"洗礼使我们都是神父,那些行驶着世俗权威的人像其他人受礼,他们因此也是神父和主教"③。可见,路德试图否定世俗社会中基督徒之间的等级差别,肯定不同职业的基督徒在宗教领域的

---

① [意]加林:《意大利人文主义》,李玉成译,生活·读书·新知三联书店1998年版,第65页。

② [意]加林:《意大利人文主义》,李玉成译,生活·读书·新知三联书店1998年版,第66页。

③ 赵敦华主编:《西方人学观念史》,北京出版社出版集团2005年版,第123页。

平等。

路德的自由观与他的双重人性理论也是直接相联系的。在他看来，人既属于上帝王国，是自由人；又属于世俗王国，是受束缚的人。真正的自由只能来自于信仰，只能是一种灵性的自由，而人们获得拯救和通往自由的道路只有一条：即对上帝的信仰。信仰是个人的事情，一个人由信仰而获得自由和上帝的恩宠、释罪以及拯救，都完全是个人自由选择的结果，他应当为他的选择承担起责任。事实上，对世俗生活中的每一个人来说，既享有自由选择的权利，又必须承担相应的责任和义务。然而，修道士放弃了现世的生活义务，因而其生活毫无价值，也是自私的、逃避世俗责任的表现。而履行职业劳动则是胞爱①的外在表现，是上帝应允的唯一生存方式，要求人们完成个人在现世生活里所处的地位赋予他的责任和义务。

诚然，这种以胞爱来证明职业劳动的合法性在加尔文（John Calvin）的思想中才得到了真正的诠释。加尔文认为，胞爱只能为了上帝的荣耀而存在，它绝不是肉体的享乐，只能表现在完成自然所给予人们的日常工作中。由此，完成这些工作开始具有一种客观的、非人格化的目的：只是为我们社会的理性化组织的利益服务。即是说，为非人格化利益进行服务的劳动也是为了增添上帝的荣耀，因而人们从事日常的职业劳动也是上帝的意愿。总之，加尔文的新教伦理为人们提供了更加宽广的自我实现的途径，为人们获得原本需要通过攀爬社会等级阶梯才能达到的社会地位提供了最现实可行的道路，而且为人们追求财富的行为赋予了一种伦理上的肯定和神圣性，直接导致其信徒重视世俗生活并对世俗生活采取理性化的态度。在加尔文看来，每一个信徒都是世俗生活的主体，通过日常工作或者职业劳动来实现社会的理性化组织的利益，从而体现人

---

① 胞爱：Brother Love，指爱所有人，最广义的爱。在基督教里，brother 是指所有爱上帝的人，因此大家皆是兄弟，情同手足，彼此相爱，故称为胞爱。

作为社会主体存在的价值和尊严。

综上所述，文艺复兴时期的人文主义者重新发现了"个人"，提倡意志自由和个性的自由发展，弘扬人的主体性，强调以追求人的现世幸福为目标，从而实现人作为主体存在的价值和尊严。这一时期，"人的尊严"观念主要呈现出"个人主体尊严"和"社会主体尊严"两种形式，简称为"主体尊严"。

四　自然尊严——启蒙时期①的尊严观

启蒙运动以来，尤其是近代的科学理性和哲学认识论极大地改变了西方人对人自身的认识，这一时期关于"人"的观念的核心概念就是"理性"。正如恩格斯所说，启蒙学者是"非常革命"的，"他们不承认任何外界的权威，不管这种权威是什么样的。宗教、自然观、社会、国家制度，一切都受到了最无情的批判；一切都必须在理性的法庭面前为自己的存在作辩护或者放弃存在的权利。思维着的知性成了衡量一切的唯一尺度"②。然而，也有一些思想家开始关注人的"非理性"，如人的道德感、利己心、同情心、良知等。但是，总的来说，启蒙运动以来的思想家普遍认为，人之所以区别于动物的根本原因在于人的理性。这表明启蒙时期的思想家对人的思考开始由一般意义上的人或人类转向社会现实生活中的个人，通过对人本身的反思来认识和把握人的本性、人的价值和尊严。而这一时期所崇尚的理性已经不是古希腊人和中世纪人所谓的"理智"或"理性灵魂"，而是运用在新兴的自然科学之中的理性，其核心是"自我"或"自我意识"。

所谓"自我"，就是人的一切意识活动都受自我意识的规定和制约，一切意识内容都围绕自我意识展开。具体来说，就是人通过自我意识，不但认识了外部世界，而且把握了人自身的内在世界。

---

① 指从启蒙运动到康德之前这段时期。
② 《马克思恩格斯文集》第 9 卷，人民出版社 2009 年版，第 19 页。

同时，作为实践着的自我，人能够在道德、宗教、审美的精神活动中体现自我，完善自我。因此，"自我"是理性的本质，也是实践的理性。但他们不仅认识到人之本性中的"理性"，而且认识到人之本性中的"非理性"，如利己心、同情心、良心等。有些思想家认为，利己是人的本性。霍布斯（Thomas Hobbes）明确指出，人总是趋乐避苦的，自我保存是人永恒不变的本性。爱尔维修（Claude Adrien Helvetius）也明确提出，趋利避害是人的本性，是自然赐予人的天性，也是人的自然权利，不容侵犯，更不能剥夺。在伏尔泰（Francois-Marie Arouet de Voltaire）看来，每个人都有自爱心，都需要得到他人的尊重，而要得到他人的尊重，就首先要尊重他人。有的思想家认为，同情心是人之为人的根本特性。英国哲学家休谟（David Hume）就明确指出，同情心为道德提供了标准，他说："人性尊严一直以来都区分了哲学家和诗人：'一些人备受崇拜，而另一些人却坚持人性的弱点——自负'。"①在他看来，由于人性的不同，使得人所拥有的尊严也是有差别的。英国古典经济学家亚当·斯密（Adam Smith）认为，同情心是最基本的人性，也是最广泛的道德情感；同情心不仅指对他人不幸的同情，而且也包括与别人共享幸福和财富；每个人都是处于一定社会关系中的"自我"，可以通过他人反观自身；在社会之外没有自我，没有自我，也就无所谓尊严。有些思想家认为，良心是人所特有的本性。约瑟夫·布特勒（Joseph Butler）提出，良心是自然的道德原则，他认为，在决定我们的行为时，有两条原则是首要的，即"自爱"与良心。卢梭（Jean-Jacques Rousseau）认为，人的本性存在于"自然人"之中，"自然人"无理性，无知识，但有良心；良心是天赋的自然情感，在道德中的作用尤为重要，它先于后天的观念并对后天的观念作鉴定和取舍，因此具有趋乐避害、向善背恶的天然倾向；

---

① 转引自 Rieke Van Der Graaf and Johannes Jm Van Delden，"Clarifying Appeals to Dignity in Medical Ethics from a Historical Perspective"，*Bioethics*，2009，Vol. 23，Number3，pp. 151 – 160。

在他看来,人之所以高于禽兽就在于人有良心。

总之,启蒙时期的思想家普遍认为,人生来就具有自然赋予的权利,包括生命、健康、自由和追求幸福的权利,这些自然权利是神圣不可侵犯的、是不可剥夺的。然而,在社会现实生活中,为了维护社会秩序,追求人类的福祉,人与人之间相互订立契约,人因此享有社会契约所赋予的尊严。

(一) 自然权利尊严

"自然法"(Natural Laws)的观念古已有之,但启蒙时期以前的自然法主要指神所颁布的道德律。荷兰法学家雨果·格劳秀斯(Hugo Grotius)将自然法定义为与人的本质属性相关联的正确律令,他将人的突出地位和人的尊严归结于上帝神授。在他看来,人自身的权利,包括生命、身体的不容侵犯性、自由和人的价值①都是上帝授予的,但他给这些权利的"不容侵犯"预设了前提,他说:"因为我们的生命、躯体、自由都是我们自己的,而且除了干了显然不公正的事,也是不容侵犯的。"② 即是说,在格劳秀斯看来,如果我们做了明显不公正的事情,那么我们的生命、躯体、自由等自然权利就并非是不容侵犯的,说明"公正"始终作为法学家格劳秀斯竭力追求的人类价值。霍布斯把自然法当作理性所发现的诫条或一般法则。在他看来,自然权利就是"每个人按照自己所愿意的方式运用自己的力量保全自己的天性——也就是保全自己的生命——自由"③,即自由是人权的第一要义。洛克(John Locke)认为,自然状态下的所有人都是平等而独立的,"同种的人和同等的人们既毫无差别地生来就享有自然的一切同样的有利条件,能够运

---

① 王利明:《人格权法研究》,中国人民大学出版社2005年版,第139页。
② [荷兰] 格劳秀斯:《战争与和平法》(英文版),牛津出版社1925年版,第1卷,第1章,第5节,转引自赵敦华主编《西方人学观念史》,北京出版社出版集团2005年版,第142页。
③ [法] 霍布斯:《利维坦》,商务印书馆1985年版,第97页。

用相同的身心能力，就应该人人平等，不存在从属或受制的关系"①。因此，没有人有权利侵犯其他人的"生命、自由或财产"，每个人不仅要保护自己的生命权、自由权和财产权，而且要尊重其他人的同等权利。洛克是首位将财产权看作人的"自然权利"的思想家，而且他把财产权作为与自然状态下享有的自由、平等同样重要的、甚至更加重要的权利，他所认同的"财产权"不仅包括自己拥有的物品，也包括人自己的身体，甚至人身自由；他认为财产权起源于劳动，是物化劳动铭刻在自然物上的标志，谁改动了自然事物，就拥有了占有它的权利。

事实上，霍布斯和洛克之所以谈及人的自然状态，也只是想为他们的理论找到现实根基，但他们没有注意到这样的价值是先验的，无法实证的。格劳秀斯的自然权利理论更接近自然权利的本来面目，他认为，自然权利和人的社会性相联系，是人类理性思考的结果，在他看来，自然权利从根本上来说是一种价值判断，而非事实判断。就像卢梭所提出的，人生而自由，自由是人之为人的根据；人与动物的区别，"与其说是人的悟性，不如说是人的自由主动者的资格。自然支配着一切动物，禽兽总是服从；人虽然也受到同样的支配，却认为自己有服从或反抗的自由。而人特别是因为他能意识到这种自由，因而才显示出他的精神的灵性"②。人放弃了自己的自由，就是放弃了做人的资格，放弃了人类的权利③。然而，人为什么生来就具有动物所不具备的自由权利呢？这是当时"人类中心主义"主流思潮并未重点探索和思考的问题。总之，启蒙时期的思想家普遍认为，人具有与生俱来的自然权利，自然权利是神圣不可侵犯、不可剥夺的。

---

① ［英］洛克：《政府论》，叶启芳等译，商务印书馆1964年版，下册，第3页。
② ［法］卢梭：《论人类不平等的起源和基础》，商务印书馆1996年版，第83页。
③ 赵敦华主编：《西方人学观念史》，北京出版社出版集团2005年版，第192页。

（二）社会契约尊严

要确保现实生活中的每个人都充分享有自然权利，就必须在人们之间订立契约，而且契约的双方必须是平等的个人。霍布斯认为，在自然状态中，人在身心两方面的能力都十分相等，由于竞争、猜疑和荣誉是人的天性，因此，人们终日处于"人对人像狼一样"的战争状态。为了保全自己，人们按照自然法订立社会契约，"每个人都同意放弃与别人同样多的自然权利，并因此而享受到和别人一样多的利益"①，把自己置于国家的保护之下。在霍布斯看来，订立契约的双方是个人，国家是凌驾于个人之上的伟大的"利维坦"，是"可朽的上帝"，具有绝对的权力和至高无上的权威。国家元首（君主）的权力是不可分割、不可剥夺的，推翻国家元首是毁约的不合法行为，是违反自然理性的叛乱。但是，霍布斯也承认，只有在国家元首不能保护契约人生命的情况下，才能替换他。可见，霍布斯所规定的社会契约对于被统治者是极其苛刻的，被统治者除了自己的生命权之外，转让其他一切权利给国家元首。洛克主张政府只有在取得被统治者的同意，并且保障人民拥有生命、自由和财产等自然权利时，社会契约才能成立，政府的统治才有正当性；否则，人民就有权推翻背信弃义的政府，而且，这种推翻政府的革命不但是一种权利，也是一种义务；洛克要求只把财产的仲裁权转让给代理人。而卢梭认为，真正的社会契约是在社会中制定的，社会契约的核心是权利的转让，他要求一切人把一切权利转让给一切人，在他看来，只有这种转让才是对所有人都是平等的；卢梭主张政府应该着眼于每一个人的权利和平等，不管任何形式的政府，如果它没有对每一个人的权利、自由和平等负责，那它就破坏了作为政治职权根本的社会契约。

由此可见，社会契约产生的后果既不是霍布斯所说的有绝对权

---

① 赵敦华主编：《西方人学观念史》，北京出版社出版集团 2005 年版，第 183 页。

力的"利维坦",也不是洛克所说的只有有限权力的政府,而是集强制的权力和自由的权利于一身的公意。所谓公意指全体订约人的公共人格,它是"每一个成员作为整体的不可分的一部分"①。"公意"是一个抽象概念,它不等于众意,不等于所有的个别意志的综合。公意是没有矛盾的个人利益,它是在扣除众意中相异部分之后所剩下的相同部分。"'公意'是保障人人平等的法律和使得每一个人都能享受他们的自由权的政体,它的个体形式是每一个人的合法的权利,人人都既是自由的受体,又是他人自由的受体"②。如果一个人不服从公意,就是不愿自由,法律可以强迫他自由。孟德斯鸠强调自由的实现要受法律的制约,他说:"自由是做法律所许可的一切事情的权利;如果一个公民能够做法律所禁止的事情,他就不再有自由了。因为其他的人也同样会有这个权利。"③ 即是说,公民的自由都是有条件的,都是有限的自由,所谓无限的自由实际上就是不自由。

特别值得一提的是,德国法学家普芬道夫(Samuel von Pufen-dorf)明确提出,尊重人的尊严是法律义务。他认为,人不仅具有自私、自爱的本性和恶意、伤害他人的倾向,还同时具有寻求自我保护的本能和由此产生的与同类联合过安宁生活的强烈愿望。基于此,他构建了自然法的义务体系。他将法律义务划分为3种基本类型:一是不损害他人,还包括尊重财产权和履行契约;二是平等地对待他人,让每个人都各得其所,尊重人的尊严;三是尽可能地帮助他人、关怀他人。由此推出禁止侵害他人的戒律,尤其是禁止造成他人与生俱来的自然权利的损害,该权利包括生命、身体、名誉和自由。在普芬道夫看来,任何公民都必须在重视个人利益及尊严

---

① 北京大学哲学系外国哲学史教研室编译:《西方哲学原著选读》上卷,商务印书馆1982年版,第72页。

② 赵敦华主编:《西方人学观念史》,北京出版社出版集团2005年版,第191页。

③ [法]孟德斯鸠:《论法的精神》,商务印书馆1963年版,上册,第154页。

的基础上，尊重他人的利益及尊严。任何人都没有权利侮辱他人，这是公民的一个普遍义务。人与人之间是平等的，因为每个人都享有平等的权利。所有的人都负有责任和义务来维护人类整体的尊严，所有不同类型的财产都应该得到尊重。在必要的情况下，解除义务的最好途径就是诉诸协议和契约。因此，普芬道夫提出："人之伟大的尊严就在于他拥有一个非道德的灵魂，被赋予了智慧的光芒、决定和选择的能力，并且专攻于各种各样的艺术"①。在他看来，人的尊严就在于人具有理性选择能力，能够运用自己的智慧专攻于各种各样的行为选择艺术，通过与他人订立协议或契约来维护自己的权益。

　　总之，启蒙时期的思想家把人从神的桎梏或枷锁中解放出来，人神分离，人开始作为一个独立的个体而存在，不仅享有与生俱来的自然权利，而且可以根据自己的意愿相互订立契约以维护自身的合法权益。这一时期的思想家对"人性"、人的价值的认识也达到了前所未有的高度。在他们看来，人不仅是理性存在物，而且是具有非理性的存在物，即人是理性和非理性的统一；仍然是以追求幸福为目标，且是指所有人的幸福即人类的福祉。因此，要确保每个人的权益都得到维护，人与人之间就必须订立契约。而且，只有在平等、公正的前提下，人们的合法权益才可能通过民主协商而达成契约，从而使人们享有契约赋予的尊严。

五　人是目的——康德的尊严观

　　康德坦言："我生性是一个探求者，我渴望知识，急切地要知道更多的东西，有所发明才觉得快乐。我曾经相信这才能给予人的生活以尊严，并蔑视无知的普通民众。卢梭纠正了我，我想象中的优越感消失了，我学会了尊重人，除非我的哲学恢复一切人的公共

---

① 转引自 Rieke Van Der Graaf and Johannes Jm Van Delden，"Clarifying Appeals to Dignity in Medical Ethics from a Historical Perspective"，*Bioethics*，2009，Vol. 23，Number3，pp. 151 – 160。

权利，我并不认为自己比普通劳动者更有用。"① 可见，康德是为了尊重人，恢复一切人应该享有的公共权利，肯定每个人作为平等的社会成员的价值而展开自己的知识探索活动的，他在此过程中收获了快乐和幸福，也因此享有了作为一个思想家的尊严。

（一）上帝作为人的"至善"信仰而存在

康德的理性主义割裂了感性与理性、现实和理想的辩证关系，因此，他无法解释人作为理性存在者为什么要追求内在价值和圆满德性，也无法解决幸福和德性的矛盾。在他看来，幸福和德性一致的"至善"在此岸的现实世界是不可能实现的，只能在彼岸的理性世界依靠宗教信仰来实现。而为了让"至善"成为指导人们行为的道德理想，仅仅靠绝对命令是不够的，还必须依靠道德情感的辅助作用，康德因此设立了3个道德公设：意志自由、灵魂不朽、上帝存在。他劝诫人们，要坚信追求至善的努力一定会得到回报；如果违背了这一目标，将受到惩罚。唯有如此，人们的道德努力才有动力、有希望。因此，人们必须相信一个全善的主宰的存在，并且这个全善者具有洞察一切的智慧和惩恶扬善的能力。在康德看来，这个全善、全知、全能的主宰就是上帝。他说："自然的至上原因，只要它必须被预设为至善，就是一个通过知性和意志而成为自然的原因（因而是自然的创造者）的存在者，也就是上帝。"② 可见，上帝是自然的原始动因，它不是感官可以感知的对象，无法直观，只存在于人的理性世界。

康德的"上帝"概念，与宗教性的"上帝"概念相比，更偏重其道德性。他说："上帝概念是一个从起源上就不属于物理学的亦即不是对思辨理性而言的概念，而是一个属于道德学的概念。"③

---

① N. K. Smith, *A Commentary to Kant's Critique of Pure Reason*, New Jersey: Humanities Press, 1918, p. lvii. 转引自赵敦华主编《西方人学观念史》，北京出版社出版集团2005年版，第247页。

② ［德］康德：《纯粹理性批判》，邓晓芒译，人民出版社2000年版，第172页。

③ ［德］康德：《纯粹理性批判》，邓晓芒译，人民出版社2000年版，第192页。

首先，在他看来，上帝始终是一个道德性的存在，它虽然是人的思辨理性所不能认知的，但却被实践理性的道德法则确定为是必然存在的，不包含宗教神秘性。即是说，上帝是作为德福一致的至善的信仰而存在的，而人是有限的理性存在者，因此人只能无止境地接近上帝或至善的道德理想。其次，康德把上帝救赎和恩宠的作用解释为对人的道德努力的补充或成全，也肯定了教会的补充或成全作用；他把宗教归结为理性的道德宗教，把上帝看作是彼岸的理性世界中的至善的、道德性的存在。另外，依康德之见，上帝遵循道德律而行动，道德律具有先天的必然性，对一切理性存在者都有效；上帝作为全知全能全善的理性存在，其意志必然与道德律一致，而道德律对上帝来说只是一条神圣的法则，而不是命令。

总之，在康德看来，上帝是神圣的立法者和创造者，善意的统治者和保护者及公正的审判者。① 上帝是人之道德的本体，是人之道德努力的至善目标，是人的精神寄托或归宿。

（二）人是道德主体

首先，康德认为，人不仅是有感性欲望的动物，而且是有理性的存在者，人与动物的根本区别就在于人有理性。唯有理性，决定了人具有动物所不具备的道德价值。在康德看来，人之所以有道德，是因为理性能够给人订立道德行为准则，使人不会像动物一样只能顺应感性欲望的驱使而行动。那么，理性为什么能够给人订立道德行为准则呢？康德指出："全部道德概念都先天地坐落在理性之中，并且导源于理性，不但在高度的思辨是这样，最普通的理性也是这样。它们决不是经验的，决不是从偶然的经验知识中抽象出来的。"② 在他看来，只要是有理性的存在者，就先天地具有全部道德概念；而要实现人的道德价值，就必须从人的理性本质出发，承认人作为自在目的本身的价值，找到具有普遍必然性的道德法则，

① ［德］康德：《纯粹理性批判》，邓晓芒译，人民出版社2000年版，第179页。
② ［德］康德：《道德形而上学原理》，苗力田译，上海世纪出版集团2005年版，第29页。

制定出人们普遍遵守的道德行为准则，从而指导人的行动，使其成为有德性的人。而且，人之所以能够作为自在目的而存在，其根本原因也就在于"道德"，即"道德就是一个有理性东西能够作为自在目的而存在的唯一条件"①。因此，康德所描述的"人"是生来就具有道德或德性的理性存在者，或者说是作为道德主体而存在的理性人。

其次，康德认为，人作为理性存在者，具有意志自由，能够自由选择、自由采取行动，并承担起道德责任。在他看来，人是一种特殊的理性存在者，具有感性和理性双重属性；人既生活在自然界，被自然规律所决定，又生活在"超感性自然"的本体世界，只服从道德律。他认为，理性如果能够不受任何外在于自身的因素约束，就是纯粹的，也是自由的。而人作为理性存在者，可以独立于一切感性因素之外，因而有绝对的意志自由。在康德看来，自由是一切理性存在者的属性，是人的本质。只有承认意志自由，道德才是有意义的。如果一个人的行动完全受必然性支配，没有自由可言，那么他将如何表现道德或实行道德行为，承担起道德责任呢？因而，道德就是自由的表现。

自由的伦理意义就是"善良意志"。所谓善良意志，就是以善良自身为目的的意志。善良意志自己立法、自己守法，这就是意志自律或道德自律。人的守法，并不是被动地作为手段"必须遵守"法则，而是自在自为的、自觉自主的按照自我的意愿行动。康德把善良意志的自律称为绝对命令，绝对命令是以自身为目的的合理要求，是无条件的。因此，完全地按照绝对命令、出于责任的行为，是必然具有道德性的。绝对命令也是道德律，因此也可以说，完全遵循道德律的行为，会因为道德律的普遍有效性而必然具有道德性。总之，人作为理性存在者，以追求内在价值和圆满德性为目

---

① [德] 康德：《道德形而上学原理》，苗力田译，上海世纪出版集团 2005 年版，第 55 页。

标,因此,人的行为无不受到道德律或道德准则的牵引,处处打上道德的印迹。

(三) 人是目的

康德说:"人,一般来说,每个有理性的东西,都自在地作为目的而实存着,他不单纯是这个或那个意志所随意使用的工具。在他的一切行为中,不论对于自己还是对其他有理性的东西,任何时候都必须被当作目的。"① 因为,人的有理性的本性就表明:人"自身自在地就是目的,是种不可被当作手段使用的东西,从而限制了一切任性,并且是一个受尊重的对象"②。由于每个有理性的人都是"作为自在目的而实存着",因此,"你的行动,要把你自己人身中的人性,和其他人身中的人性,在任何时候都同样看作是目的,永远不能仅看作是手段"③。人既有"对自己的必然责任",也有"对他人的必然责任或不可推卸的责任"④。

在康德看来,每个有理性的人都把自己和他人同时当作目的而不是手段,这样就会出现一个受普遍规律制约的、有理性的人的目的王国。每个人都是这个目的王国的成员,都赋有立法能力。康德说:"在任何时候,都要把自己看作一个由于意志自由而可能的目的王国中的立法者。"⑤ 作为目的王国中的"普遍立法者","法律或规律只能出于他的意志",他的行动也服从这些法律或规律,因为"他的意志同时通过准则而普遍立法"。⑥ 因此,他只有摆脱一切情感、欲望和爱好的干扰,完全独立地发挥意志能力,才能保持其目的王国中的"普遍立法者"资格。即是说,作为目的王国中的

---

① [德] 康德:《道德形而上学原理》,苗力田译,上海世纪出版集团 2005 年版,第 47 页。
② [德] 康德:《道德形而上学原理》,苗力田译,上海世纪出版集团 2005 年版,第 47—48 页。
③ [德] 康德:《道德形而上学原理》,苗力田译,上海世纪出版集团 2005 年版,第 48 页。
④ [德] 康德:《道德形而上学原理》,苗力田译,上海世纪出版集团 2005 年版,第 49 页。
⑤ [德] 康德:《道德形而上学原理》,苗力田译,上海世纪出版集团 2005 年版,第 54 页。
⑥ [德] 康德:《道德形而上学原理》,苗力田译,上海世纪出版集团 2005 年版,第 54 页。

"普遍立法者",其行为准则只能以有理性的人的意志关系为基础。在这种关系中,每个人的意志都必须是立法的意志、自律的意志。理性把自身意志的准则作为普遍规律同其他意志联系起来,同时也和自身行为联系起来。这种联系的基础,就是每个人都具有同等的价值和尊严。康德明确指出:"人类的尊严正在于他具有这样的普遍立法能力,虽然他同时也要服从同一规律",但是对规律的服从,恰恰是履行责任的体现。"那些尽到了自己一切责任的人,在某种意义上是崇高的、有尊严的。"①

那么,何为"尊严"呢?康德说:"目的王国中的一切,或者有价值(Preis),或者有尊严(würde)。一个有价值的东西能被其他东西所代替,这是等价;与此相反,超越于一切价值之上,没有等价物可代替,才是尊严。"② 依康德之见,有的东西具有市场价值或实用价值,如灵巧和勤奋;有的东西具有欣赏价值,如聪明和活跃的想象力;而"只有那种构成事物作为自在目的而存在的条件的东西,不但具有相对价值,而且具有尊严",因为,"道德就是一个有理性东西能够作为自在目的而存在的唯一条件",因此,"只有道德以及与道德相适应的人性(menschheit),才是具有尊严的东西"。③ 即是说,只有同道德目的相联系的行为才有道德价值,只有创造道德价值的人亦即有道德的人,才享有尊严。一个道德败坏的人,不会因其有地位、有特权、有财富而变得高尚,受人尊敬;同样,一个道德高尚的人,也不会因其社会地位卑微和贫穷而降低其价值和尊严,受人贬损。总之,在康德看来,只有坚持道德原则或者说具有善良意向的东西才有内在价值,具有尊严。或者说,唯有道德,以及同道德相适应的人性,才是人的尊严的载体。

然而,人为什么具有尊严呢?康德明确提出:"自律性就是人

---

① [德] 康德:《道德形而上学原理》,苗力田译,上海世纪出版集团 2005 年版,第 61 页。
② [德] 康德:《道德形而上学原理》,苗力田译,上海世纪出版集团 2005 年版,第 55 页。
③ [德] 康德:《道德形而上学原理》,苗力田译,上海世纪出版集团 2005 年版,第 55 页。

和任何理性本性的尊严的根据。"① 他解释说：道德的善良意志或德性"给有理性东西取得了普遍立法参与权，正是有了这种参与权，它才有资格成为可能的目的王国的成员"②。作为自在目的，"对一切自然规律来说，它都是自由的，它只服从自己所制定的规律。它的准则，正是按照这些规律，才成为它自己也服从的普遍立法"③。在康德看来，"唯有立法本身才具有尊严，具有无条件、不可比拟的价值"④。亦是说，"当有理性的人能够进行道德活动，或者说能够自我决定的时候就享有尊严"⑤。按照康德的观点，履行自己一切责任的人是享有尊严的，而能够履行责任的前提是人在行动面前有自由选择、自主决定的权利。即是说，只有当人能够自由选择、自主决定自己采取何种行动的时候，他才能够知道自己因选择将承担怎样的道德责任，也才能够去承担起这些道德责任，从而享有人的尊严。因此，自主或自决是人的尊严的根据，而人之所以能够自主或自决在于人具有理性判断能力。即是说，在康德看来，具有理性判断能力的人才具有尊严。那些尚不具有、不可能具有或者已经丧失了理性判断能力的人，如胚胎、胎儿、婴幼儿、植物人、智障者、严重脑瘫患者、严重精神病人等都不具有人的尊严。这实际上就是否认这些不具有理性判断能力的人具有"人"的地位和价值，必然使他们遭到非人的不公正待遇。

（四）契约尊严

康德关于"人是目的"的思想把启蒙时代提倡的人的自由、平等和博爱的要求提高到绝对命令的高度。他强调权利是从道德命令发展而来的。他说："我们唯有通过道德命令（这是直接的义务指

---

① ［德］康德：《道德形而上学原理》，苗力田译，上海世纪出版集团2005年版，第56页。

② ［德］康德：《道德形而上学原理》，苗力田译，上海世纪出版集团2005年版，第56页。

③ ［德］康德：《道德形而上学原理》，苗力田译，上海世纪出版集团2005年版，第56页。

④ 转引自 Rieke Van Der Graaf and Johannes Jm Van Delden，"Clarifying Appeals to Dignity in Medical Ethics from a Historical Perspective"，*Bioethics*，2009，Vol. 23，Number3，pp. 151–160。

⑤ ［德］康德：《道德形而上学原理》，苗力田译，上海世纪出版集团2005年版，第56页。

令），才知道我们自己的自由（由于我们是自由的），才产生一切
道德法则和因此而来的一切权利以及义务；而权利的概念，作为把
责任加给别人的理由，则是后来从这种命令发展而来的。"①在康德
看来，人只有一项天赋的或自然的权利，就是自由。他说："天赋
权利只有一项，就是那与生俱来的自由。自由就是不屈从别人的强
制的意志。而且，根据普遍的法则，它能够和所有人的自由并存，
他是每个人由于自己的人性并具有独一无二的、原本的、生来就有
的权利。"② 可见，只要是人，具有人之为人的本性，就享有这项天
赋的自由权利。康德非常推崇人的自由，以致他关于社会制度的思
想很多都是围绕实现和保障人的自由而展开论述的。

康德认为，好社会的标准就是实现自由，在现实的社会生活
中，任何自由人都不能被贬低为手段而受到侮辱。在康德看来，以
人民主权和代议制为基础的共和政府是最好的政府，它赋予公民以
自由人的尊严，使之能够在自治中实现自己的自由。他认为，自由
政府之下的"公民有三种不可分割的法律属性，就是：第一，宪法
规定的自由。这就是说，每个公民，除了必须服从自己表示同意或
认可的法律以外，不服从任何别的法律。第二，公民平等。这就是
说，一个公民有权不承认人民当中还有在他之上的人……。第三，
政治上的独立（自主）。这种权利使一个公民生活在社会中并继续
生活下去，并不是凭借专横意志，而是凭借他本人的权利，凭借他
作为这个共同成员的权利，因此，一个公民的资格，除了他自己以
外，别人是不能代表的"③。可见，在康德看来，作为自在目的的公
民，享有宪法自由权、公民平等权和政治自主权。这是任何专制制

　　① ［德］康德：《道德形而上学总分类》，载黄楠森、沈宗灵主编《西方人权学说》，四川
人民出版社 1994 年版，上册，第 187 页。
　　② ［德］康德：《权利科学导言》，载黄楠森、沈宗灵主编《西方人权学说》，四川人民出
版社 1994 年版，上册，第 188 页。
　　③ ［德］康德：《权利科学导言》，载黄楠森、沈宗灵主编《西方人权学说》，四川人民出
版社 1994 年版，上册，第 189—191 页。

度或极权统治下的人们都不可能享有的，因而，保障这些自由正是社会公正的体现，也是实现人的价值和尊严的重要条件。

基于对自由的关切，康德指责功利主义为了大多数人的利益而惩罚无辜者，或者为了人民的自身利益而干涉其自由。他认为："所有这些善良意图都无法洗刷此类手段所造成的不公正的污点。"① 因为，功利主义可能同公正发生冲突，造成不道德的后果；功利主义可能把人们只当作手段，使之受到不公正的对待。康德明确指出："再多的快乐和利益都不能赋予法律和政府以道德价值，除非这些制度符合自由和公正的要求。"② 即是说，自由和公正才是对政府和法律的道德要求，才是实现人的价值和尊严的关键。

在康德看来，法律必须促进而不是阻碍人的自由。在现实的社会生活中难免有人滥用自由，然而，谁有权力防止和惩罚这种行为呢？康德强调，只有以程序公正为基础的社会制度或凌驾于个人之上的政府才可能拥有这种权力，而个人是绝对没有这种权力的。康德指出，人们之所以需要政府，是因为人们需要确认权利的制度，而宪法是最符合公正原则的制度。他认为，政府及其法治，通过行使惩罚权利从而扩大人的自由，因而具有部分的正当性。为了实现社会公正，需要一套每个有理性的人都视之为公平的社会裁决程序即公民政府来限制每个人的自由。在有效运转的公民社会里对自由的限制实际上是扩大自由，因为人人都承认这种限制是公平的。因此，在自然状态下无法保障的权利，在公民社会里则可能得到保障。

康德关于社会合法秩序的思考扩大到整个人类。他认为，一旦把一个生命带到人间，这个生命将成为一个世界公民。因此，人们

---

① Kant, *The Metaphysical Element of Justice*, p. 126. 转引自宋希仁主编《西方伦理思想史》，中国人民大学出版社 2004 年版，第 341 页。

② 宋希仁主编：《西方伦理思想史》，中国人民大学出版社 2004 年版，第 341 页。

应该考虑建立一个公正合理的世界秩序或人类合法秩序。他提出了
4点:一是一个公正的国家秩序必须与自由民主秩序相契合,也只
有自由民主国家才能保护人权,成为公正世界秩序的基础;二是国
家主权是独立的,任何国家均不得以武力干涉其他国家的体制和政
权,国际权力应该以自由国家的联盟为基础;三是世界和平,并不
是把人类和平变成一个世界国家,而是要追求民族国家的多样性与
世界公共秩序的统一;四是世界公民权利将以普遍友好为条件,普
遍友好是指一个陌生人并不会由于自己来到另一块土地而受到歧
视,这种友好是基于人类共同占有地球表面的权利。[①]

总之,"康德尊严"不是绝对意义上的尊严形式,它排除了那
些不具有理性判断能力的人。"康德尊严"对纯粹工具主义的禁止
使得尊严具有一种新的历史特征,它要求尊严的主体既要尊重自
己,也要尊重他人。因此,可以说,"康德尊严"完成了"人的尊
严"从"身份到契约"的历史性转变。康德以承诺每个人过一种
道德的生活为目标,因而,他的尊严观只适用于道德主义者,不具
有普遍性。然而,现实生活中的非道德主义者或不道德主义者也是
客观存在的,且是订立契约的一方。由此,支持一方的"康德尊
严"面对如此两种相对的立场必然会遭到攻击。"康德尊严"为人
的存在和人的价值的证成奠定了深厚的哲学基础,一些社会实践
家,如政治家、法学家等,将其引入政治—法律领域,为论证现代
政治和现代法律的正当性确立了重要的伦理基础。

第二节 19世纪以来的实践批判时期

瑞士学者托马斯·弗莱纳(Thomas Fleiner)说:"启蒙是现代
民主的基础。每一个'启蒙了的'人都能够独立地运用理性来掌握

---

① 赵敦华主编:《西方人学观念史》,北京出版社出版集团2005年版,第258页。

自己的命运。每一个人都是自己的'主权者'，任何国家机关都不能强制个人接受一种与他或她认为正确的理性形式不同的理性。这一人性观后来成为了 18 世纪和 19 世纪的革命和民主运动的基础。"① "人的尊严"观念经过西方思想家长期的探索和凝练，已经成为人类社会发展的重要价值。

一 "自然尊严"观念的政治—法律实践

18 世纪以来，一些西方国家基于近代以来的自然法理论在宪法制度上开始了保障人的尊严的制度架构。1776 年美国《独立宣言》和 1789 年法国《人权和公民权宣言》被西方学界认为是对洛克"天赋人权论"的法理总结，虽然两个《宣言》中都没有明确提及"人的尊严"，但其中所蕴含的政治理念和宪法制度要求无不蕴含着"人的尊严"的应有之义。

（一）美国《独立宣言》与人的尊严

美国《独立宣言》庄严承诺："我们认为这些真理是不言而喻的：人人生而平等，他们都从他们的'造物主'那边被赋予了某些不可转让的权利，其中包括生命权、自由权和追求幸福的权利。为了保障这些权利，才在人们中间成立政府。而政府的正当权力，则系得到统治者的同意。如果遇有任何一种形式的政府变成损害这些目的的话，那么，人民就有权利来改变它或废除它，以建立新的政府。这新的政府，必须是建立在这样的原则的基础上，并且是按照这样的方式来组织它的权力机关，庶几就人民看来那是最能够促进他们的安全和幸福的。"② 可知，美国《独立宣言》强调了 4 个方面：第一，人生来是平等的，没有哪个人可以因其出身而比别人拥有更高的社会地位、更多的荣耀和尊严；第二，生命权、自由权和追求幸福的权利是人与生俱来的天赋的或

① ［瑞士］弗莱纳：《人权是什么》，中国社会科学出版社 2000 年版，第 5 页。
② 周顺：《联邦主义的理路与困境——以美国为例》，上海人民出版社 2015 年版，第 147 页。

自然的权利，是不可转让的；第三，政府是人民为了保障这些权利相互之间达成的一种契约，即政府有保障人民之自然权利的义务；第四，政府的一切权力来自人民，政府是服从人民意志的，当政府违背了订立契约的目的时，人民有权推翻背信弃义的政府而建立新政府。

美国《独立宣言》以人人生而平等、天赋人权为理论基础，强调政府必须经人民的同意而组成，应以保障人的生命、自由和追求幸福的权利为己任，提出人民有权起来革命以推翻不履行职责的政府。虽然《宣言》中并未提及"人的尊严"，但其内容所蕴含的"人的尊严"理念直指一个合乎人性的政府的正当性基础。

（二）法国《人权和公民权宣言》与人的尊严

1789 年法国《人权和公民权宣言》（以下简称《宣言》）明确指出，政府的目的就是要"保障人的自然的和不可动摇的权利"，这些权利就是"自由、财产、安全和反抗压迫"（第二条）。换言之，就是当政府未能保障人的"自由、财产、安全和反抗压迫"的权利时，就是失职，就是对人民的背弃。

《宣言》对个人和公民所享有的权利作了更加系统的规定："在权利方面，人们生来是而且始终是自由平等的。只有在公共利用上面才显出社会上的差别。"（第一条）；"整个主权的本原主要是寄托于国民"（第三条）；"自由就是指有权从事一切无害于他人的行为。因此，各人的自然权利的行使，只以保证社会上其他成员能享有同样权利为限制"（第四条）；"法律仅有权禁止有害于社会的行为"（第五条）；"在法律面前，所有的公民都是平等的，……除德行和才能上的差别外不得有其他差别"（第六条）；"自由传达思想和意见是人类最宝贵的权利之一"（第十一条）；"财产是神圣不可侵犯的权利"（第十七条）等。可见，《宣言》谴责一切形式的封建特权，明确把个人作为法律的基点，承认每个人都有与他人相当、相同的地位、资格与能力。

《宣言》承诺人人生而自由平等，法律面前人人平等，人人都享有自由、财产、安全和反抗压迫的权利，享有言论和出版自由、私有财产神圣不可侵犯的权利，不仅强调主权在民，还明确提出"三权分立""法无明文规定不为罪""法不溯及既往""无罪推定"等原则。这些内容无不诠释和彰显"人的尊严"理念的指导作用，可以被看作是"人的尊严"理念在社会现实生活中的贯彻和落实，体现着公平、正义的社会政治理念。基于此，法国构建了资本主义时代背景下国家的应然模式。从某种意义上来说，这充分表明随着资产阶级革命的胜利，"人的尊严"已经成为约束和评价国家权力的基本标准。

关于《宣言》，美国思想家托马斯·潘恩（Thomas Paine）在《人的权利》中如此评价：其一，它取消了宗教的神圣尊严，削弱了宗教对人的心灵的影响；其二，它注意了权利与义务的平衡，因为从相互作用的角度看，"凡是我作为一个人所享有的权利也就是另一个人所享有的权利，因而拥有并保障这种权利就成为我的义务"①。在潘恩看来，人类从自然状态进入社会状态，决不是为了减少自己的自由与权利，而是为了使自己的自由与权利得到更加充分的保障。他因此阐释了天赋权利和公民权利的关系，即"天赋权利就是人在生存方面的权利。……公民权利就是人作为社会一分子所具有的权利。每一种公民权利都以个人的原有的天赋权利为基础"②。即是说，天赋权利是人与生俱来的，是自然赋予人的，关系到人的生存，是人之为人所固有的最基本权利；而公民权利是社会或政府以个人的天赋权利为基础赋予每一个公民的，或者说是社会或政府从个人的天赋权利出发演绎出来的公民所应该享有的社会性权利，至于人为什么享有这些公民权利则是社会契约的结果。因此，所谓保障人的权利实际上就是保障人的天赋权利。而为了保障

---

① 王德禄、蒋世和编：《人权宣言》，求实出版社 1989 年版，第 16—17 页。
② 王德禄、蒋世和编：《人权宣言》，求实出版社 1989 年版，第 16—17 页。

每个人都充分享有其天赋权利，潘恩提出，必须在人们之间建立起公正合理的社会秩序。通常，人们之间公正的社会合作就有利于保障他们的天赋权利。潘恩坚信，能够保障每个人之天赋权利的社会是人类文明的必由之路。

总之，美国《独立宣言》和法国《人权和公民权宣言》秉承了"人的尊严"的宗旨，宣示了人的平等地位与自然权利的不可侵犯。然而，这些在经历了资产阶级革命的西方国家的私法当中，也得到了具体的表达、贯彻和落实。这在一定程度上也说明了资产阶级法律制度的奠基和发展，其本身就与对"人的尊严"的推崇密不可分。随着资本主义制度的进一步发展和完善，"人的尊严"观念也逐渐成为现代国家之政治法律思想的主旋律。

（三）《法国民法典》与人的尊严

1804 年公布施行的《法国民法典》实际上是《人权和公民权宣言》在法律形式上的体现，它是第一部资本主义国家的和以资本主义经济制度为基础的民法典。《法国民法典》是法国大革命的产物，虽然其中仍留有若干旧思想的残余，但终究是资产阶级思想家之自由和人权等革命思想的体现。《法国民法典》与当时自由竞争的经济条件相适应，体现了"个人最大限度的自由、法律最小限度的干预"之立法精神，其立法原则——全体公民民事权利平等的原则、绝对所有权制度、契约自由及过失责任原则体现了"人之为人"的本质要求，都是代表资产阶级自然法领域中的"天赋人权"理论在民法典中的体现。

《法国民法典》第 8 条规定："所有法国人均享有民事权利"。表面上看，这一条款并不涉及理性、人格，更没有直接提到"人的尊严"。然而，所有人均可以不受任何外在条件的限制而平等地享有民事权利，即"人人法律地位平等"，这一条款的根据或前提仍然是自然理性、由自然理性所形成的法律人格以及在最终意义上的人的尊严。同时，这一条款可以引申出一个重要含义，即所有法国人都有资格成为其民法中的法律主体。也就是说,对于任何一个法国人而言,成为法律意义上的"人"的前提条件只能有一个,即他是自然人;而那些附加的条件,如出身、社会地位、知识、财富、性别、宗教信仰等,都不是成为法律意义上的"人"的前提条件。由此可见,《法国民法典》实现了自然意义上的人与法律意义上的人的统一,实现了"从身份到契约"的历史性转变。

《法国民法典》关于财产权的论述充分体现了所有权绝对和契约自由原则。民法典第 537 条第 1 款规定:"除法律规定的限制外,私人得自由处分属于其所有的财产",即个人对其所有的不受法律限制的财产有自由处分的权利。第 545 条规定:"任何人不得被强判出让其所有权;但因公用,且受公正并事前的补偿时,不在此限",即个人对其财产有绝对的所有权,即使国家征收个人财产也只能根据公益的理由,并以给予所有人以公正和事先的补偿为条件。第 1134 条规定:"依法成立的契约,在缔结契约的当事人间有相当于法律的效力",即契约一经合法成立,缔约当事人就必须按照约定履行相应的责任和义务,非经共同同意,不得修改或废除,而且契约当事人的财产,甚至人身都可以作为履行契约的保证。可见,从自然理性派生出来的自由、平等、公正等观念已经渗透资本主义社会的财产制度领域,从某种程度上也可以说是"人的尊严"观念在公民权利领域的渗透。

由是观之,《法国民法典》是个人主义、自由主义的民法,贯穿了意思自治原则,包含 3 层含意:一是废除古代的形式主义;二是不许国家干预个人的意思自由;三是讲求个人的真实意思。总之,《法国民法典》充分贯彻了个人的自主、自治原则,这恰恰是"人的尊严"的应有之义,也可以说是"人的尊严"观念的内在要求。因此,作为一部革命性的、影响波及全世界的法典,《法国民法典》不仅对后来许多资本主义国家的立法起到了规范作用,而且将自由、平等、自治等法律精神普遍化,使蕴含这些法律精神的

"人的尊严"观念在许多资本主义国家的政治—法律实践中得以实现。

二 康德尊严观的政治—法律实践

康德批判了自然法的不足，指出道德和法律的一般原则不是由理论理性而是由实践理性揭示的。即是说，他反对把人的理性系于自然理性之上，而是主张它来自于人的内心意志。在康德看来，人，作为伦理学意义上的人，其本身就具有一种价值和尊严，因此，人在任何时候都应当被看作是目的，而永远不能仅看作是手段。康德关于"人是目的"的理论，为"人的尊严"的存在作了内涵丰富的哲学和法学论证，直接影响着现代法律的制定。而且，宪法制度生存的正当性基础就在于承认人们有自主选择与行动的能力、有参与私人关系和在公共生活中自我发展的能力。《德国民法典》就是在这一理论的指导下制定出来的。

(一)《德国民法典》与人的尊严

《德国民法典》是德意志帝国在 1896 年制定，于 1900 年 1 月 1 日正式施行的民法典。它继承了罗马法的传统，结合日耳曼法的一些习惯，并根据 19 世纪资本主义经济发展的新情况而制定，因而在内容上超出了自由资本主义时期法律原则的范围，在一定程度上适应了垄断资本主义时期的需要。

德国民法从"人的本质即为目的本身"出发，认为法律所调节的人与人之间的关系实际上是主体与主体之间的关系。因为不仅人本身是目的，其他每一个人也都是作为自在目的而存在着，所以，法律关系中的每个人都是具有自我意识的主体，由此确立了人人平等的思想。即"人人为权利主体，相互之间是平等的。同时，从这一立论中可以推导出，每一个人都有权要求其他任何人尊重他的人格、不侵害他的生存（生命、身体、健康、自由）和他的私人领域；相应地，每一个人对其他任何人也都必须承担这种尊重他人人格及不侵害他人权利的义务"①。可见,《德国民法典》从"人是目的"出发推导出"人人平等"的思想,达到了与从自然法推导相同的目的和高度。

康德关于"人是目的"的理论作为一种哲学思想,构成了德国民法的精神背景。与《法国民法典》不同,《德国民法典》中没有专门的"人法"篇,涉及人的因素被分拆到各篇(总则、债务关系法、物法、家庭法、继承法);关于人的规定分为两节:自然人和法人。德国民法从法律关系要素的角度逐一对主体、权利、行为和客体进行了界定,而且权利是法典结构安排的线索,在传统的主客体结构中加入权利,形成"主体—权利—客体"结构。② 因此,德国民法中的"人"始终是在法律关系中存在的,是以主体与主体之间的权利义务载体形式而被规范与调整的。

德国民法中的"人"之所以能够成为权利主体,其前提条件就是权利能力,即凡是具有权利能力的"人"就可以成为权利主体。这里,"权利能力"被看作是人的本质属性,意味着"权利主体"不仅依法享有某种东西,还依法承担相应的义务,是权利的享有者和义务的承担者。"权利能力是德国民法高度抽象技术化的产物,是适应德国民法整个以法律关系为轴心的体系的必然选择,其获得承认是以牺牲'人格'或法律上的'人'的宏大的历史内涵与人文主义思想为代价的"③。由此可见,《德国民法典》对于"人"的着眼点不是人的自然理性,而是人的权利能力。

《德国民法典》设置"权利能力"制度的一个重要目的就是使法人进入民事权利体系,使之成为民事权利主体变为可能与正当。④ 因为在德国民法制定之际,企业团体在社会经济生活中正发挥着越

---

① 曹险峰:《人格、人格权与中国民法典》,科学出版社 2009 年版,第 53 页。
② 梅夏荣:《从"权利"到"行为"》,《长江大学学报》(社会科学版) 2005 年 2 月。
③ 曹险峰:《人格、人格权与中国民法典》,科学出版社 2009 年版,第 50 页。
④ 曹险峰:《人格、人格权与中国民法典》,科学出版社 2009 年版,第 46—47 页。

来越大的作用，立法者不可能忽视这一现实，只有承认其主体地位。而要承认企业团体的主体地位，就必须使其具备主体资格，"权利能力"恰好为法人成为民事权利主体提供了标准。德国民法中的"人"包括自然人和法人。凡是适合于成为主体的都可以成为法律关系的主体，主体与人的概念相比，主体是形式的、无深刻内涵的，是与客体、其他主体相对的概念。

总之，《德国民法典》深受康德关于"人是目的"理论的影响，从人的"权利能力"出发，以法律关系为中心概念，层叠构建，建立了现代民法概念体系。它对 20 世纪以后整个大陆法系之法制的发展和传播产生了积极而深远的影响。1929—1931 年中国国民政府颁布的《中华民国民法》就是以德国民法为主要学习对象，参照瑞士、法国、日本等国的民法而制定的。至此，中国法律制度最终脱离传统法律文化的轨道，从而逐步发展，建立了一个中国历史上全新的现代法律制度。

(二)《瑞士民法典》与人的尊严

相比较而言，《法国民法典》中没有任何有关人格的措辞，也没有任何有关人格权的规定；它更多地是注重财产权和契约自由的保护，通过财产法上对人格的要求揭示了人格的部分内涵，形式上将人的伦理价值全面"暗含"并将其保护在极度抽象的侵权行为法中。《德国民法典》的立法者承认应该对人格进行保护，但却没有承认人格权，只是规定了姓名权；它把人作为财产领域的民事权利主体来看待，也忽略了对人自身的内视，将人格的保护规定于侵权之债当中。①

1907 年 12 月 10 日制定的《瑞士民法典》，其起草人欧根·胡贝尔（Eugen Huber）是一个坚定的人格理论的信奉者②。他"天才

---

① 曹险峰：《人格、人格权与中国民法典》，科学出版社 2009 年版，第 59 页。
② ［德］汉斯·哈腾鲍尔：《民法上的人》，孙宪忠译，《环球法律评论》2001 年冬季号，中国知网（https：//www.cnki.net/）。

般地认识到，权利能力、行为能力、监护、判断能力、血亲、姻亲、机关和住所以及姓名权的保护与独立、完整与尊严的人格不可分割的组成部分，即'人'得以在财产法领域（权利能力、行为能力、住所等即是关涉交易活动资格与能力的）与人身权领域（血亲、人格的保护、姓名权）受到完全的重视与保护，人格的完整内涵被充分地揭示出来"①。《瑞士民法典》突破了这两部法典关于"人格或人格之保护模式"的局限性，首次以明确的立法形式将人格的全面含义揭示出来，彰显了"人之为人"要求平等、独立、自由与尊严性存在的深刻本质，其核心条款是第28条第1项："人格受到不法侵害时，为了寻求保护，可以向法官起诉任何加害人。"然而，瑞士民法和德国民法一样，除了姓名权外，没有明确地承认人格权，关于人格权的规定也主要体现在侵权行为中。

三　战后法律与人的尊严

由于受19世纪30年代兴起的实证主义的影响，"人的尊严"观念并没有成为被人们普遍接受的价值来信奉和遵守。因为在实证主义者看来，"人为什么有尊严"是很难甚至无法得到证实的，因此，它不能作为现代资本主义国家治理和发展的重要价值来维护。20世纪以来，现代社会越来越强调尊重人格尊严，强调"绝对尊严"与人的权利之间的密切关系。为确保每个人都平等地享有人的尊严，国家应该承担起"担保人"的角色。早期的社会学家斐迪南·拉萨尔（Ferdinand Lassale）就明确指出："国家应该确保工人和商人过真正有尊严的生活"②。这一观念在20世纪许多国家的立法中都得到了回应，但20世纪初，仅有几个国家的立法中采用了"尊重人的尊严"的观念。第二次世界大战之后，"人的尊严"首

---

① 曹险峰：《人格、人格权与中国民法典》，科学出版社2009年版，第59页。

② 转引自 Rieke Van Der Graaf and Johannes Jm Van Delden，"Clarifying Appeals to Dignity in Medical Ethics from a Historical Perspective"，*Bioethics*，2009，Vol. 23，Number3，pp. 151 – 160。

次正式出现在《联合国宪章》中,作为一种价值理念或价值原则为缔约国无条件遵守和执行。

"二战"后,基于战争中德意法西斯和日本军国主义对人性的藐视和对无辜生命的残酷迫害,以及出于对人类生存状况的反思和现代国家对个人未来可能造成的伤害的顾虑,世界各国达成共识:要尊重和保护"人的尊严"。于是,"人的尊严"开始进入法律条款。

1945年《联合国宪章》"序言"的第一句话即是"我联合国人民同兹决心:欲免后世再遭今代人类两度身历惨不堪言之战祸,重申基本人权,人格尊严与价值,以及男女与大小各国平等权利之信念"。1948年的《世界人权宣言》"序言"第一条就是"鉴于对人类家庭所有成员的固有尊严及其平等的和不移的权利的承认,乃是世界自由、正义与和平的基础"。1966年联合国制定的《经济、社会、文化权利国际盟约》"序言"强调,《联合国宪章》"序言"第一句话提到的权利是"源于人身的固有尊严";同年制定的《公民权利与政治权利国际公约》中有几个直接涉及"人的尊严"的条款,如第26条规定:"所有的人在法律面前平等,并有权受到法律的平等保护,无所歧视。在这方面,法律应禁止任何歧视并保证所有的人得到平等的和有效的保护,以免基于种族、肤色、性别、语言、宗教、政治或其他见解、国籍或社会出身、财产、出生或其他身份等任何理由的歧视"。

就以上这些强调要"尊重和保障人的尊严"的国际法而言,"人的尊严"被置于政治—法律的制度框架下。人所共知,人的"权利"是政治—法律制度框架下的一个核心概念,因此人的尊严和人的权利是紧密联系在一起的。甚至在多种情况下,人的尊严,也像人权一样,作为一个"自明"的公理在发挥作用,这可以认为是自然法思想的觉醒,或者说是人们在自我意识的支配下以自身为目的而达成的共识。"尊重人的尊严"真正走向社会实践领域,是

"二战"后作为"法律原则""法律精神"或"法律条款"在许多现代资本主义国家宪法中的运用,以及在其国家治理和社会治理过程中的贯彻和落实。

1949 年德国率先在《基本法》第 1 条第 1 款明确规定:"人的尊严不可侵犯,尊重和保护它是国家的义务",并将这一规定列为受宪法 76 条所保障的"原则"或"精神"之一,不受修宪权所及。据国外学者统计,截至 1976 年 3 月 31 日,有瑞典、葡萄牙、西班牙、希腊等 56 个国家①明确规定将"人的尊严"② 保障置于宪法的首位或者作为政治秩序的基础。1982 年,我国在宪法第 38 条规定:"中华人民共和国公民的人格尊严不受侵犯,禁止用任何方法对公民进行侮辱、诽谤和诬告陷害。"

尽管"人的尊严"在各国宪法中的表述不一,地位和作用也不尽相同,但能够作为一项法律条款在宪法中得以明确,就决定了它将必然作为一项宪法价值贯穿于各国的政治法律制度之中,成为指导各国政治法律实践的行为准则。当前,在司法领域,各国维护"人的尊严"的判例层出不穷,以 1995 年法国最高行政法院判决"投掷侏儒"表演违背了"人的尊严"这一基本道德底线最为典型。

四 人的尊严与生命伦理学的挑战

1947 年,23 个德国医生因第二次世界大战期间参与了德国纳粹令人发指的医学实验,严重违反传统的医学伦理而被判定为战争罪犯,美国生命伦理学家把这次宣判和宣判后发表的《纽伦堡宣言》视为生命伦理学的发端,他们认为,生命伦理学是医学行业伦理规范和医学伦理学的发展和延续。20 世纪 60 年代,由于

---

① [荷]亨克·范·马尔塞文、格尔·范·德·唐:《成文宪法——通过计算机进行的比较研究》,陈云生译,北京大学出版社 2007 年版,第 103 页。

② 还表述为:人格尊严、个人尊严、人类尊严、人类的尊严、尊贵的人类等。

高新技术，尤其是生物医学技术的迅速发展，传统的医学伦理学已经无法解释新技术的应用所带来的"两难"问题，加之美国的一些人体实验丑闻进一步激发了人们对伦理问题的关注，包括病人权利运动在内的民权运动也蓬勃发展起来，以致 19 世纪 60 年代末，生命伦理学在美国诞生并随着高新技术的深入发展迅速蔓延全世界。

（一）生命伦理学与人的尊严

20 世纪 50 年代以来，"人的尊严"一直是医学伦理学中一个经常被使用的概念。1964 年，世界医学会（WMA）在《赫尔辛基宣言》中明确指出："医学研究应遵从伦理标准，对所有的人加以尊重并保护他们的健康和权益""在医学研究中，保护受试者的生命和健康，维护他们的隐私和尊严是医生的职责""必须始终是医学上有资格的人员对受试者负责，而绝不是由受试者本人负责，即使受试者已经知情同意参加该项研究"，而且"受试者必须是自愿参加并且对研究项目有充分的了解""必须始终尊重受试者保护自身的权利。尽可能采取措施以尊重受试者的隐私、病人资料的保密并将对受试者身体和精神以及人格的影响减至最小"①。可见，世界医学会认为"保护受试者的尊严"是参与医学研究的医生或其他卫生保健专业人员的职责之一，表明"尊严"是一个相对范畴，医生的职业行为必须以确保受试者的尊严为前提和基础，而受试者的尊严必须由医生的职业行为来保障和维护，即是说，对医生或其他卫生保健专业人员而言，保护受试者的尊严是其本应具有的德性。

20 世纪 90 年代，世界卫生组织（WHO）指出，"病人有权要求得到尊严的治疗"，而且病人也有权要求"尊严死（die in digni-

---

① 王岳主编：《医事法》，对外经济贸易大学出版社 2013 年修订版，第 382 页。

ty)"①。前者是指病人在接受治疗的过程中享有一种被尊重或不被侮辱的权利。后者包括两种情况：一是当病人罹患不治之症、处于正在遭受极度痛苦的弥留之际时，不使用生命支持系统，不做任何延命医疗措施，用安宁缓和的方式给病人以临终关怀，最大程度地减轻他们的痛苦，让他们自然而有尊严地离开这个世界；二是对于一些自我意识丧失而无治愈希望的病人（如植物人），可由亲属凭他们的生前预嘱向医院、法院等提出停止延命医疗措施的要求而自然死亡。赞成"尊严死"的人认为，其遵从自然规律，按照生前预嘱让病人在生命末期不使用生命支持系统，以尽量自然的方式有尊严地离世，不仅是对生命的最大尊重，也能让医务人员和家属感受到强烈的道德伦理尊重，产生心理上的崇高感，体现和诠释生命和谐的现实意义。而反对"尊严死"的人，一是对生命、尊严等概念的理解有较大分歧；二是认为"尊严死"在实际操作过程中存在较大难度，一旦被心怀不轨的家属、医生、医院、保险公司等利用将危害无穷。总之，"尊严死"观念不仅涉及作为尊严基础的"人的生命"，而且涉及伦理道德、法律法规、文化传统等一系列问题，必须通过深入探究达成共识后方可贯彻落实，否则将会给人类带来更多的风险和挑战。

1998 年，联合国教科文组织（UNESCO）制定的《世界人类基因组与人权宣言》中"人的尊严与人类基因组"的第一条指出："人类基因组意味着人类家庭所有成员在根本上是统一的，也意味着对其固有的尊严和多样性的承认，象征性地说，它是人类的遗产。"② 即是说，每一个人不仅具有与人类家庭中其他成员相同的基因，而且具有自身所固有的独特基因；人类基因组是人之所以生来就具有不同于其他生物的尊严的基础；基因遗传密码对于每一个人

① 参见 Rieke Van Der Graaf and Johannes Jm Van Delden，"Clarifying Appeals to Dignity in Medical Ethics from a Historical Perspective"，*Bioethics*，2009，Vol. 23，Number3，pp. 151 - 160。

② 徐宗良等：《生命伦理学：理论与实践探索》，上海人民出版社 2002 年版，第 308 页。

来说都是独一无二的，涉及人的隐私乃至人的存在，也是人类之所以呈现多样性特征的物质基础，因此是神圣不可侵犯的。第二条又进一步解释说："（a）每个人都有权使其尊严和权利受到尊重，不管其具有什么样的遗传特征。（b）这种尊严要求不能把个人简单地归结为其遗传特征，并要求尊重其独一无二的特点和多样性。"① 在此，尊严和权利并列，即任何人都有权要求自己的尊严和权利受到尊重，而这种尊严包括个人的遗传特征、独一无二的特点和多样性，即从尊严的角度来说，任何人都有权要求自己的遗传特征、独一无二的特点和多样性受到他人和社会的尊重。第三条"具有演变性的人类基因组易发生突变。它包含着一些因每个人的自然和社会环境，尤其是健康状况、生活条件、营养与教育不同而表现形式不同的潜能"表明人类基因组并非一成不变，而是会因每个人所处的自然和社会环境的不同，尤其是健康状况、生活条件、营养与教育不同而表现形式不同的潜能，充分体现人类基因组的遗传性、独一无二性和多样性特点，这是人类的尊严所在；第四条"自然状态的人类基因组不应产生经济效益"表明人类基因组不能被作为谋取经济利益的工具，否则，就是对人类尊严的损害。因此，人类基因组计划与人的尊严息息相关，必须以维护和确保"人的尊严"为前提和基础。

2003 年，联合国教科文组织制订《国际人类基因数据宣言》，其宗旨是："按照平等、公正、团结互助的要求，在采集、处理、使用和保存人类基因数据、人类蛋白质组数据和提取此类数据的生物标本（本书此后称之为'生物标本'）方面确保尊重人的尊严、保护人权和基本自由，并兼顾思想和言论自由，包括研究自由；确定指导各国制订相关法律和政策的原则；并为指导有关机

---

① 徐宗良等：《生命伦理学：理论与实践探索》，上海人民出版社 2002 年版，第 308 页。

构和个人在这些方面的良好实践奠定基础。"① 表明整个宣言都是
贯彻和落实这一宗旨，即采集、处理、使用和保存人类基因数
据、人类蛋白质组数据和提取此类数据的生物标本必须坚持平
等、公正、团结互助的原则，确保尊重人的尊严、保护人权和思
想言论自由（包括研究自由）及其他基本自由；而且应"竭力确
保人类基因数据和人类蛋白质组数据不用于意在侵犯或造成侵犯
某一个人的人权、基本自由或人类尊严的歧视之目的或导致对某
一个人、家庭或群体或社区造成任何侮辱之目的"②，确保"在尊
重人的尊严和行使与信守人权和基本自由的基础上，促进生命科学
的进步及其在技术上的应用"③。通过对《宣言》内容的深入解读，
可知"尊重人的尊严"包括"寻求当事人事先的、自愿的、知情
的和明确的同意"并"可以在不受胁迫的情况下撤回其同意的意
见""提供清楚、公正、充分和适当的信息""依照透明的和符合
伦理的程序"④，基于人类基因数据特殊地位和敏感性的个人隐私
权等。

　　2005 年，联合国教科文组织制订《世界生物伦理和人权宣
言》，其宗旨包括："（c）根据国际人权法的精神，确保尊重人的生
命从而促进尊重人的尊严，保护人权和基本自由；（d）强调科学技
术的研究和发展必须遵循本宣言所阐述的伦理原则，尊重人的尊

---

　　① 中国联合国教科文组织全国委员会秘书处：《国际人类基因数据宣言》，2003 年 10 月 16
日，中华人民共和国教育部网 http://www.moe.gov.cn/srcsite/A23/jkwzz_ other/200310/t200310
16_ 81412. html。

　　② 中国联合国教科文组织全国委员会秘书处：《国际人类基因数据宣言》，2003 年 10 月 16
日，中华人民共和国教育部网 http://www.moe.gov.cn/srcsite/A23/jkwzz_ other/200310/t200310
16_ 81412. html。

　　③ 中国联合国教科文组织全国委员会秘书处：《国际人类基因数据宣言》，2003 年 10 月 16
日，中华人民共和国教育部网 http://www.moe.gov.cn/srcsite/A23/jkwzz_ other/200310/t200310
16_ 81412. html。

　　④ 中国联合国教科文组织全国委员会秘书处：《国际人类基因数据宣言》，2003 年 10 月 16
日，中华人民共和国教育部网 http://www.moe.gov.cn/srcsite/A23/jkwzz_ other/200310/t200310
16_ 81412. html。

严、人权和基本自由，同时承认科研自由的重要性以及科技发展所带来的益处"①。由（c）可知，生命、尊严、人权和基本自由是层层递进关系，尊重人的生命可促进尊重人的尊严，为保护人权和基本自由奠定前提和基础；由（d）可知，要促进科学技术的研究和发展必须遵循本宣言所阐述的 15 个伦理原则，以尊重人的尊严、人权和基本自由，宗旨多次强调尊重人的尊严、人权和基本自由这一价值原则，必然会在具体措施中加以贯彻和落实。《宣言》将"人的尊严和人权"原则放在所适用的对象在其适用范围内制定决策或实践过程中理应尊重的 15 条原则之首，依次是受益与损害，自主权和个人责任，同意，没有能力表示同意的人，尊重人的脆弱性和人格，隐私与保密，平等、公正和公平，不歧视和不诋毁，尊重文化多样性和多元化，互助与合作，社会责任和健康，利益共享，保护后代，保护环境、生物圈和生物多样性②等。"人的尊严和人权"原则包括两点：一是"应充分尊重人的尊严、人权和基本自由"；二是"个人的利益和福祉高于单纯的科学利益或社会利益"③。这里再次从应然的角度强调科技研究和发展要充分尊重人的尊严、人权和基本自由，而且不能因为科学利益或社会利益损害个人的利益和福祉，"人"是科学研究的目的，人类本身的利益和福祉高于其他一切利益。至于何为"人的尊严"？"人的尊严和人权"有何区别和联系？《宣言》并未做出陈述，而且两者总是被并列使用。第十条"尊严和权利面前人人平等的基本

---

① 中国联合国教科文组织全国委员会秘书处：《国际人类基因数据宣言》，2003 年 10 月 16 日，中华人民共和国教育部网 http：//www. moe. gov. cn/srcsite/A23/jkwzz_ other/200310/t200310 16_ 81412. html。

② 中国联合国教科文组织全国委员会秘书处：《国际人类基因数据宣言》，2003 年 10 月 16 日，中华人民共和国教育部网 http：//www. moe. gov. cn/srcsite/A23/jkwzz_ other/200310/t200310 16_ 81412. html。

③ 中国联合国教科文组织全国委员会秘书处：《国际人类基因数据宣言》，2003 年 10 月 16 日，中华人民共和国教育部网 http：//www. moe. gov. cn/srcsite/A23/jkwzz_ other/200310/t200310 16_ 81412. html。

原则应得到尊重,以确保所有人得到公正和公平的对待",即每个人的尊严和权利都是平等的,都应该得到平等的尊重;第十一条"不得以任何理由侵犯人的尊严、人权和基本自由,歧视和诋毁个人或群体",即人的尊严、人权和基本自由是不容侵犯的,也不能歧视和诋毁个人或群体;第十二条"文化多样性和多元化应当受到应有的重视。但不得以此为由侵犯人的尊严、人权和基本自由,也不得因此而违反本宣言阐述的各项原则或者限制各项原则的适用范围",即不能以"文化多样性和多元化"为由侵犯人的尊严、人权和基本自由或违反"本宣言阐述的各项原则或者限制各项原则的适用范围"。总之,从《宣言》的宗旨、原则以及具体内容来看,人的尊严和人权都是在"生命、自主、平等、公平公正、尊重、不容侵犯、不能歧视、不能诋毁、个人或人类本身的利益和价值"等意义上进行探究和阐释的,"人的尊严"主要指人之为人所具有的不可侵犯的生物特性、价值意义等,而人权主要指人之为人所应该享有的权利。

2000 年,J. D. 伦道夫和彼得·坎普提交给负责生物医学二期工程项目的欧洲委员会的报告中将"尊严"作为欧洲生命伦理学的4 个原则之一。在加拿大,有 3 个州的政策都将"尊重人的尊严"放在突出的位置,明确声明"人的尊严"是现代研究伦理学的最根本原则。[①] 2008 年,美国总统委员会专门研究"人的尊严"概念并试图用它来解决生命伦理学问题,出版了《人的尊严和生命伦理学》一书。可见,一些发达国家已经开始关注和重视"人的尊严"于生命伦理学的重要意义,并将其运用于国家制度、国家政策的制定,以规范人们的行为。

综上所述,随着高新技术的发展和应用,"人的尊严"已经成为生命伦理学中的一个重要概念,甚至作为一个指导原则而存在

---

① 参见 Rieke Van Der Graaf and Johannes Jm Van Delden, "Clarifying Appeals to Dignity in Medical Ethics from a Historical Perspective", *Bioethics*, 2009, Vol. 23, Number3, pp. 151 – 160。

着。然而，在这些法律文件、著作或报告中，虽然都有"人的尊严"或者相关的措辞，但都不是在普遍性意义上使用的；根据不同的语境、不同的视角，"人的尊严"所蕴含的内容也是有所区别的。

（二）生命伦理学对"人的尊严"的挑战

随着高新技术，特别是生物医学技术和基因技术的迅猛发展，人类的生命存在状态发生了深刻的变化，传统的"人的尊严"理念遭受着前所未有的冲击。以遗传工程和虚拟实在为代表的新兴技术，诸如安乐死、器官移植、克隆、辅助生殖、代孕、人兽嵌合体、细胞干预、基因编辑等，作为实施对象是人本身的"主体技术"，都按照自己的"意志"对自然界原本给予我们人类的天性进行重新设计、重新塑造，从而带来了诸多的伦理问题——人伦关系的变化、自主性、自我感受性、自由与权利问题等。关于这些问题的争论，人们常常诉诸"人的尊严"概念作为理据来证成自己的观点，以下概述之。

1. 安乐死

安乐死指对无法救治的病人停止治疗或使用药物，让病人无痛苦地死去，主要包括"积极安乐死"以及"消极安乐死"两种基本类型。"所谓积极安乐死是采取积极的措施缩短病人的生命时间，而所谓消极的安乐死是指对无法救治的病人停止治疗或使用药物，让病人无痛苦地死去"[①] 消极安乐死又称为"尊严死"，如今已被越来越多的人所认可和接受。而积极安乐死存在着诸多争议。

支持者认为，对于身患绝症、生活不能自理、离开了插管和营养液就无法生存、处于极度痛苦的垂危状态之中的病人来说，如果其不愿继续忍受病痛的折磨，并且认为如此没有尊严地活着比死还要痛苦，不如在生命的最后一程选择有尊严地死去，因此主动要求实施安乐死的话，应该尊重病人的自主意志。因为从法

---

① 付子堂、王业平：《法律家长主义与安乐死合法化的范围界限》，《法学杂志》2021 年第 3 期。

理上来说,公民个人有权选择生存的方式,在特定条件下也有权选择死亡的方式。从伦理层面来说,公民在遭受极度的、不可逆的身体疾病痛苦,自愿、主动要求结束自己生命的条件下实施"安乐死",本身也是合乎道德的。但是,为了防止滥用,安乐死技术必须符合以下要件:从现代医学知识和技术上看,病人患不治之症并已临近死期、正在遭受不堪忍受的极端痛苦、确实是病人神志清醒时的真诚嘱托或同意,目的仅仅是为了解除病人的死前痛苦、必须按照严格的法律程序以及采用社会伦理规范所承认的妥当方法由医师执行。

反对者认为,人的生命是"神圣不可侵犯"的,任何人不得违背神的意愿人为地结束自己的生命或他人的生命,即使是人为地结束病入膏肓、生命垂危的病人的生命也等同于"故意杀人"或"谋杀",如果监管不力或被不法分子恶意利用,后果将不堪设想。而且病人的"自愿"或"主动要求"也难以确定,因为病人正在遭受极度的病痛折磨,可能会因医生的诊断而悲观绝望,也可能会因服用药物以及各种治疗措施而意识不清、精神恍惚或抑郁等,因此病人已不可能做出常态的理性判断和行为选择。

其实,双方争论的焦点就在于:支持方认为,病人对自己的生命有完全的自主权,因此,病人有权利为了维护自己作为一个人的基本尊严和人格尊严而主动要求结束自己的生命,而且尊重病人的自主意志就是尊重病人的尊严;而反对方坚持自然法传统,认为人的生命是神圣不可侵犯的,是人与生俱来的一种天赋权利,"人活着不是一种选择,而是一种义务",因此人的生命决不能被随意处置和剥夺,即使在患绝症生命垂危病人的"自愿、主动要求"条件下,医生也无权人为地剥夺病人的生命,因为如此状况病人已经不可能做出正确的理性判断。

2. 治疗性克隆

"治疗性克隆是以治疗为目的,借助细胞核置换技术产生胚胎,从胚胎中提取干细胞并通过技术引导胚胎干细胞发育成人类需要的器官或组织的生物技术的总体。"①支持者认为，当一个患者因为某个器官的病变无法治愈可能会失去宝贵生命的时候，若能够通过治疗性克隆"制造"出一个与自身基因完全相同的供体器官，然后移植给自己使用，不仅可以挽救患者的生命、解除其家人的痛苦，而且最关键的是可以消解传统器官移植中患者难以忍受的排异反应，这对患者的治愈和恢复来说无疑是一个最好的选择。因此，从技术发展和现实意义来说，运用治疗性克隆技术，很多疑难病症都能够得到有效的治疗和治愈，这对个体生命、家庭幸福、人类的发展和繁衍都是非常有益的。

反对者认为，胚胎是怀孕最初两个月内的幼体，囊胚、胚胎早期发育和胚胎发育是一个连续过程，因此早期胚胎也是一个生命，是人类个体生命的早期存在形式，生命是神圣不可侵犯的，任何人都无权随意剥夺他人的生命，每一个生命都是平等的，没有孰轻孰重之分，因此，无论在何种情况、何种条件下，都绝不能用一个生命去换取另一个生命。而且，早期胚胎作为一个生命形式，具有不可侵犯的生命尊严，若被用于治疗性克隆，无疑是被工具化了，即被作为挽救患者生命的工具，而且也不可能获得早期胚胎的"知情同意"，其自主性被自动忽视或无视，这是对早期胚胎之生命尊严的破坏、贬损甚至剥夺。

由此，双方争论的焦点在于：早期胚胎的生命是否和人的生命一样具有同等的地位和价值，具有同等的生命尊严和人的尊严，同样神圣不可侵犯、不可剥夺。从实用主义和功利主义的角度来看，治疗性克隆是运用克隆技术帮助患者自救的一种医疗技术，不仅可以最大可能、最小损害地挽救患者的生命，而且承载着患者家人的无限希望和快乐幸福；其弊端就是从伦理道德的意义来说，无视和

---

① 孟凡壮：《全球视野下克隆人技术的法律规制》，《福建师范大学学报》（哲学社会科学版）2019 年第 4 期。

剥夺了早期胚胎作为人类最初生命形式的尊严。目前，支持治疗性克隆的国家和地区较多。

3. 克隆人

所谓克隆人就是按照生殖性克隆技术实施者的意志通过体细胞运用细胞核置换技术、无性繁殖再造出的一个与体细胞的提供者基因型完全相同的后代人。克隆人被复制的是人类的基因遗传特征，作为一个被人为"制造"出来的新人类个体，其本质上是不是"人"？与被克隆人和其他人类个体之间有何伦理关系？其可能导致怎样的颠覆传统人伦道德的社会问题等？这些问题在学界产生了极大的争议。

首先，克隆人是"人"吗？答案当然是肯定的。因为克隆人只是突破了人类有性繁殖的传统，使用了无性繁殖的手段，目的是创造出一个与人的基因完全相同的有智能的生命，即使其胚胎生成方式不同，但克隆人的生理机能与人几乎没有本质差异。因此，无论从一般视角还是从法律视角来看，克隆人都是人，属于一种新的人类生命形式，具有与自然人一样的、平等的自然权利、社会权利、法律权利等。否则，克隆人所遭受的命运可能和被宰杀的牲畜一样可怕，可能会不经法律允许被擅夺生命或者成为一种基因产品被任意交易等，严重破坏甚至剥夺克隆人的生命尊严和作为一个人类存在者的基本尊严。

其次，克隆人和被克隆人之间是什么关系呢？两者除了形体大小不同外，基因遗传特征和其他生命特征是完全相同的。无论说他们是父子、兄弟还是爷孙，都与我们传统的对"父子""兄弟"或"爷孙"的认知有着根本区别，甚至是无法解释的。因此，克隆人技术使得"人"可以像产品一样在实验室里被再造出来，整个"制造人"的过程实际上是将"人"作为工具或手段以达到技术实施者的目的的过程。这不仅颠覆了两性繁殖后代人的自然规律，而且颠覆了人的生命存在状态和人伦关系，致使启蒙运动以来以"人的自然理性"为依归，强调人的自然权利的"自然尊严"观念受到了严峻的挑战；同时，也违背了康德"人是目的"的尊严观。由此，人们不得不对自身未来的生存状况感到担忧，是否支持克隆人技术的发展就成为各国政府必须要深思熟虑的关键问题。

支持者认为，人类社会自身的发展表明，科技带动人们思想观念的更新是历史的进步，而以陈旧、落后的思想观念来束缚科技的发展进步，则是僵化。科学的发展有其自身的规律，追逐真理的脚步是不容退缩的。科学本身都是一把"双刃剑"，既可以为人类造福，也可能给人类带来灾难。某项科技进步是否真正有益于人类，关键在于人类如何对待和使用它，如何将其灾难降至最小而最大限度地去造福人类，绝不能因为暂时不合情理就因噎废食。正如中科院院士何祚麻所言："克隆人出现的伦理问题应该正视，但没有理由因此而反对科技的进步"。在医疗技术的发展推进过程中，输血技术、器官移植、试管婴儿等都曾经引发了极大的伦理争论，但如今人们已经能够坦然接受、正确对待这些问题了。就克隆技术而言，"治疗性克隆"也曾引起多番激烈的伦理争议，但随着技术的日渐成熟，挽救患者生命、为其家庭带来希望和福音一次次成为现实以后，人们对治疗性克隆技术的认知和态度也发生了根本的变化。因为，人们普遍认同：发展生物技术和医学技术的根本目的就是攻克人类的疑难杂症，为人类的身体健康和幸福生活服务。总之，历史事实反复证明，随着科学技术的发展进步不断更新思想观念，并没有给人类带来灾难，相反造福了人类。"技术恐惧"的实质，是对错误运用技术的恐惧，而不是对技术本身的恐惧。因此，"克隆人"技术如果能被正确利用的话，也可以而且应该为人类社会带来福音。当前，世界各国普遍禁止克隆人技术的使用只是暂时的，因为未来首先掌握克隆人技术的国家就意味着拥有了竞争的优势和主动，而起步晚的国家可能会因此遭受现在还无法预测的损失。因此，随着科学技术的迅猛发展和人类认知能力的不断提高，允许克隆人技术的发展是必然趋势。

反对者认为，"克隆人"是人为地通过生物生命技术像产品一样在实验室里被制造出来的，是对被克隆人所有基因遗传密码的复制和再现，属于无性繁殖，这类似于生产各类产品一样的生命制造过程，"克隆人"在实验室里被研究者完全置于"工具、手段"的地位，严重损害了"克隆人"的尊严，而且克隆人作为被克隆人的"遗传基因复制品"，其生物意义上的独特性和多样性被完全剥夺，克隆人和被克隆人之间伦理关系的定位问题势必会造成传统的由血缘确定亲缘的人伦关系的混乱，克隆人难以甚至根本无法在人类传统伦理道德里找到合适的安身之地，因此应该坚决禁止"克隆人"。尤其在西方，"抛弃了上帝，拆离了亚当与夏娃"的克隆人技术，更是遭到了许多宗教组织的反对。即使随着科技进步，人类在认知上可以接受"克隆人"研究了，那么由其发展带来的不良影响可以禁止吗？规范化管理就能够杜绝灾难发生吗？如果克隆人被允许普及的话，那么人们会不会连一根头发、一块皮屑都害怕丢失？因为人们的基因片段可能会因此被提取去"克隆"出很多个基因完全相同的个体，若再牵涉违法犯罪的话，将会引发一系列不可预知的复杂问题，而在现实生活中，丢失头发和皮屑又是那么习以为常、难以避免！

由此，双方争论的焦点就在于：人为地在实验室里"克隆"人的生命是否有损克隆人的尊严？克隆人与被克隆人之间的伦理关系如何定义？是否因恐惧克隆人技术的应用就要因噎废食停止克隆人研究？

4. 辅助生殖和代孕

关于辅助生殖，支持者认为，辅助生殖技术能让一些生殖方面有缺陷或不具有生育能力的男女实现做父亲或母亲的愿望，只要严格规范，不仅维护了不孕男女的生育权，而且还尊重和保护了不孕男女的内在价值和尊严。而反对者认为，生殖是人的一种本能，应该顺其自然，遵循自然生殖规律，而辅助生殖技术改变了这一自然规律，使人的生殖过程打上了"人为"的烙印，所诞生的婴儿也有"人为制造"之意，有损胚胎、婴儿的生命尊严。

依托辅助生殖技术的代孕一般是指"委托夫妇在具备临床指征的前提下，授权代理孕母完成与委托夫妇胚胎的妊娠及分娩过程。根据代理孕母与胚胎之间是否存在遗传联系，代孕可分为完全代孕和部分代孕；依据代孕双方是否涉及经济补偿或商业利益，可以分为商业化代孕和利他性的非商业化代孕"[1]。学界普遍反对商业化代孕，有条件支持利他性的非商业化代孕，争议的焦点之一是：代孕是否侵犯了人的生命尊严？

支持者认为，代孕牵涉的主体包括代孕需求方、代孕女性和代孕婴儿，商业性代孕侵犯、贬损了代孕婴儿的尊严。在商业化代孕中，代孕婴儿是被用来等价交换以换取金钱的商品，代孕女性放弃代孕婴儿的亲权是以金钱交易为目的，代孕婴儿被作为商品、工具等参与代孕的商业化中，无疑是对代孕婴儿之尊严的侵犯和贬损。"商业性代孕将婴儿等价于金钱，将婴儿视作可以进行货币交换的商品，这是商业性代孕不道德的根本原因，也是非法的"[2]；"婴儿虽无自主性，但亦是人类大家庭的成员，若婴儿被交易换取金钱则意味着人人都可以被交易，都可以与货币进行等价交换"[3]，这将会使人类滑向尊严亦可交易的错误价值观。

反对者认为，代孕并未侵犯代孕需求方和代孕女性的尊严，而且代孕婴儿也因此获得了特殊的尊严。有学者认为，符合医学技术指征的代孕体现了生殖尊严，即"代孕需求方和代孕女性的

① 张新庆、梁立智、杨国利、王玉琼、廖新宇：《"生命尊严"系列讨论之四：代孕是否冒犯了人的尊严?》，《中国医学伦理学》2018 年 2 月。

② 张新庆、梁立智、杨国利、王玉琼、廖新宇：《"生命尊严"系列讨论之四：代孕是否冒犯了人的尊严?》，《中国医学伦理学》2018 年 2 月。

③ 张新庆、梁立智、杨国利、王玉琼、廖新宇：《"生命尊严"系列讨论之四：代孕是否冒犯了人的尊严?》，《中国医学伦理学》2018 年 2 月。

生殖自主权的实现"和"代孕女性和代孕婴儿的内在价值被尊重"①。对于不具有生育能力的代孕需求方，代孕维护了其生育的权利，不仅没有侵犯其尊严，反而是对其尊严的尊重和保护，而对于有生育能力的女性而言，代孕与其尊严问题无关②。"代孕是否贬损代孕女性尊严的关键依据是判断代孕是否仅仅被当作工具。代孕不仅可以帮助不孕夫妻实现拥有后代的利他目的，也实现代孕者的利己目的。如价格不菲的经济补偿，或许还可以帮助抹去既往流产痛苦的心理创伤或享受妊娠过程的精神愉悦"③；"从一定意义上说，代孕女性并非只是提供了一个'孵化器'似的机体环境，而是同时实现了自我需求和社会价值"④，因此，代孕女性的尊严并未被侵犯或贬损。

同时，"在代孕所建构的关系中，代孕者只是在特定关系中的一种特定存在状态，并在特定关系中将自身工具化以展现出特定的使用价值，代孕者因为这种特殊的使用价值、特殊的工具化，而获得了特殊的、额外的尊严。只要是新生婴儿，不论其怎样出生的，在尊严上他们都是平等的。与自然的本能生育相比较，代孕婴儿从一出生就被赋予了利他性的美德，故代孕婴儿具有先天的道德比较优势，这也决定了其在尊严方面具有先天比较优势"⑤。关于代孕婴儿是通过辅助生殖技术人为"制造"出来的，当前学界并未过多纠结，因为辅助生殖技术只是创造了一系列孕育胎儿的生理环境和条

① 张新庆、梁立智、杨国利、王玉琼、廖新宇：《"生命尊严"系列讨论之四：代孕是否冒犯了人的尊严?》，《中国医学伦理学》2018 年 2 月。

② 张新庆、梁立智、杨国利、王玉琼、廖新宇：《"生命尊严"系列讨论之四：代孕是否冒犯了人的尊严?》，《中国医学伦理学》2018 年 2 月。

③ 张新庆、梁立智、杨国利、王玉琼、廖新宇：《"生命尊严"系列讨论之四：代孕是否冒犯了人的尊严?》，《中国医学伦理学》2018 年 2 月。

④ 张新庆、梁立智、杨国利、王玉琼、廖新宇：《"生命尊严"系列讨论之四：代孕是否冒犯了人的尊严?》，《中国医学伦理学》2018 年 2 月。

⑤ 张新庆、梁立智、杨国利、王玉琼、廖新宇：《"生命尊严"系列讨论之四：代孕是否冒犯了人的尊严?》，《中国医学伦理学》2018 年 2 月。

件，并未干预精子和卵子的基因密码，整个生殖过程虽然有人为干预的痕迹，但并未侵犯代孕婴儿的生命本身。因此，为人父母是每一个人应该享有的基本权利，既然代孕技术能够帮助"不孕不育"男女实现为人父母的愿望，那么，就应该在严格监管的前提下允许代孕，这有助于"不孕不育"男女克服自身缺陷、实现自我、获得幸福，使其感到人生更有价值和尊严。

总之，双方都认同代孕是一个与人的尊严密切相关的问题，但就代孕的相关主体而言，代孕需求方、代孕女性的尊严并未被侵犯或贬损，而商业性代孕侵犯、贬损了代孕婴儿的尊严，而亲属间的援助性（非商业性）代孕和志愿者代孕并未侵犯、贬损代孕婴儿的尊严，反而使其从一出生就被赋予了利他性的美德，具有先天的道德比较优势，获得了特殊的、额外的尊严。

5. 人兽嵌合体

人兽嵌合体，又被称为人兽混合胚胎，是"由人和动物的受精卵发育而来的混合细胞或由人和动物的细胞组成的机体"[1]，经历了从人兽嵌合体到涉及人类神经系统的人兽嵌合体的发展历程，由于其"目的在于构建医学模型以研究人类疾病的发病机理或开拓供人体使用的异种器官移植资源"[2]，预示着未来将具有难以估量的医学价值和商业利润，因此，人兽嵌合体技术从一开始就引起了高度的伦理关注和道德考量。那么，人兽嵌合体是否侵犯了人类尊严呢？

支持者认为，首先，人兽嵌合体是对人类尊严的侵犯和亵渎。"只有神经系统上的改变不会使人兽嵌合体形成完整的自我意识、不损害人类尊严"[3]；然而，"并非只有完整的自我意识才具有人类尊严，最低程度的自我意识是具有人类尊严的基础，且自我意识产

---

① 邱仁宗：《生命科学前沿中的伦理问题》，《文汇报》2007 年 10 月 14 日。

② 藤菲、李建军：《人兽嵌合体创造和应用研究中的伦理问题》，《自然辩证法研究》2011 年 3 月。

③ 张挪：《涉及人类神经系统的人兽嵌合体的伦理思考》，《自然辩证法通讯》2018 年 8 月。

生于神经系统的组织结构中。因此涉及人类神经系统的人兽嵌合体可能产生最低程度的自我意识，对其进行实验就是侵犯了人类尊严。应该对人兽嵌合体实验进行合理规范，杜绝涉及人类神经系统的人兽嵌合体出现"[①]。神经生物学已经证明："人兽嵌合体可能产生部分自我意识或最低程度的自我意识能力，能够意识或有潜力意识到自我的存在，则它符合作为人类尊严基础的人性的特点，在其上进行生物医学实验可能基本上等同于对人类进行相同的实验"[②]，必然会侵犯人类尊严。其次，"人兽嵌合体可能要求人类重构物种分类体系和社会秩序，更可能贬损自然生命的内在机制，危及人类的尊严"[③]。人兽嵌合体技术需要将人类干细胞、基因信息、胚胎等作为实验材料与非人动物进行混合，这种将具有特定的固有价值的人类组织部分工具化的做法受到强烈的质疑，被认为侵犯了人类尊严[④]。人兽嵌合体还可能导致载体动物发出类人的能力甚至超能力，不仅带来人类群体认知图像的模糊化、不确定，还可能引发人兽嵌合体对人或非人动物的对抗和暴力行为，在一定意义上构成对人类神圣地位和尊严的严峻挑战[⑤]。

反对者认为，首先，人兽嵌合体技术不会对人的尊严造成损害，因为不足 14 天的胚胎还不能称其为人，还不具有自由意志。因为，不足 14 天的胚胎还只是一堆细胞，组织和器官都没开始分化，没有独立的个性，还不能被称作通常意义的人，因而也不具有

---

① 张挪：《涉及人类神经系统的人兽嵌合体的伦理思考》，《自然辩证法通讯》2018 年 8 月。

② 张挪：《涉及人类神经系统的人兽嵌合体的伦理思考》，《自然辩证法通讯》2018 年 8 月。

③ 滕菲、李建军：《人兽嵌合体创造和应用研究中的伦理问题》，《自然辩证法研究》2011 年 3 月。

④ 滕菲、李建军：《人兽嵌合体创造和应用研究中的伦理问题》，《自然辩证法研究》2011 年 3 月。

⑤ 滕菲、李建军：《人兽嵌合体创造和应用研究中的伦理问题》，《自然辩证法研究》2011 年 3 月。

人的尊严①。其次，尊严问题只可能存在于拥有自由意志的人与人之间，而一个只有 6 天大、体积仍像针头般大小的人兽混合胚胎，还不能称之为人，更谈不上具有自由意志，因此，不存在尊严被侵犯或贬损的问题②。

总之，双方争议的焦点在于：人兽嵌合体是否是"人"，是否具有主体性意识或自我意识，甚至是最低程度的自我意识。学界普遍认为，人兽嵌合体侵犯、贬损或亵渎了人的尊严，必须审慎研究，严格规范，可控发展。

6. 基因编辑婴儿

2018 年 11 月 26 日，"南方科技大学副教授贺建奎宣布，一对名为露露和娜娜的基因编辑婴儿于 11 月在中国健康诞生。据称由于这对双胞胎的基因经过修改，她们出生后将能够天然地抵抗艾滋病病毒的感染。"③ 经查明，该事件是贺建奎在明知违反国家有关规定和医学伦理的情况下，仍以通过编辑人类胚胎 CCR5 基因可以生育免疫艾滋病的婴儿为名，将安全性、有效性未经严格验证的人类胚胎基因编辑技术用于辅助生殖医疗。在此过程中，贺建奎等三人伪造伦理审查材料，招募男方为艾滋病病毒感染者的多对夫妇实施基因编辑及辅助生殖，以冒名顶替、隐瞒真相的方式，由不知情的医生将基因编辑过的胚胎通过辅助生殖技术移植入人体内，致使 2 人怀孕，先后生下 3 名基因编辑婴儿④。该行为严重违背伦理道德和科研诚信，严重违反国家法律及有关规定，引起国内外各界的普遍反对和强烈谴责！

---

① 李锐锋、鲁琴：《关于人兽嵌合体技术的伦理辩护》，《医学与哲学》（人文社会医学版）2009 年 8 月。

② 李锐锋、鲁琴：《关于人兽嵌合体技术的伦理辩护》，《医学与哲学》（人文社会医学版）2009 年 8 月。

③ 陈晓平：《试论人类基因编辑的伦理界限——从道德、哲学和宗教的角度看"贺建奎事件"》，《自然辩证法通讯》2019 年 7 月。

④ 王攀、肖思思、周颖：《"基因编辑婴儿"案一审宣判 贺建奎等三被告人被追究刑事责任》，2019 年 12 月 30 日，新华网 http：//www.xinhuanet.com/2019－12/30/c_ 1125403802.htm。

　　从人的尊严角度来看，贺建奎招募的 8 对夫妇志愿者（艾滋病病毒抗体男方阳性、女方阴性）是否有权利参加这种旨在通过编辑人类胚胎基因的生殖医疗实验？8 对夫妇志愿者是否有权利同意贺建奎编辑其受孕后的早期胚胎基因？已生下双胞胎女婴"露露""娜娜"的志愿者夫妇是否侵犯了双胞胎的生命尊严？基因密码决定了双胞胎女婴之所以为人的根本特性，是不容侵犯的，作为双胞胎女婴的父母有权利决定改变其基金密码吗？答案是否定的，基因密码就像人的生命一样，没有人有权利剥夺他人的生命，也没有人有权利改变他人的基因密码，这都是对他人生命尊严的侵犯，必须加以禁止！

　　综上所述，生命伦理学领域兴起的可以按照技术实施者的意志改变人的生命存在状态的生物医学技术，使得人——生命存在者，或多或少地打上了"人为"的烙印，一定程度上成为实现他人意志的工具或手段，违背了"人是目的"的指导原则；也有学者以否认胚胎具有与"人"一样的地位、价值和尊严来支持这些技术的发展。总之，人类尊严是生命伦理学不可回避的一个重要概念和价值。正如吴梓源所言："在当今技术发展的浪潮中若想保护人的主体性价值、维系生命的本质就需要重视人类尊严价值在'生命伦理三角'中的位置，并将其放在金字塔的顶点来统领其他的伦理价值。"① 随着生物医学技术的迅速发展，胚胎、胎儿、婴幼儿、植物人、智障者、精神病人、逝者、未来的后代人等是否享有尊严，享有何种尊严的问题日益突出，弱势群体、少数群体、边缘人群等争取自身权益的社会"承认"运动此起彼伏，"人的尊严"已经成为当前学界激烈争议的前沿性问题。

---

　　① 吴梓源、游钟豪：《缺失的一角："生命伦理三角"中的尊严之维——兼议世界首例免疫艾滋病基因编辑婴儿事件》，《福建师范大学学报》（哲学社会科学版）2019 年第 4 期。

第四章

人的尊严:伦理学的理论阐释

通过对"人的尊严"概念的词义学解释和中西方伦理思想史关于人学思想的文献梳理和建构性解读后,本章将结合当前以大数据、人工智能、云计算等新一轮信息技术、基因医疗技术等为核心的高新技术的发展趋势,从伦理学视野对"人的尊严"概念进行深入的理论阐释:首先探究人的尊严的伦理根据,其次解析人的尊严的伦理特点,最后解读人的尊严的伦理意涵,以期对"人的尊严"概念有一个更加深入而透彻的认识和把握。

第一节　人的尊严的伦理根据

人为什么享有尊严？人享有尊严的伦理依据是什么？人的尊严究竟应该如何证成呢？关于这个问题,古往今来的中西思想家们不仅提供了丰富的思想渊源和思维脉络,而且从不同的文化背景、不同的学科、不同的角度进行过大量的探索。笔者认为,这些研究总体上可以概括为4大理论主张,即"赋予—尊严说""相对—尊严说""主体—尊严说"和"权利—尊严说"。

一　赋予—尊严说

"赋予—尊严说"把人之所以享有尊严归结于天、道赋予,上帝赋予和人的自然权利赋予。即是说,天、道赋予人以价值和尊严, 上帝造人时将自己的尊崇和威严赋予人, 或者说人生来就具有天赋的或自然赋予的神圣不可剥夺的权利, 人因具有这些权利而享有尊严。

(一) 天、道赋予说

在中国伦理思想史上, 思想家对人的主体性的弘扬离不开对人神关系、天人关系的探讨。"天"是创造万物, 主宰自然和社会的至上神, 具有神圣不可侵犯的至高地位。地上的君王被称为"天子", 地上王权是上天赋予的, 由此, 君王的"尊严"也是上天赋予的, 而人民、百姓在封建等级社会中只能服从和听命于君王, 没有尊严可言。也就是说, "天"只是赋予"君王"以权威和尊严。但随着人的主体意识的觉醒以及人的主体能力的增强, 人们逐渐意识到"天道远, 人道迩"①, 天有天之道, 人有人之道, 不能用天道掩盖人道, 人事、人道要从天道的笼罩中解放出来, 把"人"的职能还给人。因此, "天"赋予君王的权威和尊严并非不可侵犯, 当君王没有做到"以德配天""敬德保民"致使民众生活困苦、民不聊生的时候, 民众可以揭竿而起, 推翻君王的统治。即是说, "天"赋予君王以"尊严", 但君王是否享有"尊严"取决于君王是否有"德", "有德"是君王享有"尊严"的必要条件。

董仲舒认为, 无论在肉体还是精神方面, 人都是天的副本, 人的一切, 包括形体、情欲、意志、道德意识等都是天赋予的。人在宇宙中的地位是最高的, 即"天地之精, 所以生物者, 莫贵于人"②。人之所以"贵"于万物在于"人受命乎天也", "唯人独能为仁义", "唯人独能偶天地"③。《中庸》说:"天命之谓性, 率性

---

① 《左传·昭公十八年》, 载 [晋] 杜预注《左传》(下), 上海古籍出版社2016年版, 第829页。

② (汉) 董仲舒:《人副天数第五十六》, 载陈蒲清注《春秋繁露·天人三策》, 岳麓书社1997年版, 第218页。

③ (汉) 董仲舒:《人副天数第五十六》, 载陈蒲清注《春秋繁露·天人三策》, 岳麓书社1997年版, 第218页。

之谓道，修道之谓教。"① 性是天之所命或天所赋予的，遵循人之本性自然发展而行动就是道。又说："诚者，天之道也；诚之者，人之道也。"② 天道就是诚，人道就是追求诚，"天道"和"人道"在"诚"的基础上合一。人性是天赋予人的"中和"之德，是作为天命的"诚"在人身上的体现。由此可知，人的价值和尊严是由"天"赋予的。

老子认为，天地万物都是由"道"产生的，都是从"道"中获取自己的形体和性能，道是天地万物的宗祖。"人法地，地法天，天法道，道法自然"③，老子是第一个把"道"凌驾于"天"之上的思想家，排除了神设神预在天人关系中的主宰地位。关于人、地、天、道在宇宙中的位置，老子说："故道大、天大、地大、人亦大。域中有四大，而人居其一焉。"④ 老子把"人"提高到与天、地、道同等的地位，明确地肯定了人在宇宙中的地位、价值和尊严。即是说，人由"道"而生，从"道"中获取自己的形体和能力，而"道法自然"，因此人之为人的本性亦是无为自化、自然而然。庄子把"道"视为宇宙万物的本原，认为"道"是客观真实的存在，是无限的、无所不在的。他强调事物的自生自化，否认有神的主宰。《黄老帛书》也认同，"道"是包括人在内的万物的来源，整个宇宙是一个互相联系的整体，天是整齐而有秩序的，可以为人所效法。人间的"法"应该来自于天道，人事必须效法天道。人事若合乎天道就会获得成功，反之，就会有灾祸。总之，在道家看来，是"道"赋予人以价值和尊严。

（二）上帝赋予说

中世纪的基督教传统告诉我们，世间万物都是上帝创造的，人

---

① 《中庸·第一章》，载李春尧注《中庸译注》，岳麓书社 2016 年版，第 5 页。
② 《中庸·二十章》，载李春尧注《中庸译注》，岳麓书社 2016 年版，第 63 页。
③ 《老子·二十五章》，载冯国超注《老子》，华夏出版社 2017 年版，第 53 页。
④ 《老子·二十五章》，载冯国超注《老子》，华夏出版社 2017 年版，第 53 页。

也是上帝按照自己的形象创造的，上帝不仅赋予人以与自己相似的外形，而且将自己的智慧和自由意志也赋予人，上帝将人置于"万物之王"的地位，代替上帝管理一切。因此，人是上帝之下、万物之上的具有自由意志的现实存在物。上帝作为超越于人之上的全知全能全善的存在，与犯了原罪的人之间的界限是无法逾越的，人只能以上帝为榜样，无限地接近上帝。对于世间万物来说，上帝是绝对的主宰，是神圣不可侵犯的，而人作为上帝在现实生活中的人格的化身，自然同样具有神圣性和不可侵犯性，甚至上帝所具有的一切荣耀、荣誉和光环也一并笼罩着人类。易言之，就是上帝在造人时将自己的"尊严"也赋予了人类，这是一种"外在的"尊严。正如清教徒伦理学家保罗·兰西（Polo Lancy）所言："人类生命的价值在于神赋予它的价值。……人类之神圣在于其生命过程及社会或政治秩序。……每一个人都是一个单一而不再的赞美神的机会。他的生命完全来自神的命令，是欠神的一笔债务，以及一个伺服神的机会。他的精髓就在于，他在神的面前生存，他为神而生，以及他来自于神。他的尊严是一种'外来的尊严'。这不是针对他个人所做的评价，而是经神的命令赋予他的。"① 在他看来，人的尊严来源于上帝的"赋予"。这里的"人"是作为一般意义上的人而言的，只要是上帝创造的人，就都拥有上帝赋予的尊严，即上帝因为"人的存在"而赋予人以尊严，有学者称之为"绝对尊严（Unconditional Dignity）"②。然而，这里需要指出的是，人虽然从上帝那儿获得了尊严，超越于其他万物，但在上帝面前，人依然是卑贱的，弱小的，没有平等、尊严可言。

在中世纪的基督教看来，人首先是作为上帝创造的相似物而存

---

① ［美］波伊曼:《生与死——现代道德困境的挑战》，江丽美译，广州出版社1998年版，第26页。

② 参见 Rieke Van Der Graaf and Johannes Jm Van Delden，"Clarifying Appeals to Dignity in Medical Ethics from a Historical Perspective"，*Bioethics*，2009，Vol. 23，Number3，pp. 151 – 160。

在的，彼此在外形与容貌上没有多大的差别，从这个意义上来说，所有的人都是平等的。正如后世的罗马主教大会发表的宣言中所明确指出的："人的尊严植根于每一个人都是上帝的形象与样式这一事实上。因此，所有的人在其本质上都是平等的。人的整个人格的发展，体现了我们身上存在着的这种上帝的形象。"① 其次，每个人都是带着原罪生活于世的，他们活着都是为了赎罪，因此，只有笃信基督耶稣，才能使人得到拯救。这一点对于每一个由上帝创造的人来说都是一样的，无一例外。最后，每个人在上帝面前都是平等的，没有高低贵贱之分，都是相亲相爱的兄弟姐妹。因此，可以说，中世纪的基督教是在"所有的人在其本质上都是平等的"基础上来建构其"人的尊严"观念的。因为所有人在其本质上都是平等的，所以上帝赋予每个人以平等的尊严，或者说每个人都从上帝那儿获得了同等的尊严。

现代基督教认为，"人的尊严是因为人的存在而被给定的一种要求获得尊重的权利主张"②。在现实生活中，经常会发现一些将人视为"单纯工具"或者"客体"的情况。例如，让人公开出丑或对其进行侮辱，或者随意将人排除在法律平等之外，将其作为某个或某些人实现自身利益的工具或手段等，关于这些情况可能导致的严重后果通常会被人们提及或论述，但他们却没有足够全面地描述究竟有哪些东西是与人的尊严不相容的？而且，蔑视人的尊严的这些不同的具体表现之间又有什么关系？它们共同指向人的哪一方面？通过仔细分析，不难看出，它们的共同点并非人的某种特性，而在于人的存在本身，在于拒绝尊重本应尊重的作为"人"的存在。现代基督教提出："人的尊严便是人人特有的权利主张，因为

① ［德］莫尔特曼：《基督信仰与人权》，蒋庆等译，载刘小枫编《当代政治神学文选》，吉林人民出版社2002年版，第144页。
② 伯恩哈特·福格尔：《人的尊严　出于基督教责任的政治行为　帮助定向的基督教伦理》，本文于2009年11月4日从北京阿登纳基金会获得。

作为人，由于作为人的存在便享有这种客观的权利主张。据此，尊重人的尊严就是尊重（以及保护）这种要求尊重每个人的权利主张，认知每个人作为人的存在并对此予以尊重，这是对人类尊严的具体尊重，对人类尊严的解释与具体化的关键正在于此。"① 因此，所谓"尊严"，实际上意味着人们要求获得尊重的权利主张。

现代基督教之"人的尊严"观念被运用到 1949 年的《德国基本法》中，其第 1 条第 1、2 款明确规定："人性尊严不可侵犯，对其之尊重与保护系国家各权力之义务。"② 因此，德意志人民承认，不可侵犯与不可让与的人权既是一切人类社会组织、团体的基础，也是世界和平与正义的基石。"基本法的人性尊严条款不仅表达了基本法的最高价值，而且展现了整个基本法的实质与精神，构成了整个基本法的核心。"③ 之所以如此规定，是和《德国基本法》制定的背景密切相关的。反思"二战"期间德国纳粹惨无人道的种族灭绝实际上就是侵犯了由人的存在决定的人的尊严，即作为"人"而存在的不同种族里的每一个人，都不加区分地拥有要求获得尊重的基本权利，这一权利是不可侵犯的，意味着不仅不能被侵犯，而且不应或不得被侵犯。从这个意义上来说，人的存在就决定了人具有要求获得尊重的权利主张，"即使人蔑视它，对其表示怀疑或者践踏它，侵犯他人的生命或者剥夺他人的自决权，这种权利主张仍然存在。任何人都不能剥夺他人要求获得尊重的权利主张，但人却能够蔑视这一权利主张，能够以一种仿佛不存在这种权利主张的方式对待自己和他人"④。

那么，要如何尊重和保护人所拥有的这种不可侵犯的要求获得

① 伯恩哈特·福格尔：《人的尊严——出于基督教责任的政治行为——帮助定向的基督教伦理》，本书于 2009 年 11 月 4 日从北京阿登纳基金会获得。

② 王广辉等编：《比较宪法学》，武汉大学出版社 2010 年版，第 110 页。

③ 王广辉等编：《比较宪法学》，武汉大学出版社 2010 年版，第 110 页。

④ 伯恩哈特·福格尔：《人的尊严——出于基督教责任的政治行为——帮助定向的基督教伦理》，本书于 2009 年 11 月 4 日从北京阿登纳基金会获得。

尊重的权利主张呢?《德国基本法》明确规定,这是"国家各权力之义务"。德国联邦宪法法院专门指出:"有人的生命的地方,就有人的尊严;起决定作用的并不在于尊严的载体是否意识到这种尊严或者知道保护这种尊严。从一开始便建构在人的存在中的潜在的能力,就足以对这种尊严做出论证。"① 即是说,德国联邦宪法法院认同人的尊严来源于人的存在,或者说来源于在人的存在中蕴藏的潜在能力,宪法法院的任务就是尊重和保护人的尊严,无论尊严载体是否意识到或者知道自己的这种尊严应该得到保护。可见,宪法法院力图尊重和保护的是一切人,不管人处于何种生命形式,具有何种缺陷,处于何种生命形态,都毫无疑问地是宪法法院尊重和保护的对象。正如现代基督教所认同的:"儿童,胚胎及三个月以上的胎儿,残疾人,病人,濒临死亡的人,无生活能力的人以及失败的人毫无疑问也都是人,因此根据基督教的人类形象,这些人也必须以不克减的方式出现。"② 这一认识在现实的社会生活中体现出来的重大意义在于"任何人都不必通过自己的能力或者取得的成就去争得生命权或者人的尊严,相反,人只要作为人存在,就享有这一切"③。

当前,基督教之"人的尊严"观念对受基督教影响的国家或者说基督教信徒较多的国家来说影响依然很大,对一些现实生活中关于"人"的具体问题的争论往往在涉及"人的尊严"时就会面临无法进行下去的困境。在基督教看来,只要是人,甚至于只要是作为人的生命存在,包括潜在的人和未来的人,都具有神圣不可侵犯的尊严,这一点是毋庸置疑的,是不需要证实的基本理念或根本原则。这一"尊严"观念对现实社会中的人的生命保护和人人平等理

---

① 甘绍平:《人权伦理学》,中国发展出版社 2009 年版,第 142 页。
② 伯恩哈特·福格尔:《人的尊严 出于基督教责任的政治行为 帮助定向的基督教伦理》,本书于 2009 年 11 月 4 日从北京阿登纳基金会获得。
③ 伯恩哈特·福格尔:《人的尊严 出于基督教责任的政治行为 帮助定向的基督教伦理》,本书于 2009 年 11 月 4 日从北京阿登纳基金会获得。

念的贯彻落实都具有重要的指导作用，也是避免人道主义灾难的重要砝码。

（三）自然权利论

我国明清时期的思想家们，其人学思想的逻辑起点是对君主专制的批判，从批判中提升人性与人的价值和肯定人的自然权利。李贽主张"率性而为"，认为每个人都有自己独立的人格，每个人都可以自由地选择自己的生活道路和人生态度；他在政治上主张人民"自治""自理"，提倡男女平等、婚姻自由，提倡个性自由和人的解放；在他看来，人人皆有自己独立思考的权利，也有这样的天赋能力，提倡"不以孔子之是非为是非"，人人都可以按照自己的理性做出独立的判断。黄宗羲把"私"视为人的本性，充分肯定个人私利的自然合理性，但他的前提是承认人的自然权利；他反对天下是非出于天子，反对愚昧教化，倡导政治言论自由等。顾炎武提出，天下之人应有自己的权利，主张废除当时的官制，尊重实际有用的人才。王夫之强调人格独立的重要性，主张人要尊重自己生命的价值，人只有发挥自己的能动性才能发展自己；他通过对"君纲"的批判，提出人与人之间的关系是平等的。唐甄提出，人的生存权和财产权不可剥夺；他批判君权神授，认为"凡为帝王者皆贼也"①，甚至主张处决帝王；他认为知识的获得是从"习"中来的，人人可以凭借自己的"实力"掌握自己的命运。由此可知，在明清时期的思想家看来，生命、自由、平等、财产等是人与生俱来的自然权利，人因有这些自然权利而享有"尊严"。

荷兰国际法学家格劳秀斯认为，人在自然界中的突出地位和人的自然权利都是上帝神授的，生命、躯体、自由是人自身的权利，是不容侵犯的，因此，拥有这些自然权利的人也是不可侵犯的。霍布斯认为，所谓的"自然权利"就是一种"自由权"，即每个人都

---

① （清）唐甄:《潜书·全学》，载吴泽民校《潜书》，中华书局 1955 年版，第 176 页。

有按照自己所愿意的方式运用自己的力量保全自己的天性的自由，也就是保全自己的生命的自由。在他看来，只要是现实存在的人，就具有保全生命的自然本性，就会通过自己认为可靠的方式运用自己的力量保全自己的生命。因此，人之所以拥有尊严是因为人拥有自然赋予人的权利，即生命权和自由权。洛克认为，生命、自由、财产和追求幸福的权利是人与生俱来的自然权利。卢梭明确提出，自由权是人生来就有的自然权利，是不需要证实的权利，人若放弃了自己的自由，就是放弃了做人的资格，因此，在他看来，自由是人之为人的根据。

古典自然权利论主张，人人生而平等，每个人生来就具有自然赋予人的权利，包括生命权、自由权、财产权和追求幸福的权利。这些自然权利是每个人普遍固有的、与生俱来的权利，是不可侵犯、不可剥夺的权利，这一点是不需要证实的，是不证自明的公理。因此可以说，自然理性赋予人以自然权利，人因拥有自然权利而享有尊严。诚然，无须证实是人自身做出的价值判断，之所以作出这样的价值判断是因为古典自然权利论者认为人拥有与生俱来的、神圣不可侵犯的自然权利是基本的客观事实，因为这些自然权利都是源自或派生于人性的基本权利。至于"人性"是什么？古今中外的思想家们至今为止都是仁者见仁、智者见智，难以达成共识，这就决定了对人们生来就有的自然权利究竟有哪些回答也是众说纷纭，莫衷一是，以致现实生活中侵犯人的自然权利，损害人的尊严的事件屡有发生。尤其是两次世界大战所造成的生灵涂炭的惨状，使得国际社会在战后普遍达成共识，明确将尊重和保障"源于人本身的固有尊严"作为一个最高价值原则在国际法中予以确定，且无须经过实证主义的证实。事实证明，实证主义不能完全解决人们价值领域的问题，而涉及人们价值领域的问题也未必一定要得到实证主义的证实才是正当的。由此，对"人性"的追问以及人性基础上的自然权利的考察成为新自然法学派的重要任务。

　　新自然法学派在论证和阐释人权的基本理论时，也不乏自然权利的题中应有之义。法国的马里旦（Jacques Maritain），曾参与制定《世界人权宣言》，他明确提出：人权的哲学基础或理性基础是自然法，人权如果不是根植于自然法，就不会有生命力①。他把人权划分为自然法人权和实在法人权。自然法人权（生存权、人身自由、宗教自由、道德完善）是在任何情况下都不能轻视、取消或转让的权利，实在法人权（言论、出版、集会、结社自由）是可以根据具体情况规定、改变或转让的权利。罗尔斯（John Rawls）认为，自由与平等都很重要，但没有平等的自由只是形式的自由，所以必须用正义消除社会中的不平等；他指出，功利主义要求一部分人为多数人的利益或平均利益牺牲自己的自然权利是非正义的；在他看来，人天生即是理性而且讲理的，因此，人们追求理想和目标，并且愿意在追求目标的同时以互利为原则遵守合理的规范。美国学者范伯格（Joel Feinberg）认为：人权是"基于人的一切主要需要的基本的道德要求"②。国际人权法学者杰克·唐纳利（Jack Donnel-ly）认为，人权的来源是人性，即人作为"个体"存在的人或者作为"类"存在的人之为人的基本特性，且"人权是特定的社会实践，其目的在于实现有关人的尊严的特定的本质观念"③，即人权是实现人的尊严的特定的社会实践。

　　总之，新自然法学派从人性入手探讨人所拥有的一些自然的、内在的权利。他们认为，人权之所以存在就是由于人的本性，也可以说是人类的基本价值，如自由、平等、幸福等；人权就是人性的结果，人应当享有一定的权利，这一点可以被视为不证自明的公理。可见，无论是自然权利还是人权，都与人性有着须臾不可分割

① 张文显：《二十世纪西方法哲学思潮研究》，法律出版社 1996 年版，第 58 页。
② ［美］J. 范伯格：《自由、权力和社会正义》，王守昌等译，贵州人民出版社 1998 年版，第 134 页。
③ ［美］杰克·唐纳利：《普遍人权的理论与实践》，王浦劬等译，中国社会科学出版社 2001 年版，第 72 页。

的关系，否则就是无源之水、无本之木。由此，自然权利和人权之间也必然有着各种各样的联系。自然权利的不可转让和不可剥夺性决定了与之相关的各项权利都或多或少地具有这种特性，以致源于自然权利的"人的尊严"观念在新一轮的人权运动中依然发挥着其应有的作用。诚然，若说是"自然权利"赋予人以"尊严"的话，那么就自然而然地将潜在的人（胚胎、胎儿）和未来的人（后代）等不在场的人排除在"尊严享有者"之列，因为人权是相对于在场的人，即现实存在的"人"而言的。

二　相对—尊严说

相对—尊严说把人的尊严归结为人区别于动物的根本特性，或者说人与动物相比所具有的超越性，即道德、理性和自由等。也就是说，人之所以能够享有尊严就在于人有道德、理性或者人有自由。

（一）人有道德

先秦时期的儒家认为，人之所以区别于动物在于人有仁义道德，人因有"仁义"而高于其他动植物。孔子认为，"仁"是人之为人的根本，一个人只有具备了"仁"才能称其为人。孟子认为，"仁义"是人之所以区别于动物的根本标志，每个人都可以通过教化而"明人伦也"，不明人伦的人与动物无异。荀子认为，人之所以贵于禽兽，高于禽兽，最根本之点是人类有道德规范，不像动物那样乱伦乱行。宇宙间唯有人类兼有气、生命、知觉和"义"，"义"是世间万物发展的最高级形态，是人所特有的，是区别人与禽兽的根本标志。因此，人因有"德"和"义"而"贵"于世间万物。

秦汉至隋唐时期的思想家认为，人与万物都是由"气"运化而生的，人之所以区别于万物在于人有仁义道德，且人因具有仁义道德而高于其他万物。苏焞认为，人之所以贵于木石禽兽在于人有"中和之心、仁恕之行"。韩愈认为，天为日月星辰之主，地为草木山川之主，人为夷狄禽兽之主。人之所以有这种突出的价值在于人有"仁义"，这是人的根本特性。李翱认为，人与万物一样，都是宇宙间的"一物"，但人之所以异于禽兽虫鱼在于人有道德之性。

宋元明清时期的思想家继承和发展了人因"仁义道德"而区别于动物的观点。周敦颐认为，人之所以不同于万物，在于人从二气五行中获得了"秀"气，获得了"真"与"精"，因而是最"灵"性的。而人类中最灵的人是圣人，圣人给人类定出了一个人之所以成为"人"的标准——"人极"，也就是仁、义或纲常礼教。朱熹认为，人与物都是禀于二气五行变化来的，人因得"精英"之气而高于仅得"渣滓"的物。人与宇宙万物的差别就在于人有仁义礼智。陆九渊说，"仁"是人之所以成为"人"的根据，也是人异于禽兽草木的根本特征；一个人最终是否具备人性以及具备何等的人性，诸如此类问题，其根本在于个人本身。王夫之认为，人之所以区别于草木禽兽就在于人能"思勉"，由此"人"便有了仁义道德，正是仁义道德使得人类与禽兽相异，即仁义道德是人类异于禽兽的根本。戴震认为，人之所以异于禽兽在于人有"礼仪"，人之所以有"礼仪"在于人通过学习知晓礼义廉耻，养成德性，成为真正意义上的人。

综上所述，我国不同历史时期的思想家都秉持人因有仁义道德而区别于动物的观点，人之为人的本质就在于人有仁义道德，这是人之所以区别于动物的根据，人的尊严也即在于此。

(二) 人有理性

秦汉至隋唐时期的思想家认为，人之所以区别于万物在于人有智慧或聪明才智，且人因有智慧或聪明才智而高于其他万物。《礼记》中指出，人与禽兽的根本区别在于人得"五行之秀气"，比其他万物都更有"理智"更有"智慧"。"凡人之所以为人者,礼仪也。"① 圣人制礼,目的就是使人从根本上区别于禽兽。"礼"既使人区别于物,又使人产生自律,是人之所以为"人"的社会性根据。恒谭认为,人的精神和肉体是统一的,且精神依附于肉体而存在,人之所以高于动物在于人具有"聪明才智"。葛洪认为,人是宇宙间能思想的动物,最具"聪明智慧",能够发挥人类所特有的主观能动性,创造条件为我所用,趋利避害。何承天认为,人有其他生物所不具有的"聪明才智"和"神明谋虑","聪明才智"能够发明创造新的器物,将人从一般生物中提升出来,"神明谋虑"能够解决日常生活问题,是一个生存发展过程。刘禹锡认为,人是动物中最有"聪明智慧"的,能够认识和掌握自然界规律为自我的生存和发展创造条件。柳宗元认为,人之所以"贵"于万物,因为人有"认识能力"和"刚健意志",即人有"明"与"志"两种特殊本质和能力,这是人区别于物的两种潜能,且"明"与"志"受之于天,人与物的根本差别即在于此;"明""志"配合"仁义忠信"四种美德的养成,人就成为了一个完整意义上的人。

宋元明清时期的思想家认为,人之所以区别于万物、"贵"于万物的原因在于人有智慧、能思维、有理性判断能力。张载认为,人之所以比草木瓦石"灵"和"贵"的原因在于人得"天地之最灵"的"灵气",故而有情感、有思维、能劳动;人没有神性,只有"灵气"所产生的智慧和能力,这是可以"与人交相胜"的根据。王阳明认为,"心"是世界的本体,没有"人心"就没有万物,因此人与万物的区别就在于人有主观能动性或理性判断能力。李贽认为,人人都有"思考"的天赋能力,也具有独立思考的权利,因此,人人都可以按照自己的理性做出独立的判断。唐甄认为,"智"比"仁""义""礼"更重要、更根本,是它们的"本

---

① (汉)戴圣:《礼记·冠义》,载《四库全书》,经部一二〇,礼类,上海古籍出版社1996年影印本,第411页。

体";"智"与人的需要直接相连，只要人有"知识"和"智慧"，就能实现"三德"的社会功能，使"人"成为"人"。戴震认为，人之所以异于禽兽在于"人能进于神明也"①，即人具有抽象思维能力，能够认识事物的规律。人之所以能思维，在于人"得天地之全能，通天地之全德"②，即人具备了自然界的全部能力，并与自然界的完美特性相通。

西方世界自古希腊以来，人的理性一直是思想家们不断追问"人是什么"的过程中所讨论的核心问题之一。很多思想家在探究人与动物的区别时，总是认为人之所以异于动物，或者说人之所以优越于动物就在于人有理性或理智。所谓理性，在哲学上是指一个人用以认识、理解、思考和决断的能力，或辨别是非、利害关系以及控制自己行为的能力。它与非理性相对，所谓非理性是指一切有别于理性思维的精神因素，如欲望、情感、直觉、幻觉、潜意识、灵感等。一些非理性因素为人与动物所共有，而理性是人所特有的一种认识和把握世界的高级认识能力。因此，人之所以异于动物就在于人有理性。

古希腊时期的自然哲学家、毕达哥拉斯学派、爱丽亚学派、苏格拉底、柏拉图和亚里士多德一般都认同人与动物的本质区别在于人有理性，确切地说，是人有理智。罗马的西塞罗也明确指出:"人与野兽之间的最大区别在于，动物只在感觉驱使的范围内活动，只能适应现存的环境和条件，很少想到过去和未来。人却具有理性，凭借理性认识世界的连续性，看出事件的原因，并且不会放过先前发生的事件与现在的事件联系、结合起来，能很

---

① （清）戴震:《孟子字义疏证·性》，载张岱年主编《戴震全书》，黄山书社 1997 年版，第 6 册，第 156 页。

② （清）戴震:《孟子字义疏证·性》，载张岱年主编《戴震全书》，黄山书社 1997 年版，第 6 册，第 156 页。

容易地看出整个生活的进程，为维持生活准备必须的一切。"① 文艺复兴时期的但丁（Dante）提出："惟具有理解力的知觉，乃是人的特性；其他生物虽亦可具有理解力的知觉，但是究竟不如人。因为人的理解力的知觉能发展、长进并运用，而其他生物则不如是。所以，人类的特性就是理解的能力。"②在他看来，人的"理解的能力"是人区别于其他一切生物的根本特性。启蒙时期的赫德尔认为，理性是蕴藏在人身上的一些非本能的力量，即动物所不具备的理智能力；人的理智首先表现为语言的使用，他说："语言是人的本质所在，人之成其为人，就因为他有语言。"③笛卡尔（Rene Descartes）明确指出，理性或良知是"唯一使我们成为人并且使我们与禽兽有区别的东西"④。霍布斯也认为，"地球其他生活物不存在理性，只有人有理性"⑤，按照霍布斯的观点，因为人具有理性，所以人可以不依附于任何外在权威，通过订立契约而独立、自由地生活于这个弱肉强食的社会。实际上，由霍布斯开启的社会契约论的前提就是人有理性，因为人有理性，所以人与人之间可能会为了某种共同的目的而订立契约，彼此让渡一部分自然权利给凌驾于个人之上的政府。

　　还有一些思想家认为，人与动物的本质区别是人有思想、行为或行为能力。所谓思想是"一种高度复杂的心智活动，它体现着行为者试图通过对事物的观察、感知而最终把握事物本质、形成相关理论的能动性"⑥，或者说是人的理性认识。文艺复兴时期的帕斯卡

① ［罗马］西塞罗：《论义务》，王焕生译，中国政法大学出版社1999年版，第15页。
② 周辅成编：《从文艺复兴到十九世纪资产阶级哲学家政治思想家有关人道主义人性言论选辑》，商务印书馆1966年版，第18页。
③ ［法］赫德尔：《论语言的起源》，商务印书馆1998年版，第36页。
④ ［法］笛卡尔：《方法谈》，载北京大学哲学系外国哲学史教研室编译《十六—十八世纪西欧各国哲学》，商务印书馆1975年版，第137—138页。
⑤ ［英］托马斯·霍布斯：《哲学家与英格兰法律家的对话》，姚中秋译，生活·读书·新知三联书店2006年版，第4页。
⑥ 胡玉鸿：《"个人"的法哲学叙述》，山东人民出版社2008年版，第85页。

说："思想——人的全部尊严就在于思想。"① 在他看来，人因为有思想，所以既能够认识到自己的伟大，又能够认识到自己的卑贱，这是人之所以区别于其他生物的关键。黑格尔指出："人之所以异于禽兽由于人有思想。"② 奥地利经济学家米塞斯明确指出："思想和行为是人类所专有的特征。所有的人都具有这两个特征。人之所以为人而超越动物学上的人，就因为有这些特征。"③ 卢克斯认为，"所有的人都共同具有一些经验的特征，根据这些特征，我们认为他们是人，值得尊重"。他将这些特征分解为 3 个方面：一是"自主选择和行动的能力"；二是"参与需要一种私人空间的应受尊重的活动和关系的能力"；三是"自我发展的能力"。④ 这 3 种能力的聚合，使人拥有一种不受他人干预、独立决断事物的尊严。可见，卢克斯是从行为能力的角度来论证人之所以值得尊重，享有尊严的原因。我们知道，人有思想、行为、行为能力的前提是人有理性，因此，人不仅具有认识和把握世界的能力，而且还可以将对外界事物所观察和感知到的东西串联起来形成一定的理性认识，即思想，然后根据理性认识来支配自己的行为，达到既定的目的，从而超越于按照本能行为的动物学意义上的人乃至其他所有生物。因此说，理性是人与动物的本质区别，是人之所以享有尊严的根据。

　　基督教哲学也从理性出发去探究人的本质及其与动物的区别。中世纪的奥古斯丁认为，"每一个人都是由'外在的人'和'内在的人'所构成。'外在的人'是被灵魂控制的人体，即人的外在形体；'内在的人'是处于'外在的人'背后和深处的精神，即人的理性灵魂。"⑤ 然而，作为人的本质的理性灵魂不能脱离"外在的

　　① ［法］帕斯卡：《思想录》，商务印书馆 1985 年版，第 179 页。
　　② ［德］黑格尔：《小逻辑》，贺麟译，商务印书馆 1980 年版，第 38 页。
　　③ ［奥地利］米塞斯：《人的行为》，夏道平译，（台北）远流出版事业股份有限公司 1991 年版，上册，第 69 页。
　　④ ［英］卢克斯：《个人主义》，阎克文译，江苏人民出版社 2001 年版，第 120—121 页。
　　⑤ 李剑：《西方哲学的人文传统》，合肥工业大学出版社 2008 年版，第 100 页。

人"而存在。因此，"人是被赋予理性的，适合于统辖一个身体的实体"①。

托马斯·阿奎那说："理性灵魂是人的唯一的实质性形式，实际上包含着动物灵魂、植物灵魂以及所有低级形式。"② 在他看来，人的理性灵魂的功能不仅是理性活动，而且执行着其他一切生命形式的活动，并使其服从于理性活动。1891 年，教皇利奥十三世在其著名的《劳工问题通谕》中言道："在我们人类中所最高贵的，而使人成为人的，并使人和畜类有区别的，乃是明悟，就是理性。为此只因人是有理性的动物的缘故，除了享用一总畜类所有的美善以外，还有一个永久不移的主权。"③ 在他看来，理性不仅是人区别于动物的本质，而且是人之所以高贵的根本原因，因为人有理性，所以人享有对其他动物的主权。

综上所述，理性一直以来都是西方思想家竭力论证的人与动物的本质区别，是人之为人的根本特性，也是人之所以享有尊严的根据，这是从一般意义上的人或从人类的视角来探讨人的根本特性的。然而，真实存在的是现实生活中的具体的个人，在这些个体的人中并不是每一个人都是有理性或理性判断能力的，例如婴儿、智力低下者、脑瘫患者等。因此，若以理性作为人之所以享有尊严的根据，势必将这些现实存在的人排除在"尊严享有者"之列，造成现实生活中的不平等对待。

（三）人有自由

相对于动物而言，人是具有自由意志的生命存在，人可以按照自己的意愿对外界事物进行合理判断和自由选择，从而完善自我。从某种意义上来说，自由就是自主、自决，它与人的尊严之间有着

① 赵敦华：《基督教哲学 1500 年》，人民出版社 2005 年版，第 161—162 页。

② ［意］托马斯·阿奎那：《神学大全》，第 1 集第 76 题第 1 条，转引自赵敦华主编《西方人学观念史》，北京出版社出版集团 2005 年版，第 109 页。

③ ［意］教皇利奥十三世：《劳工问题通谕》，载黄楠森、沈宗灵主编《西方人权学说》上册，四川人民出版社 1994 年版，第 443 页。

密切的联系。正如徐振雄所言："自由乃是人们能够实现生活计划，且具有完善自我人性尊严的基本内涵。"① 即是说，自由是人的尊严的应有之义。

纵观中国伦理思想史，人的"自由"观念起源于道家思想。先秦时期的道家主张自然无为，将自然之"道"置于"天"和"帝"之上，将人从天、命、神、鬼的束缚中解放出来。老子以自然无为的"道"打倒了主宰一切的上帝，推翻了天国，认为人只需依"道"而为、遵"道"而行，就可以追求自然无为的人生境界。② 庄子将自由逍遥看作人生的最高境界，企图消除物我对立，取消事物的差别，追求绝对的精神自由。③ 由此，在道家看来，人只要尊重自然，遵循"自然"而为，摆脱万物对人之身心的困扰，就可以达到自由逍遥的精神境界。先秦道家对"精神自由"的追求对后世关于人的"自由"观念的发展奠定了思想基础。

郭象认为，只要顺着万物本性，即可在万物的变化过程中达到逍遥，宇宙间的一切事物都可以追求"逍遥"或达到"自由"，其决定因素即在于是逍遥的主体能否按自己的自然本性去活动。④ 支遁认为，逍遥乃"心"（精神）的逍遥而非"肉体"的逍遥，把逍遥的主体规定为"心"，就是明确把"人的自由"理解为"精神意志自由"，但并非人人都能得到"精神意志自由"。⑤ 陆九渊主张"收拾精神自作主宰"⑥，强调人的精神独立和精神自由。王阳明所

---

① 徐振雄：《法治视野下的正义理论》，（台北）洪叶文化事业有限公司2005年版，第61页。

② 《老子》，冯国超注，华夏出版社2017年版，第1—8页。

③ 《庄子》，贾云编译，三秦出版社2018年版，第1—14页。

④ （晋）郭象：《庄子逍遥游注》，载郭庆藩释《庄子集释》第1册，中华书局1961年版，第20页。

⑤ （晋）支遁：《逍遥论》，载张㧑之注《世说新语译注》，上海古籍出版社1996年版，第174页。

⑥ （宋）陆九渊：《语录下》，载钟哲校《陆九渊集》，中华书局1980年版，第455页。

谓的"吾心便是天理"①在一定程度上肯定了人有内在自由，人能够重建自己的心灵。李贽主张，人的本性是自由的，每个人都可以自由地选择自己的生活道路和人生态度；他尊崇个性自由，认为自由自在地发挥个性就是"礼"；人人都有独立思考的权利，都可以按照自己的理性做出独立的判断。②黄宗羲主张"公其是非于学校"，提倡"清议"，即政治言论自由，从而争取个性自由。③可见，中国伦理思想史上关于人的"自由"主要指人的精神自由和自我判断、行为选择的自由。纵观西方伦理思想史，人的"自由"最早可追溯到中世纪的基督教传统。它认为，上帝造人时不仅赋予人以肉体，而且还赋予人以"自由意志"，即一种分辨是非、惩恶扬善的能力，人被置于世界的中心，是"万物之王"。上帝只存在于神圣领域，并不干预人的世俗生活；人在世俗生活中拥有其他事物所不具备的充分的自由，可以根据自己的意愿进行自由抉择，自由地发展自己和战胜自己，成为理性的、精神的主体，从而享有人的尊严。言外之意，就是不管人在自由抉择的过程中，选择的是善还是恶，只要人拥有这样一种选择自由，就足以享有人的尊严了。然而，人拥有的这种"自由"在中世纪的世俗生活中没有也不可能完全实现，因为受到当时社会等级制度的限制和统治者极力鼓吹的"君权神授"理念的束缚。因此，并非每个人都享有管理世间万物的权力，而且并非每个人管理世间万物的权力都是相当的，只有那些处于较高等级，有较高身份地位的人才真正享有这种权力。但是，人在世俗生活中受到的束缚和压抑到了信仰领域就不复存在了，因为，在上帝面前，人没有严格的等级之分，人与人之间都是平等的，从而缓解了人们在世俗生活中因为遭到不公正对待而产生

---

① （明）王阳明：《传习录上》，载董平、吴光等编校《王阳明全集》卷三，上海古籍出版社 1992 年版，第 107 页。

② （明）李贽：《藏书·世纪列传总目前论》，载《藏书》第 1 册，中华书局 1959 年版，第 1 页。

③ 庞天佑：《中国史学思想通论》历史盛衰论卷，福建人民出版社 2011 年版，第 119 页。

的不满情绪。总之,基督教所倡导的人的自由观念激发了后世人们对自由的无限渴望和向往,其积极影响是不容小觑的。可以说,这是中世纪基督教传统对后世的人类社会发展所做出的一大贡献。

文艺复兴时期,但丁将"自由"视为人之所以享有尊严的根据。他说:"这种自由,或者这一个关于我们所有人的自由的原则,乃是上帝赐予人类的最伟大的恩惠。"① 在他看来,人正是因为拥有这种自由,才能进行自我选择,对自己的行为负责,成为超越于其他事物的现实性存在。皮科着重强调人的本性是自由,认为人的命运完全是由人的自由选择所决定的。根据皮科的观点,上帝赋予人的自由意志使人能够按照自己的意愿选择自己想过的生活,人可以在自己选择的生活中任意塑造自己的本性,即人是自由的造物。

启蒙时期的笛卡尔指出:"人的全部的完满性就是按照意志来行动,换句话来说,是自由的,因此,人的完满性就在于行动者按照某种特定的方式来行动,人因此值得赞扬。"② 可见,在笛卡尔看来,自由在人的完满性中占据着非常重要的地位,人之所以受到赞扬或称颂就是因为人有自由,能够按照自己的意志来行动。这一时期的很多思想家都认为"自由"是人本身所固有的、不可侵犯的自然权利之一,康德更是将"自由"看作是人所具有的唯一一种与生俱来的"天赋权利",即"自由是独立于别人的强制意志,而且根据普遍的法则,它能够和所有人的自由并存,它是每个人由于他的人性而具有的独一无二的、原生的、与生俱来的权利"③。18 世纪末期以来,"自由权"被很多新兴的资本主义国家列入其政治法律制度之中,成为人们享有的一项基本权利,也逐渐成为人们普遍追

① [美]莫蒂默·艾德勒、查尔斯·范多伦编:《西方思想宝库》,姚鹏主编译,吉林人民出版社1988年版,第986页。
② [意]巴蒂斯塔·莫迪恩:《哲学人类学》,李树琴、段素格译,黑龙江人民出版社2005年版,第80页。
③ [德]康德:《法的形而上学原理——权利的科学》,沈叔平译,商务印书馆1991年版,第50页。

求的价值原则。

当代也有一些学者以"自由"来解读人的本质，诠释人的尊严。德国法学家尼佩代（Hanscarl Nipperdey）认为，人的本质的核心是自由抉择，法律既保障人有做好事的自由，也保障人有做坏事的自由。① 即是说，自由抉择是人之所以为人的根据，如果法律没有保障人享有这种自由抉择权，就会对人造成伤害，侵犯人的尊严。意大利学者莫迪恩（Battista Mondin）指出："自由是人的完美性和高贵性的另一个代名词，为人类呈现了探索人的神秘世界的另一扇奇妙之窗，以期能够更加准确、更加完整和更加充分地对人进行理解。"② 可见，在他看来，只要人有自由，能够按照自由意志来决定自己的生活，就可以在现实社会中实现自我的价值，不断地完善自我，从而拥有人的尊严。德国学者莫尔特曼（Jurgen Moltmann）认为，"交往主体关系如果是相互尊重、友好的，则可称之为是自由的。倘若我知道我是受人爱戴与尊重的，那么我便感到自由，因为我可以摆脱自我保护的外壳，按本来面貌从事。如果我向他人敞开自我，我便可以如期所是地认可他们、热爱他们。我面向他们打开了一个社会化的自由空间，让他们自我绽放"③。即是说，如果社会交往关系中的不同主体彼此都得到了他人的尊重和爱戴，或者说得到了他人的承认和认可，就会创造一个社会化的自由空间，使每个主体都能够自由地、充分地展示自我，不断地实现和完善自我，从而享有人作为主体存在的尊严。

然而，所谓自由，或者说自由选择的能力并不是每一个人类存在者都具有的。例如，刚刚脱离母体的婴儿，由于其自身的各种能力还在不断地发展完善之中，还不具有明确的自我意识，不能表达

---

① 甘绍平：《人权伦理学》，中国发展出版社 2009 年版，第 147 页。

② ［意］巴蒂斯塔·莫迪恩：《哲学人类学》，李树琴、段素格译，黑龙江人民出版社 2005 年版，第 71 页。

③ ［德］莫尔特曼：《个人主义与全球化时代的自由与社群》，刘国鹏译，载陈明、朱汉民主编《原道》，贵州人民出版社 2000 年版，第 6 辑，第 159 页。

自己的意愿，只能本能地表现出自己的喜怒哀乐，由大人通过自己的经验和认知去领会其真实的意思表达，难免会有出入。因此，对于刚出生的婴儿来说，还不具有自由选择的能力，至于何时会具有这种能力，不同的个体会有所差异。又如，植物人和严重脑瘫患者，前者是失去了自由选择能力的人，后者是不具有自由选择能力的人。由此，我们能否判断刚出生的婴儿因为还不具有自由选择能力或其自由选择能力还是一种潜能就不具备"为人"的资格的呢？能否判断植物人和严重脑瘫患者因不具有自由选择能力就不具备"为人"的资格呢？答案是否定的。如果婴儿不具有"为人"的资格，那么由婴儿成长起来的儿童、少年、成年人又是何时具有"为人"的资格的呢？如果植物人和严重脑瘫患者不具有"为人"的资格，那么势必会使照顾他们的"亲人"感受到尊严受损，包括自我尊严和植物人、严重脑瘫患者的尊严。因为，作为对"同类"的善的观照，任何一个有理性的人都会自然而然地流露出对植物人和严重脑瘫患者所遭遇的不幸的同情和怜悯，若因此取消他们"为人"的资格，势必会让人们联想到自己是否会永远健康？是否将来也会因为丧失自由选择能力而失去"为人"的资格？可见，将"自由"看作是人之所以享有尊严的根据是站不住脚的，它必然会将一部分人排除在"尊严享有者"之列。

三 主体—尊严说

主体—尊严说认为，人的尊严的根据在于人的自主性或自我目的，人因具有自主性或作为"自我目的"而享有人的尊严。

（一）自主性——尊严说①

在中国伦理思想史上，人的主体性蕴含在人神关系、天人关系、人与自然的关系、人与社会的关系之中，思想家们在这些关系

---

① 参见甘绍平《人权伦理学》，中国发展出版社 2009 年版，第 146 页。

中辨别和分析人的本性、人的价值或人的目的等，揭示和弘扬人的主体性，认识和掌握自然界的客观规律为我所用。

先秦时期，孔子主张"为仁由己"①，强调人在"求仁"过程中必须靠自身后天的努力，充分发挥主体作用，不能靠"天命"的自成；他虽然提倡"畏天命"，但并不否认"人"的主体作用，提出人要"知其不可为而为之"②。荀子提出"制天命而用之"③和"化性而起伪"④，认为"人"可以通过对天时、地利的认识来利用自然、役使万物，成为自然界的主人。墨子主张"非命"⑤，认为人的命运掌握在自己的手里，其富贵贫贱荣辱都可以通过自己的积极努力和奋斗而发生变化，人要生存发展必须强力从事。杨朱及杨朱学派主张"重生""贵己"和"为我"⑥，这是一种以"我"为中心，从个人至上出发看待世界、社会、人与人的关系的立场和方法，个人本身即是目的，社会只是达到个人目的的手段，强调个体生命的价值。这些思想都是对人的主体性的弘扬，为人的个性自觉和将人从天命中解放出来奠定了思想基础。

秦汉至隋唐时期的思想家进一步阐释了人如何在天道的作用下发挥自己的主体性，任自然，尽人事，利用和支配万物为我所用，掌控自己的命运。陆贾认为，无论是"逆取"还是"顺守"⑦，人都必须以"道"为准，对一切凡人"力所能为"且又必须"为"

---

① 《论语·颜渊》，载杨伯峻、杨逢彬注《论语》，岳麓书社 2018 年版，第 146 页。

② 《论语·宪问》，载杨伯峻、杨逢彬注《论语》，岳麓书社 2018 年版，第 187 页。

③ 《荀子·天论》，载（唐）杨倞注，耿芸校点《荀子》，上海古籍出版社 2014 年版，第 205 页。

④ 《荀子·性恶》，载（唐）杨倞注，耿芸校点《荀子》，上海古籍出版社 2014 年版，第 288 页。

⑤ 《墨子·非命》，载（清）毕沅注，吴旭民校点《墨子》，上海古籍出版社 2014 年版，第 142 页。

⑥ 《列子·杨朱》，载（晋）张湛注，（唐）卢重玄解，（唐）殷敬顺和（宋）陈景元释文，陈明校点《列子》，上海古籍出版社 2014 年版，第 204 页。

⑦ （汉）司马迁：《史记·郦生陆贾列传》，载《四库全书》，史部二，上海古籍出版社 1996 年影印本，第 643 页。

的事，均应该尽力而为之。王符特别重视人在宇宙中的地位，将天、地、人并称为"三才"①，认为人的"作为"主要是对天的"感应"，以道德行为去感动自然。仲长统主张尽人事，认为人的努力不过是为了认识、掌握"天道"②，从而为人所用，创造出人为的空间。嵇康把外在的客体化的"自然"转化为内在的、主体性的"心"③，充分反映了其对自我意识和人的主体性的强烈追求。葛洪认为，人有聪明智慧，能"假外物以自固"④，完全掌握自然规律的变化，根据自然物的特点"人为"地加工和制造出一些与自然界"本有"一样的东西。刘禹锡认为，"天与人交相胜"⑤，而且人能够主动利用和支配万物，充分发挥其主体作用认识和改造自然万物为我所用。柳宗元认为，人的祸福、社会的治乱取决于人，即"受命不于天，于其人"⑥。

宋元明清时期的思想家进一步了揭示人与天命、天道、自然的关系，得出"天与人交相胜"，甚至"人定胜天"的思想，彰显人的主体性。张载认为，人具有无限的认识能力，可以认识和掌握自然界的规律，人只要尽"人道"，就可以与"天地"并立而"参"(三)⑦。王安石提出的"天命不可畏"⑧"祖宗之法不可守"⑨"人

① （汉）王符：《潜夫论·本训》，载（清）汪继培笺《潜夫论》，上海古籍出版社1978年版，第431页。

② （唐）魏征：《群书治要》卷四十五引，中华书局1985年影印本，第201页，。

③ （魏）嵇康：《释私论》，载戴明扬校注《嵇康集校注》，人民文学出版社1962年版，第234页。

④ （晋）葛洪：《抱朴子·内篇·对俗》，载王明校释《抱朴子内篇校释》，中华书局1985年版，第46页。

⑤ （唐）刘禹锡《天论·上》，载《刘禹锡集》卷五，中华书局1990年版，第68页。

⑥ （唐）柳宗元：《贞符》，载《柳河东集》卷一，上海人民出版社1974年版，第22页。

⑦ （宋）张载：《横渠易说·系辞上》，载章锡琛校《张载集》，中华书局1978年版，第178页。

⑧ （宋）李焘：《续资治通鉴长篇》卷二十九，载《四库全书》，史部六，编年类，上海古籍出版社1996年影印本，第552页。

⑨ （宋）王安石：《夫子贤于尧舜》，载唐武校《王文公文集》，上海人民出版社1974年版，第323页。

言不足恤"① 思想鼓励人们积极进取，充分肯定了人的主体性和创造性。陆九渊认为，人要"收拾精神自作主宰"②，通过专一的"精神"养成刚健弘毅的人格，克服声色犬马的迷惑，良心善性勃然而发，真正高扬起人的主体性旗帜，从而达到"精神"的高度自由。王阳明首先把"人心"③看做天地万物的本源，肯定了人的主体作用；其次把外在于人的道德律令的"天理"转换成人人皆有的人类本性，内化为人的内在的道德自觉，并用"良知"去知善知恶，这又进一步确立了人的主体性。王廷相强调事在人为，认为人只要通过自己的努力、奋斗，就一定能够"胜天"④。李贽主张人要率性而为，"为己"⑤，自由选择自己的行为。王夫之认为，人作为自然界的主人，必须通过"相天""竭天"⑥，充分发挥、利用天所赋予的认识和改造客观世界的能力，积极地改造客观世界为自己服务。

　　在西方伦理思想史上，早在希腊神话中，就有对人的道德自主意识以及无私无畏反抗强权和压迫的英雄气概的歌颂。古希腊时期的思想家普遍认为，人能够运用自己的理性分辨是非善恶，并且能够通过自己的努力趋善避恶，追求善的、幸福的生活。然而，每个人生来所具有的自然禀赋的差异是客观存在的，由此每个人在追求幸福生活的过程中能够取得的成绩、达到的德性要求是不一样的，只有那些取得了丰功伟绩、做出了卓越的成就、展示出优良的道德

---

　　① （宋）王安石：《上皇帝万言书》，载唐武校《王文公文集》，上海人民出版社1974年版，第3页。

　　② （宋）陆九渊：《语录下》，载钟哲校《陆九渊集》，中华书局1980年版，第455页。

　　③ （明）王阳明：《传习录上》，载董平、吴光等编校《王阳明全集》卷三，上海古籍出版社1992年版，第107页。

　　④ （明）王廷相：《慎言五行篇》，载侯外庐等编《王廷相哲学选集》，中华书局1965年版，第57页。

　　⑤ （明）李贽：《答周二鲁》，载《焚书》卷一，中华书局1975年版，第258页。

　　⑥ （清）王夫之：《吴徽百牢》，载船山全书编辑委员会校《船山全书》，岳麓书社1996年版，第5册，第617页。

品质、表现出高尚的气节和道德情操的人才可能得到他人的承认或认可，赢得赞誉，从而享有尊严。也就是说，人的"尊严"不是从来就有的，而是通过人们自己的辛勤努力不断争取而获得的，它是渗透着"享有者"的智慧和辛劳的某种"值得崇敬的东西"或者说某种"卓越的特性"，如成就或美德，这充分表现出人相对于他人而言的超越性或卓越性，也是人之主体性的体现。然而，如此获得尊严的人只占"尊严享有者"的一小部分，绝大部分是因为出身、门第、种族、血统、财富、社会地位等而享有身份尊严的人，这种身份尊严无须他们自身的努力就可以通过世袭、继承而得来。

文艺复兴时期的人文主义者重视人的个性，尤其重视个人的气质或才情。在他们看来，每个人都是有内在价值的，都应该得到应有的尊重。因为，每个人都具有能够实现自身内在价值的潜在能力，即创造和交往的能力以及观察、推测、想象和辩理的能力，而且，只有人才有这种潜在能力。因此，只要充分激发人的这种潜在能力，就可以使人实现自身的内在价值，从而享有人的尊严。可见，人文主义者竭力摆脱基督神学对人的精神压抑和束缚，力图从上帝之外去寻求人的主体性力量，弘扬人的主体性价值，号召人们可以尽其所能地施展自己的才华，彰显每个人的个体价值，从而享有每个人自身所固有的尊严。然而，文艺复兴时期虽然主张个性解放，强调人的个体存在和价值，但还不是指真正意义上的作为主体存在的"个人"，更多强调每个人生来就具有的潜能或才情，只要每个人都能够发挥自身的主观能动性，尽情地将其展示出来，就体现出其个体价值了。但是，不可否认的是，文艺复兴时期对"个体人"的重新发现和认识，以及对人的主体性的激发和弘扬，为启蒙时期真正意义上的"个人"的诞生奠定了坚实的理论基础。

启蒙时期的理性，其核心就是"自我"或"自我意识"，意味着人不但可以通过自身关系中的对象来认识外部世界，而且可以通过对人自身的反思来把握自己的内在世界。由此，作为主体存在的

"个人"成为现实生活的主角，意味着这一时期的思想家对人的本性、人的价值和尊严的认识逐渐从一般意义上的个人转向作为主体存在的真正意义上的个人，即实践着的自我。作为实践着的自我，人不仅能够在改造外部世界的物质活动中实现自我的价值，而且能够在道德、宗教、审美的精神活动中体现自我，完善自我。作为实践着的自我，人与人之间可以相互订立契约，确定彼此的权利义务关系，以确保自身的利益不受侵犯，并且能够最大限度地实现自身的利益和价值。因此，启蒙时期的"人的尊严"是作为主体存在的"个人"的内在价值和尊严，个人不仅享有其他生物所不具备的人性之主体尊严，而且还享有在社会生活中为了自身的利益而与他人订立契约的主体尊严。

当前，西方学界有很多学者将"人的尊严"归溯于人的自主选择能力。德国法学教授格略施讷（Rolf. Groeschner）指出，人的尊严在于其规划生活方式的能力，因此，即便是重罪要犯或者疯狂者也享有尊严，只要他们具备这个能力。[①] 德国著名社会学家卢曼（Niklas Luhmann）认为，"尊严是一个愿望之概念，它标志着……成功的自我展示。人的尊严绝不是像某种理智上的基础那样的一种自然禀赋。……尊严必须得到建构"[②]。即是说，尊严是一个关于人之愿望的概念，标志着人通过后天的努力而获得的成功或成就，其内涵是通过人的自我展示和自我完善不断建构的。荷兰学者维也讷（Micha H. Werner）明确表示："只有当一种行为直接摧毁了行为当事人自我决定能力的前提之时，我们才称这种行为方式为对人的尊严的侵犯。"[③] 就是说，人的自我决定能力的前提是人之所以享有尊严的根据，而人的自我决定能力的前提可以认为是人的自主性或人的自主行为能力。

----

① 参见甘绍平《人权伦理学》，中国发展出版社 2009 年版，第 147 页。
② 参见甘绍平《人权伦理学》，中国发展出版社 2009 年版，第 149—150 页。
③ 参见甘绍平《人权伦理学》，中国发展出版社 2009 年版，第 149 页。

　　然而，所谓自主性，或者说自主行为能力并不是每一个人类存在者都具有的。例如，婴儿、植物人、严重智障者、不能生活自理的重度残疾人等，他们是还未成为或已经失去自主行为能力的人，若将"自主行为能力"看作人之为人的根据的话，就会把他们排除在"尊严享有者"之列，实际上就是否定了他们"为人"的资格。具体来说，婴儿是潜在地具有自主行为能力的人，生命是一个连续不断的存在样态，若否定了婴儿的"为人"资格的话，也难以证成由婴儿成长起来的儿童、少年乃至成年人何时具有"为人"的资格以及为何具有"为人"的资格，而且个体之间还存在着各种各样的自然禀赋差异。就植物人而言，也不能因其失去了自主行为能力就否定其曾经具有自主行为能力的事实，因此，若将人是否具有自主行为能力作为其是否享有尊严的依据的话，实际上就是肯定了人可以由"人"转变为"非人"，后果将不堪设想。此外，由于先天的或后天的原因而失去自主行为能力的严重智障者、残疾人也可能被判定为不再具有"为人"的资格，这无疑是对这些特殊人群的尊严的侵犯或贬损，无形中也伤害了他们的家人、亲人、朋友以及照料者。因此，将"自主性"看作人之所以享有尊严的根据具有局限性，是不恰当的。

　　（二）自我目的——尊严说①

　　康德明确指出："自律性就是人和任何理性本性的尊严的根据。"② 他认为，"尊严"就是超越于目的王国中的一切价值之上，没有等价物可代替的东西；而"只有那种构成事物作为自在目的而存在的条件的东西"，才具有尊严；"道德就是一个有理性东西能够作为自在目的而存在的唯一条件"，因此，"只有道德以及与道德相

　　① 甘绍平：《人权伦理学》，中国发展出版社2009年版，第150页。苗力田将其翻译为"自在目的"，本书为了行文通顺，使用"自在目的"，实则与"自我目的"同义。
　　② ［德］康德：《道德形而上学原理》，苗力田译，上海世纪出版集团2005年版，第56页。

适应的人性（menschheit），才是具有尊严的东西"。① 在康德看来，人是具有善良意志的理性存在者，因此，人是"作为自在目的而实存着"的，人是一个受尊重的对象。作为自在目的，人为自然界立法，"法律或规律只能出于他的意志"，他的行动也服从这些法律或规律，因为"他的意志同时通过准则而普遍立法"。② 因而，由法律或规律产生的责任并不是外部强加于人的，而是一个自律的主体能够预计并且必须承担的责任。由此，人对法律或规律的服从，恰好是履行责任的体现。康德明确指出："虽然在责任的概念上，我们感到对规律的服从，然而我们同时还是认为那些尽到了自己一切责任的人，在某种意义上是崇高的、尊严的。他之所以崇高，并不由于他服从道德规律，而是由于他是这规律的立法者，并且正因为这样，他才服从这一规律。"③ 即是说，人的尊严就在于"作为自在目的而实存着"的人具有普遍立法能力。因此，"人不可以为任何人（既不可为他人，甚至也不可为自己）纯粹作为手段，而必须任何时候都同时作为目的来使用，并且他的尊严存在于此"④。

康德既在理性上谈论作为自在目的的人的尊严，也在禀赋上概括人的尊严的特殊性。康德将向善的原始禀赋分为 3 个实践禀赋：一是动物性禀赋，即人作为有生命的存在者，具有动物性的自然禀赋，包含着人类本性的前理性的、本能的基础；二是人性禀赋，即人被视为有生命同时又有理性的存在者，基本上包含运用理性以及满足爱好的能力；三是人格性禀赋，这包含"易于接受对道德法则的敬重、把道德法则当作任性的自身充分的动机的素质"⑤。这就是说，人格性的禀赋并不是获得的，它是存在于构成善的特性的可能

---

① ［德］康德：《道德形而上学原理》，苗力田译，上海世纪出版集团 2005 年版，第 55 页。
② ［德］康德：《道德形而上学原理》，苗力田译，上海世纪出版集团 2005 年版，第 54 页。
③ ［德］康德：《道德形而上学原理》，苗力田译，上海世纪出版集团 2005 年版，第 61 页。
④ 甘绍平：《人权伦理学》，中国发展出版社 2009 年版，第 151 页。
⑤ 李秋零主编：《康德著作全集》（第 6 卷），中国人民大学出版社 2007 年版，第 26 页。

性基础的本性之中，道德的获得需要依赖于这种人格性的禀赋，而善的特性则必须是获得的：它包含或适应了对道德法则的尊重。因此，康德认为，尊严不依赖于善的特性的拥有；赋予我们特殊尊严，使人成为充分意义上的人即道德主体的是人格性禀赋。他把人的尊严看作是被赋予的，是人之所以为人的一个内在特性。这种特性不依赖于任何客观的、主观的，外在的、内在的条件，只要承认"这个人是人"，那么，人们便会自然而然地认为在他身上存在着一种属于人的尊严，便会承认他应该公平地受到人的对待，这与人的善性是无关的。

可见，"康德尊严"是建立在人性基础之上的，是具有普遍性的尊严，其核心要求是作为自在目的的人既不能被他人纯粹工具化，也不能被自己纯粹工具化，任何一种将作为自在目的的人纯粹工具化的行为都是对其利益的损害，都是有损其尊严的。然而，在现实生活中，人们又不可避免地会遇到将人工具化的具体情境，但并不是所有将人工具化的行为都是损害当事人的尊严的，如果将当事人工具化的行为在伦理上是正当的，那么当事人被工具化的一面也可能促使其另一方面作为"自在目的"价值的实现，并未损害其尊严。正如赫斯特（Norbert Hoerster）所言："将人工具化的伦理上正当的行为，尽管是一种工具化，但并不损害人的尊严。"① 有时，某个将人工具化的行为若从一个更大的时空或一个更广阔的视域来看，可能是为了一个更为合理的目的。比如医学实验，实验的结果可以用于受试者本人的治疗方案，也可以用于其他病人的治疗方案。那么，若是用于其他病人的治疗，是不是一定要征得受试者本人的同意呢？对于其他病人来说，受试者是不是被工具化了呢？是否损害了受试者的尊严了呢？答案是否定的，因为整个医疗救治就是一个不断实验、不断被证伪的过程。所谓医学经验是不断积累

---

① 甘绍平：《人权伦理学》，中国发展出版社 2009 年版，第 153 页。

起来的，是可以相互学习、相互借鉴的，受试者和病人都有可能被工具化，但他们被工具化是为了救治自己和其他患者，是为了实现自己和其他患者的生命价值，维护其生命尊严。当然，这是就合法合规的医学实验而言，至于那些恶意的、非道德的，在受试者完全不知情的情况下所做的医学实验，一定是对受试者尊严的侵害或贬损。

四　权利—尊严说

"人的尊严"和"人权"是两个密切相关的概念，既有联系又有区别。关于两者之间的关系，当前学界存在着两种对立的主张：一是认为人权是人的尊严的基础；二是认为人的尊严是人权的根据。

（一）人权是人的尊严的基础

一些学者主张人权是人的尊严的基础，认为尊严是出自或派生于人权的一项权利。瑞士学者沙伯尔（Peter Schaber）提出，"人的尊严是一项权利，即不被侮辱"①。甘绍平也明确指出，"尊严从本质上讲就是不受侮辱的权利"，因此，"尊严是人权的一部分，而不是人权的根基"。②德沃金认为，"尊严"是人的一项特定的权利，他说："人们有权不受到侮辱，也就是说，人们有权不受到在他们所属的文化或是社群中被视为不敬的举措。每个文明社会都存在一套可以制定出所谓的侮辱举措的标准和习俗，而这些标准和习俗会随着时间和地域而有所不同。"③也就是说，德沃金认为，人们有权得到他者④的尊重，尤其是得到他们所属的文化或是社群的尊重；至于何为侮辱的举措或不敬的举措？不同的文化有着不同的判定标

①　甘绍平：《人权伦理学》，中国发展出版社2009年版，第137页。

②　甘绍平：《人权伦理学》，中国发展出版社2009年版，第159—160页。

③　[美]朗诺·德沃金：《生命的自主权——堕胎、安乐死与个人自由》，郭贞伶、陈雅汝译，（台北）商周出版社2002年版，第270—271页。

④　包括法律、国家、个人等。

准和习俗,而且这些标准和习俗受时空的限制,是相对的。言外之意是,人的尊严作为人的一项特定的权利,实际上是一项契约权利,是人们认为自己在所属的文化或社群里应该享有的不被侮辱的权利;至于这些权利究竟是什么,实际上是不同的文明社会根据自己的文化和习俗而达成的契约。

由此可见,以上学者所认同的"人的尊严",即人所具有的"不被侮辱"的权利,仅是人权谱系中的基本权利而已,它可以作为一项权利,也可以作为权利的集合。因为,"不被侮辱"的权利可以衍生出很多具体的权利,如姓名权、肖像权、名誉权、隐私权等,这种权利是建立在人的脆弱性和易受伤害性的基础之上的。从精神的层面或情感的角度来说,人是脆弱的、易受伤害的,使得人自然而然地就希望得到他者的尊重和保护,以确保自身的完整性。由此,"不被侮辱"不仅是一种价值宣告,而且是一种现实生活中的个人能切实"感受到"并希望得到保护的基本权利。然而,并不是能够感受到"侮辱"的人才享有这项权利,是否具有"自我感受性"不是拥有这项权利的必备条件。如果这项权利被认可的话,那么它就是属于所有人,即使婴儿、植物人、严重智障者等感受不到自己"被侮辱"的痛,但他们作为"人",同样享有这项权利。因为,感受不到并不代表他们就应该遭到与自身价值不一致的对待。所谓"不被侮辱"是规定了他人不能以"侮辱人"的方式对待当事人,即便当事人自己感受不到,但是他身边的人,尤其是他的亲人依然会感到伤害,感到"人类"尊严、亲人尊严受损。例如,张三把一个精神病患者涂个大花脸,引来众人的嘲笑,而这个精神病患者也跟着大家一起笑,其自身不自知,也感受不到被侮辱,尊严受损,但其亲人、朋友会感到被侮辱、被伤害。人们一般都会认为张三的行为是对精神病患者的侮辱和伤害,侵犯了精神病患者的尊严,是不正确的,必须予以禁止和强烈谴责。

但是,这里我们需要指出的是,如果人的"尊严权",即"不受侮辱"的权利是人的一项基本权利的话，那么胚胎或胎儿、逝者是不享有这项基本权利的。因此，堕胎涉及的是胚胎或胎儿的生命权问题，与尊严权无关；逝者也是没有尊严权的，之所以强调"逝者的尊严"实际上是强调生命的尊严，不仅是对逝者一生的完整性的交代，也是对逝者亲人的一种情感满足，这是发自人内心的一种道德关怀。因此，若将"人的尊严"视为人的一项权利的话，就会将潜在的人与逝去的人排除在"尊严享有者"之列。事实上，死者的尊严不但得到学界充分论证和认可，而且已经明确写入《中华人民共和国民法典》第九百九十四条：死者的姓名、肖像、名誉、荣誉、隐私、遗体等受到侵害的，其配偶、子女、父母有权依法请求行为人承担民事责任；死者没有配偶、子女且父母已经死亡的，其他近亲属有权依法请求行为人承担民事责任。① 由于，死者的姓名、肖像、名誉、荣誉、隐私、遗体等关涉死者的尊严，不容侵犯，因此其家人、亲人可通过民事诉讼向侵害人追责。基于此，将"人的尊严"归结为人的一项基本权利并未穷尽所有尊严享有者。

（二）人的尊严是人权的根据

很多学者赞成"人的尊严"是人权的根据，尤其是法学领域的学者。无论他们是把"人的尊严"作为一个自明的、当然的前提，还是从多角度论证"人的尊严"的合理性，最终都是在肯定"人有尊严"的前提下来论证人的尊严是人权的根据的。肖克恩霍夫（Eberhard Schockenhoff）明确主张：源自尊严和义务的人权是所有人的需求，人权必须限定在以生命自由和人性尊严为绝对前提（预设）的范围内。② 克鲁格（F. Klug）认为："尊严概念取代上帝或自然而成为不可剥夺的权利的基础，这完成了自然权利向人的权利

---

① 全国人大常委会办公厅：《中华人民共和国民法典》，中国民主法制出版社 2020 年版，第 183 页。

② E. Schockenhoff, *Natural Law and Human Dignity*: *Universal Ethics in A Historical World*, translated by Brian McNeil, Washington D. C.: The Catholic University of America Press, 2003, p. 292.

的转变……权利的根据在于所有人共同具有的基本的人性尊严。"① 德国哲学家施贝曼（Robert Spaemann）认为：人的尊严"所标识的首先并不是一种特殊的人权，而是蕴含着对像人权这样的事物的论证"②。德国学者蒂德曼（Paul Tiedemann）也说："人的尊严是人权的源泉。"③ 德国学者莫尔特曼认为："人权是众多的，而人的尊严则只能是独一的。因此，人的尊严优于与人的存在密切联系的众多的人权与责任。人的尊严是人类一种不可分割、不可让渡、不可剥夺的人类特性。不同的人权表达的都是这样一个整体，因为人在其尊严上具有不可分割的统一性。人权条目的整全性并不等同于这个整体性。这种源自人的尊严的整体之光照耀着人权的每一个具体部分。"④ 由此，他明确提出："人的尊严不是人权，而是所有人权的渊源和依据。所有的人权都促进了对人的这种独一价值的尊重。"⑤

有的学者认为，人的尊严是一项最上位的基本权利，指导或优先于其他基本权利。美国学者恩德勒（Georges Enderle）指出："人的尊严既非由国家，也不是由法律制度所创造并授予的，它所依赖的是人自身的主体性，所以，尊严是每个人应当享有的权利，而且优先于国家法律所规定的所有权利。法治国家并不能为人提供尊严，但可保障人的尊严。"⑥ 即是说，人的尊严是人基于自身的主体性所应当享有的一项基本权利，它优先于国家法律所规定的所有

① F. Klug，*Values for a Godless Age：The Story of the UK's New Bill of Rights*，London：Penguin，2000，p. 101.
② 甘绍平：《人权伦理学》，中国发展出版社 2009 年版，第 136 页。
③ 甘绍平：《人权伦理学》，中国发展出版社 2009 年版，第 136—137 页。
④ ［德］莫尔特曼：《基督信仰与人权》，蒋庆等译，载刘小枫编《当代政治神学文选》，吉林人民出版社 2002 年版，第 142 页。
⑤ ［德］莫尔特曼：《基督信仰与人权》，蒋庆等译，载刘小枫编《当代政治神学文选》，吉林人民出版社 2002 年版，第 143 页。
⑥ ［德］乔治·恩德勒等：《经济伦理学大辞典》，王淼洋等译，上海人民出版社 2001 年版，第 324 页。

权利，是人权谱系中的一项最上位的基本权利。中国台湾学者黄建辉认为："基本权利可分为超国家与国家法律上之基本权利两种，前者即为人性尊严，系基于人本思想在文化、宗教文化上发展出来的概念而被纳入法律体系中，其本旨在于尊重本身固有价值兼顾社会责任之前提下，基于自己的决定去意识自我、决定自我、形成自我。后者则系人性尊严之下位概念，属狭义的基本权利，亦即一般所通称的基本权利，乃用以完成人性尊严及人格充分发展所不可或缺的概念。要言之，人性尊严系宪法秩序之最高法价值，而基本权利则是在其指导下出而保障合宪秩序之实践。"①就是说，人性尊严是一项"超国家"的、具有宪法价值和意义的最上位的基本权利，统摄"国家法律上"的基本权利，其作用是为了保障合乎宪法秩序的社会实践，从而实现人性尊严的宪法价值，实现人的自我发展与自我完善。因此，在他看来，人性尊严虽然是一项基本权利，但它实际上是作为一个宪法价值或宪法原则在起作用，而其他基本权利是这一宪法价值或宪法原则的贯彻和落实。

还有学者认为，人的尊严是目的，人权是实现人的尊严的手段。美国学者唐纳利指出："人权和人的尊严是相当不同的观念。在其社会政治方面，人的尊严的观念表达了对于人的内在（道德）本质和价值以及他或她与社会的正确（政治）关系的特殊理解。相形之下，人权则是平等的、不可剥夺的权利……只要是人，每个人都拥有这样的权利。人权是特定的社会实践，其目的在于实现有关人的尊严的特定的本质观念。"② 即是说，人的尊严是人作为一个具有内在价值的道德主体的尊严，人权是保障人的尊严得以实现的手段。在他看来，"只要还存在对人的尊严的威胁，而且不论哪里存

① 黄建辉：《优生观点与民法上婚姻制度》，载杨日然教授纪念论文集编辑委员会《法理学论丛——纪念杨日然教授》，（台北）月旦出版社股份有限公司1997年版，第482页。
② ［美］杰克·唐纳利：《普遍人权的理论与实践》，王浦劬等译，中国社会科学出版社2001年版，第72页。

在这种威胁，我们都可能需要人权。人权是人类智慧所发明的保护个人尊严不受现代社会的常见威胁侵害的最好的政治手段，而且我认为也是唯一有效的手段"①。日本学者真田芳宪也认为："'人的尊严'正是人类应实现的目的，人权只不过是为了实现、保护人的尊严而想出来的一个手段而已。"② 可见，人的尊严和人权是目的与手段的关系，人权的存在从根本上来说就是为了保障人的尊严得以实现。

然而，如果人的尊严是人权的根据的话，那么人为什么有尊严呢？人享有尊严的伦理根据是什么？要厘清这一问题，首先要回到"人的尊严"和"人性"的共同基础——人性，即基于"人性"这一共同基础来阐释"人的尊严"和"人权"之间的联系和区别。

以 1995 年法国最高行政法院判决在公共场所举行"投掷侏儒表演"违反了人的尊严为例。表演组织者认为这一表演是侏儒本人同意的，并没有违反侏儒的自主意志，是双方达成的一种协议或契约；从人权的角度来讲，这一表演并没有损害双方当事人的知情同意权，而且确实是双方当事人的理性表达，侏儒本人也没有受到表演组织者的任何胁迫或强制。而反对者（并非侏儒本人）认为，侏儒之所以"同意"可能有其他的难言之隐，并非其真实意思表达，任何人都不可能心甘情愿成为供人取乐的工具，这一表演损害了侏儒的尊严，因此必须加以禁止。实际上，但凡有理性和良知的人都不会认为法国最高行政法院的判决依据是不合理的。从人的尊严的角度来说，同样作为"人类存在者"的侏儒沦为在公共场所供他人取乐的工具，即使是他本人在没有受到任何强制或胁迫的前提下做出的理性决定，但作为社会的弱势群体，很可能是为了生存或其他不得已的原因才做出如此决定；而很多旁观者（当事人以外的所有

---

① ［美］杰克·唐纳利：《普遍人权的理论与实践》，王浦劬等译，中国社会科学出版社2001年版，第69页。

② ［日］真田芳宪：《人的尊严与人权》，鲍荣振译，《外国法译评》1993年第2期。

人）基于同情心和自爱情感会感到受伤，因为他们会联想到自己是否有一天也会沦为社会的弱势群体，为了生存而成为供人取乐的工具，作为对"同类"的善的观照，他们自然会赞成这一表演违反了人的尊严，即使侏儒本人并未感到受伤，也并不认为损害了自己的尊严。可见，"投掷侏儒案"已经超出了人权所适用的当事人的范围，且案件的诉讼也不是当事人提起的，判案的证据也不是完全来自当事人，但判决结果却是针对当事人的，而且对类似的表演也具有同样的参考价值和法律威慑力。正如美国学者梅耶（Michael J. Meyer）所言："人的尊严和人权观念之间有着密切的联系，但权利的讨论不会给人的尊严提供一个完全的解释。所拥有的人权，尽管有时候非常适合表达我们的尊严，但它并没有抓住对人的尊严具有重要意义的所有东西。"① 即是说，人的尊严和人权紧密联系，但关于人权的讨论并不能完全阐释人的尊严，即使有的人权，如知情同意权，非常适合表达人的尊严，但并没有抓住人的尊严的全部核心要义。

另外，从人的尊严和人权的载体来说，凡是具有人的基因组和人的生命特征的人类存在者都享有作为"人"的基本尊严，而人权只适用于现实存在的具体的个人，即人的尊严的载体包含了人权的载体。然而，并不能因此得出人的尊严的内涵包含了人权的内涵。前者是指只要是人，只要具有人的基因组和人的生命特征，就享有人的基本尊严，这是从实然的角度来说的；后者是指现实存在的具体的个人应该拥有的权利，这是从应然的角度来说的。我们知道，实然未必能推出应然，应然也未必能完全解释实然；即作为人类存在者的人的基本尊严未必能推出现实的个人应该享有哪些权利，而现实个人所拥有的权利也未必能完全解释人类存在者所享有的尊严。

---

① Michael J. Meyer, "Dignity, Rights, and Self – Control", *Ethics*, Vol. 99, No. 3, 1989, pp. 520 – 534.

因此，笔者认为，人的尊严和人权两个概念之间有着密切的联系，但不是何者为他者的根据的关系，也不是包含与被包含的关系；两者内涵有交叉，但外延明显不同。人的尊严和人权作为对当前社会生活领域越来越重要的两个概念，分别都有不同的内涵和意义指向；而且从伦理学的视角来看，人的尊严日益被人们关注和重视，这不仅是生物医学技术、新一代信息技术迅猛发展的实践要求，也是人性自觉不断提高的直接体现。关于人的尊严和人权之间的关系有待我们进一步探究和明确。

综上所述，关于人的尊严的伦理根据，无论哪一种说法或观点都可能存在着某种缺陷或不足。基于此，我们必须肯定：唯有从"人本身"去寻求人的尊严的伦理根据才是正当的。所谓"人本身"，无非就是人之为人的根本特性，即作为个体存在的"人"自身所固有的内在规定性，这一点是绝对的、无条件的，否则就很难证成"人"为什么是人而不是其他事物，否定了人本身还何谈人的尊严呢？尊严关涉人之为人的根本，具有不可侵犯性，否则就是对人本身的否定，就是对每个人作为人类存在者的基本价值和基本尊严的否定。很多学者都赞同"人的尊严"归因于人类之属性或人类之特性。甘绍平指出："尊严的确归因于人的特性，但并不是指自主性或道德性，而是指具有被动意味和更大覆盖范围的人的脆弱性、易受伤害性。"[①] 德国学者诺依曼（Ulfrid Neumann）认为："如果人们愿意将人的尊严解释为人之特性的话，则该特性是指理性—道德的本性，而不是人的生物构造。人的尊严及其潜在的损害的逻辑地点，是人之个体的、社会的层面，而非其生物学上的层面。"[②] 关于"人的本质"的讨论一直以来都是古今中外的思想家孜孜不倦地探讨的永恒主题之一，而且是一个仁者见仁、智者见智的问题，至今也没有一个统一的定论，且未来也难有定论。因为，

---

① 甘绍平：《人权伦理学》，中国发展出版社 2009 年版，第 154 页。
② 甘绍平：《人权伦理学》，中国发展出版社 2009 年版，第 145 页。

在不同的历史阶段，人的本质特性会呈现出不同的面貌或特征。例如，随着生物医学技术对人的生命存在状态的渗透式发展，国际社会以"尊重人的尊严"之名将人的生物遗传特征和基因密码作为不需要证实的原则性、根本性问题严格保护起来就是一个明证。总之，可以肯定的是，人的尊严来源于人之为人的根本特性，即人自身所固有的内在规定性是人之所以享有尊严的根据。

第二节　人的尊严的伦理特点

既然人之为人的根本特性是人之所以享有尊严的根据。那么，人的尊严实际上指的是人自身所固有的内在价值，即人因有"内在价值"而享有尊严。人，既可以指一般意义上的人，也可以指社会现实生活中存在的具体的个人，由此，人既有所有人都具有的共性，也有个体人所具有的独特的个性，是两者的统一。高宣扬指出："对于人来说，个别与一般的关系，不是像别的事物那样，'类'就其共性而言，可以代替个别事物中的本质部分。对人来说，个体的人虽可包含人类的共性，但个体的人，不论就其个性，或就其本质而言，永远都是不可代替的，不可化约的。"① 因此，笔者认为，人的尊严具有两个伦理特点：其一，人的尊严是普遍性的，这是确保人的生存地位的基本尊严，是"人之为人"的根本标志。作为普遍性的人的尊严是内在赋予性的，是平等、客观、绝对性的，它不可废弃、不可让渡、不可替代、不可非法剥夺，这是人所共有的生物性使然，是表征人之本性的"天爵"所决定的。其二，人的尊严是独特性的，是"我之为我"的特殊符号，这是由于每个人在后天的自我发展中都会凸显个性。作为独特性的人的尊严是获得性的，是差异、主观、相对性的，这是人有所区别

① ［法］高宣扬：《德国哲学的发展》，（中国香港）天地图书有限公司1988年版，第98—99页。

的社会性使然，是身份、地位等"人爵"作用的结果。作为独特性的人的尊严，既可获得，使之丰厚、高尚，也可丧失，使之薄寡、卑劣。

一　普遍性

"人的尊严"的普遍性，是就享有尊严的主体而言的，它意味着现实生活中的每一个人，仅仅是作为生物学意义上的人，就都拥有这种属"人"的尊严，即人性尊严，这是人相对于其他物种而言所具有的人之为人的尊严，可称之为"物种尊严"，具有不可让渡、不可替代、不可侵犯、不可剥夺的特点，是一种强式的人的尊严。作为个体存在的个人，无论他（她）是否认识到自身的尊严，是否有自我尊严感，也无论他（她）处于何种生命存在状态，都不会影响到他（她）所固有的内在价值，他（她）依然享有其作为人的内在价值和尊严。"人性尊严"既是维系人的生命存在的资本，也是人的自由发展的条件。德国法学家恩德勒指出："不管每个人的个性如何，身心有无缺陷，也不管其对社会'道义'的价值有多大，他们每个人都拥有尊严。无论是尚未出生的胎儿，还是已经过世的死者，他们的尊严均应受到尊重和保护。"① 即是说，每个人，只要具有人的基因组和人的生命特征，都应当被看作是属人的生命，都应该享有人之为人的内在价值尊严。

（一）人的尊严的普遍性

人的尊严具有普遍性经历了漫长的过程才得到了社会的肯定和认同。因为，早在古希腊时期，只有那些拥有杰出的表现、卓越的成就以及优良的道德品质（美德）的"人"才能得到他人或社会的认可并被赋予尊严的对待，这表征的是少数"人"因为"超越"人类社会中的其他个体而享有的被社会承认和认可的尊严，即尊严

---

① ［德］乔治·恩德勒等：《经济伦理学大辞典》，王淼洋等译，上海人民出版社2001年版，第324页。

是少数杰出人物所特别享有的。直到文艺复兴以后，高扬个人的主体性价值，强调个人的独特性、个体性、不可替代性，随着"个体平等"思想的广泛传播和渗透，人的尊严的普遍性才得以确立。

"人的尊严"之所以具有普遍性，其唯一条件是人的生命本身，是人自身所固有的内在规定性。康德肯定人之为人的内在特性"赋予"人以尊严，换句话说，就是只要认同"他"是一个人，就要承认他身上具有一种属于人的尊严，也就得承认他应该公平地受到与"人"的自身价值相一致的对待。对"康德尊严"倍加推崇的德沃金说："人类尊严的观念有些含糊，但是很有力量。这个观念是和康德联系在一起的，但是很多不同的学派都维护这个观念。这个观念认为，承认一个人是人类社会的完整的成员，同时又以与此不一致的方式来对待他，这样的对待是极为不公正的。"① 在他看来，任何人，只要被社会"承认"是人类大家庭中的成员，就应该得到与"人"的自身价值相一致的公正对待。

德沃金充分肯定"人的尊严"具有普遍性，他说："每个人的生命都是不可侵犯的，这个概念——就像我们对人类整体存续的关心——是根基于两个互相交叉结合的神圣基础：自然的与人类的创造。任何人类生命，即使是最不成熟的胚胎，都是神性创造或演化创造的胜利，从无中生有，创造出复杂的理性生命；人类生命也是人类繁衍的成果，我们通常会说这真是'奇迹'，每一个新诞生的人类都和创造他的人截然不同，但他却又是这个人的延续。"② 如果说，德沃金在这里还把人的尊严奠基于人的自然性创造上，那么，他在《民主在这里是可能的吗?》一书中则宣称，人性尊严是法律、政治与道德论述的"共同基石"，而且是由以下两项原则所构成：其一，内在价值原则（the principle of intrinsic value）：每个人的人

---

① ［美］罗纳德·德沃金：《认真对待权利》，信春鹰、吴玉章译，生活·读书·新知三联书店 2008 年版，第 265 页。

② Ronald Dworkin, *Life's Dominion*, London：Harper Collins, 1993, p. 83.

生都有一种特殊的客观价值；其二，个人责任原则（the principle of personal responsibility）：每个人对于自己的人生，负有使其成功实现的特殊责任，其中包括判断何种人生对自己而言是成功人生的责任在内。① 德沃金这里所说的"内在价值"是指"神圣""不可侵犯"的价值，也就是"神圣性""不可侵犯性"的价值。② 我们无法从所有人或所有人的一切发展阶段中抽象出一个或几个不同于非人生命的独特性，以此作为判定"人"具有自然性尊严的根本依据。事实上，在肯定人的尊严的普遍性时，我们或许没有必要做出这种事倍功半的努力，只要认可某种生命是"人"这个客观事实，我们便能认定"人"普遍具有尊严的客观性；但是，若说一定要使"人"与非人生命区别开来的话，那么"人"具有一种过着"人"的生活的能力——无论是现实能力还是潜在能力。

在西方伦理思想史上，首先将人的尊严归结于人的内在本性的是斯多葛学派。斯多葛学派将尊严内在地赋予每一个人，认为人类因具有理性本性而超越其他物种、在宇宙中占据独特的地位，因而享有人之为人的物种尊严。基督教则认为，人是因为自身是上帝创造的相似物而享有尊严，并非因为人自身所具有的任何属性或特性。启蒙时期，格劳秀斯强调人拥有"依附于人身的权利"，即源于人之"道德品性"的自然权利而享有尊严；霍布斯强调"自然使人在身心两方面的能力都十分相等"，从而在人的自然平等上提出了人的尊严；卢梭亦将"人所共有的自由"作为人性尊严的产物。直到 20 世纪中叶，《世界人权宣言》和各国宪法中才明确宣称人的尊严具有无条件性、平等性、普遍性、不可丧失性、不可侵犯性。总之，作为普遍性的人的尊严在人们的现实生活中具有重要的历史价值、理论意义和实践取向。

---

① Ronald Dworkin, *Is Democracy Possible Here*? New Jersey：Princeton University Press，2006, pp. 9 – 10.

② Ronald Dworkin, *Life's Dominion*, London：Harper Collins, 1993, p. 73.

（二）作为普遍性的人的尊严的基本特点

作为普遍性的人的尊严来源于人之为人的根本特性或内在规定性，因此，作为普遍性的人的尊严实际上是人之为人的根本特性赋予人的，是人自身所固有的内在价值的体现。只要是人，就具有人之为人的内在价值，这一点是绝对的，若否定它，就是否定人本身。由此，作为普遍性的人的尊严是不可废弃、不可让渡、不可替代、不可非法剥夺的。即使社会生活中的每个人生来就具有自然禀赋的差异，但从本质上来说都是平等的。总的来说，作为普遍性的人的尊严具有以下几个基本特点：

第一，客观性。人作为生命存在物，其生命现象与人出生之后在社会上所形成的能力、知识、贡献、善恶德性、社会地位等社会性禀赋无关。从这个意义上说，人的尊严就是人的存在，人的生命现象就是人的尊严现象。如果人的尊严只是由于那些非客观性的因素诸如理性、自由、能力等使然，那么，人的尊严便只存在于那些具备这些特质的人身上，而那些并不具备这些特质的人就会丧失其应有的人性尊严。所谓"保护尊严就不允许对任何类型的人有任何歧视，无论有无知觉，无论是否已经出生，无论是否已经成年。当提到尊严的时候，就是指与每个人都联系在一起的尊严。因此，它不取决于是否有个人的自由，相反，它先于个人自由，并且是个人自由的前提条件"①。只要是人，具有人之为人的内在规定性，就应该享有同等的尊严，获得同等的尊严保护；人并非因为有个体自由才享有尊严，相反，人是因为享有人之为人的内在尊严才有个体自由的。

第二，平等性。"人之尊严是与生俱来的，因为人的本性固有着天生的潜能……即使因为他们是小孩、残障、老人，以至于他们

---

① ［意］布斯奈里：《意大利私法体系之概观》，《中外法学》2004 年第 6 期。

在以前、现在、或将来不具有行使它们的能力，也是一样。"① 即是说，人的尊严是与生俱来的，因为人的自然本性中就具有一些先天的潜能，无论人的生命存在状态发生何种变化，即使人不再具有发挥这些先天潜能的能力，人依然因为先天具有这些潜能而享有人的内在价值尊严。人的尊严不会因性别、肤色、年龄、健康状况、出生地、民族等客观性因素的不同而有所不同，也不会因后天的环境、教育等因素所造成的人与人之间的差异性而有所不同。也就是说，任何人，其自身所具有的内在尊严既不会因为其所属的客观条件而丧失，也不会因为其在出生之后变成残疾人或精神病患者等弱势群体而降低，即"作为普遍人性的组成部分，尊严被每个个人等量享有，并且尊严也是不可分割的——即它不能'获得'，也不会'失去'"②。总的来说，"属于每个人的内在尊严绝不会丧失"③。作为普遍性的人的尊严在任何时候都是平等的，无质亦无量的差别。"任何一个人的尊严都既不高于也不低于另外一个人的尊严"④。"即使身体腐朽衰退也不能废除把每个人看做具有平等尊严的自身目的的诉求"⑤。从人之为人的本性意义上来说，每个人的尊严都是平等的，任何一个人都将他人视为目的，即使人的"身体腐朽衰退"也不能否定其作为人的平等尊严，以致不同的人与人之间形成一种合理的主体际关系，人之为人的本性尊严就在这种"人是目的"的主体际关系中体现出来。

---

① ［英］伊恩·麦克李欧得：《法理学》，杨智杰译，（台北）韦伯文化国际出版有限公司2002年版，第251页。

② ［美］马克·A. 卢兹：《经济学的人本化：渊源与发展》，孟宪昌译，西南财经大学出版社2003年版，第158页。

③ Jacob Dahl Rendtorff, Update of European：Basic Ethical Principles in European Bioethics and Biolaw, *Bioethics Update*, Vol. 1, Issue2, July – December 2015, p. 34.

④ ［德］斯特凡·艾泽尔：《公民自由和公共利益》，载单继刚等主编《政治与伦理——应用政治哲学的视角》，人民出版社2006年版，第73页。

⑤ Jacob Dahl Rendtorff, Update of European：Basic Ethical Principles in European Bioethics and Biolaw, *Bioethics Update*, Vol. 1, Issue2, July – December 2015, p. 34.

第三，底线性。人的尊严与人是否能够自觉意识到"尊严"无关，即与人是否拥有自我尊严感无关。人的一切发展阶段——从胚胎形成到死亡，乃至成长过程中不幸成为植物人，都具有这种尊严。这是确保人的生命存续的基本条件，是一种脆弱的底线尊严。无条件地保障这种底线尊严是避免发生人道主义灾难的最后屏障。作为普遍性的人的尊严具有格里斯（Alan Gewirth）所说的"基本善"之性质。格里斯指出，基本善是"由特定的身体和心理倾向组成——从生命和身体完整性（包括衣、食、住所等基本手段）到精神平衡，以及关于实现一个人的目标的一般可能性的自信感"①。这种把对自我追求的目的视为自我价值的自尊之平等尊重，与自我追求目的的多样性和差异性是兼容的：不能基于其他诸如性别、种族、宗教信仰等个体特征而受到轻视、歧视、侮辱等对待。

二　独特性

"人的尊严"的独特性是就享有尊严的主体而言的，这里的"人"是指社会现实生活中存在的具体的个人。每个人都是一个独立的个体，不仅具有作为人类存在者的共性，而且具有个体人所具有的独特性；使每个人区别于他人得以独立存在的是人的独特性，人类个体的多样化存在也取决于人的独特性。人作为个体存在的独特性决定了人的尊严的独特性。

（一）人的尊严的独特性

社会现实生活中的每一个人都是独一无二的，都是社会的绝版，拥有不可替代、不可化约的地位。正如高宣扬所言："在宇宙万物中，唯有人，个体的人，其个性和其本性，是绝对独立的，绝对自由的。任何别的人，只有在个人自愿地赋予他某种权利的时候，才能在特定条件下，暂时地代表那个人的部分属性。个人的个

---

① Alan Gewirth, *Reason and Morality*, the University of Chicago Press, 1978, pp. 53 – 54.

性的这种不可化约性是绝对的、无条件的。质言之,这就是个人自由的真正基础。"① 即是说,每个人都是绝对独立、绝对自由的个体,相互之间不可代替,不可化约,这一点是绝对的、无条件的,这也是个人自由的真正基础。

然而,何为个体人的个性和本性呢?首先,从生命伦理学的角度来说,每个人都具有不同于他人的基因组和生命特征,是每个人得以独立存在的生命基础。其次,"每个人都是带着一系列给定的特质、能力和才能而进入世界之中的特殊的个体。从个人的观点来看,他与生俱来的特质或素质是自然禀赋。它们将伴随他终身;无论何时,只要他对自己进行估量,都必须认真考虑这些因素"②。也就是说,每个人都具有一些先天的自然禀赋,这些自然禀赋将人与人区别开来且伴随每个人的生命始终,而且一个人无论何时何地对自身进行反思的时候都必须认真考虑这些先天的自然禀赋。最后,人是一种超越性的存在,每个人都会通过后天的努力不断超越自身,实现自我价值和完善自我,表现为每个人所取得的成绩、德性等是不同的;然而,由于先天自然禀赋的差异和后天努力程度的不同,每个人所实现的自我价值是不同的。因此,人的独特性主要指3个方面:一是个体人的基因和生命特征的差异;二是个体人生来就具有的自然禀赋的差异;三是个体人通过后天的努力而实现的自我价值的差异。由此,在社会现实生活中,不同的个人所赢得的社会承认是有区别的,从他人那儿赢得的尊重也是有差异的。如果一个社会不承认每个人可能通过后天的努力赢得更多的社会认可和尊重,那么势必会使一些人感受到自我价值没有真正实现,自身没有得到社会公平公正的对待,甚至在情感上受到伤害。正如现代基督教伦理所提出的:"一个社会如果不承认并尊重根据人取得的成绩或者其社会地位而对尊严进行区别对待,那么这样的社会从长远看

---

① [法]高宣扬:《德国哲学的发展》,(中国香港)天地图书有限公司1988年版,第98—99页。
② [匈]阿格妮丝·赫勒:《日常生活》,衣俊卿译,重庆出版社1990年版,第9页。

将损害其自身。"① 然而，这只是意味着人可能在人之为人的基本尊严神圣不可侵犯的基础上通过自身的努力使自己赢得更多的社会尊重，可看做是在自身享有的基本尊严之上获得的"增加性善"②。

在谈到人的尊严问题时，马克思指出："尊严是最能使人高尚、使他的活动和他的一切努力具有更加崇高品质的东西，是使他无可非议、受到众人钦佩并高出于众人之上的东西"③。可见，马克思所说的尊严并不是指人作为人类存在者而普遍具有的尊严，而是指作为个体存在的人所具有的尊严。所谓独特性的人的尊严，是个体在现实生活中通过社会实践不断形成着的自我价值的确证，自我价值的认同。它是个体通过自身的努力而不断获得的、具有鲜明的个我性的价值体系，存在着差异性、主观性和相对性的特点，是一种弱式的人的尊严。个体既可以获得它，使之丰厚、高尚起来，也可以丧失它，使之薄寡、卑劣。但这种作为"增加性善"的人的尊严是在人之为人的基本尊严基础之上的通过自身努力不断获得的，其获得还是丧失并不影响人们享有人之为人的基本尊严。

在司法实践中，我国台湾学者在梳理宪法解释文的基础上，指明"司法院"大法官有意发展出一套阶层化的尊严论述，用来表明人的尊严在法律规范上的位阶关系。第一层面，人之所以为人、属于人的本性或本质上的人性尊严，是个人"生存形相之核心部分"，是维系个人生命及自由发展人格不可或缺之权利。此乃国家必须绝对保护的基本人权，而无须考虑人的个性、能力及社会地位。第二层面，个人根据自己的自由能力获得在人格具体发展上的人格尊严。借此个人可以在具体的社会脉络中，发展自我，形塑对自我的

---

① 伯恩哈特·福格尔：《人的尊严 出于基督教责任的政治行为 帮助定向的基督教伦理》，本书于 2009 年 11 月 4 日从北京阿登纳基金会获得。

② Alan Gewirth, *Reason and Morality*, Chicago: the University of Chicago Press, 1978, pp. 53–55.

③ 《马克思恩格斯全集》第 1 卷，人民出版社 1995 年版，第 458 页。

认同。由于人格尊严的维护具有社会关联性,须从具体的社会脉络中考虑自己与他人各自在人格上的发展,因而无法给予人格尊严类似于人性尊严那样的绝对保护。[①] 这里所说的第一层面尊严(人性尊严)接近于我们所说的作为普遍性的人的尊严,而第二层面尊严(人格尊严)则相对应于我们所说的作为独特性的人的尊严。

(二)作为独特性的人的尊严的基本特点

独特性的人的尊严是人有所区别的社会性使然,既可获得,使之丰厚、高尚,也可丧失,使之薄寡、卑劣。如果说,普遍性的人的尊严是"人之为人"的根本标志,那么,独特性的人的尊严是"我之为我"的特殊符号。作为独特性的人的尊严有以下几个基本特点:

第一,差异性。普遍性意味着平等性,独特性意味着差异性。独特性的人的尊严是一种社会意义上的尊严,可称之为"社会性尊严",是由人的社会性决定的。哈贝马斯认为:"个人只有在社会化的过程中,才能个体化。由此可见,……个人与其他人之间是平等的,但不能因此而否定他们作为个体与其他个体之间的绝对差异。对差异十分敏感的普遍主义要求每个人相互之间都平等尊重,这种尊重就是对他者的包容……在包容过程中既不同化他者,也不利用他者。"[②] 人在社会化过程中的差异性必然导致人的尊严具有独特性、个我性的一面。甘绍平认为,"人的尊严来自于一种对人际间基本的相互尊重的普遍需求"[③],而这种需求正是由于每个人都拥有独特性或自我。这种自我是一个人在其成长经历中逐渐构建起来的,"它承载着其家庭教育、生活环境、社会联系、文化熏陶、宗教信仰的印记,呈现着当事人的特征与品格,因而构成了一个人最

---

① 江玉林:《人性尊严与人格尊严——大法官解释中有关尊严论述的分析》,(台北)月旦法学教室 2004 年版,第 20 页。

② [德] 哈贝马斯:《包容他者》,曹卫东译,上海人民出版社 2002 年版,第 43 页。

③ 甘绍平:《人权伦理学》,中国发展出版社 2009 年版,第 155 页。

深刻、最内在、最本质的东西"①。在我们看来，这种"自我"不是别的，正是人在其成长过程中的社会性，即马克思所说的"人的本质不是单个人所固有的抽象物，在其现实性上，它是一切社会关系的总和"②。每个人在其生物性上没有本质差别，人的本质差别在于人的社会性，正是人的这种社会性构成了人的独特性。尊重这种独特性便形成人的社会性尊严。

每个人所具有的尊重他人尊严的义务植根于人的利益需求。在马斯洛的需要层次理论中，生理需要表现为人类对于生存的需求，包括对食物、水、空气、睡眠、性的需要等，也就是人类的衣食住行；安全需要表现为人类对于稳定、安全、受到保护、有秩序、免除恐惧和焦虑等的需要；归属和爱的需要表现为人类对于友谊、爱情、参加一个团体并在其中获得一席地位的需要；尊重的需要表现为人类对于自尊和来自他人的尊重的需要；自我实现的需要表现为人类对于实现自我、认识和理解以及审美方面的需要，这是不同于前四个基本需要的一种发展的需要。③ 人的每一重需求实际上体现的就是人的每一重尊严的实现。生理需要、安全需要是"人之为人"的最基本的、最底线的需要，对这些需要的满足也就是对人的普遍性尊严的尊重和实现；后三重需要是"我之为我"的需要，对这些需要的满足则是对人的独特性尊严的尊重和实现。

格里斯认为，与目的性特征必然相关的福祉除了"基本善"之外，还包括非减性善、增加性善。非减性善，就是行动者在行动过程中，保持特殊善和维持目的——实现水平的能力和条件不受到反向阻碍，如不被撒谎，不被骗，不被偷，不被诽谤，不被侮辱，不遭受背信弃义，隐私不受到侵犯，不受制于危险、非人的（degrading）或过度致衰的体力劳动或居住环境等。增加性善

① 甘绍平：《作为一种权利的人的尊严》，《哲学研究》2008 年第 6 期。
② 《马克思恩格斯文集》第 1 卷，人民出版社 2009 年版，第 505 页。
③ 汝信：《现代西方思想文化精要》，吉林人民出版社 1998 年版，第 221—222 页。

就是增强和发展行动者实现更多的特殊善和提高善目的——实现水平的能力和条件。增加性善还包括与自尊感密切相关的三种德性（勇气、节制、审慎）以及增进人以其他方式发展行动者实现目的的一般能力的条件，包括财产、知识、教育和财富、收入。成功的行动所需要的一般必要前提是：保持和增加实现这些特殊善、维持和提高目的——实现水平的能力和条件，即非减性善和增加性善。① 在这里，基本善是作为保证普遍性的人的尊严的基本条件，而非减性善则更多地依赖于他人对我们的态度，而增加性善则是体现自我的后天努力和造化，这必然有益于促进、增加人的独特性尊严。

第二，主观性。作为独特性的人的尊严体现在人的主观性上。无论在实然性上还是在应然性上，人们不得不承认，人的主观性千差万别，这就必然产生尊严、尊严感的个体性、差异性、偶然性。不肯定这点，就抹杀了不同的人的自身努力和发展的过程和结果。作为独特性的人的尊严以耻辱感和自尊心作为其道德心理基础，并发动为追求、实践、完善自我的行为，其实质是人的无限性、坚韧性和自我完善能力对高贵人性的追求，是人自我完善的权利和义务。尊严主体在此过程中获得自尊和他者的尊重。这一向度的尊严既可以随着尊严主体自身修养的提升、完善而得到加强和扩展，也会随着其自身修养的下降、生活的堕落而减弱、缩小乃至丧失。如果尊严主体放弃完善自我的权利和义务而沦为德性卑下的人即丧失了尊严的人，自己须为此承担完全的道德责任。②

总之，从生物性角度看，人的尊严具有普遍性，它不区分人的性别、种族、地区、出身、家境等任何先天因素；不区分人的智慧、才能、贡献、品德等任何后天因素；不区分人的身体状况、自觉意识等任何主体性条件，而只与"人"这个生物共性相关，是人

---

① Alan Gewirth, *Reason and Morality*, Chicago: the University of Chicago Press, 1978, pp. 53 – 55.
② 任丑：《人权视阈的尊严理念》，《哲学动态》2009 年第 1 期。

作为人的品质。在这个意义上，它具有绝对性、平等性、无差别性。从社会性角度看，人的尊严具有独特性，它与人的社会化过程和主观性努力相关，由此形成了人的尊严在这个向度的相对性、个我性和差异性。正因为存在着独特性的人的尊严，才会在面对国难时，既有"生当做人杰，死亦为鬼雄"之振聋发聩，也有"商女不知亡国恨，隔江犹唱后庭花"之酒色萎靡，同样的事件在不同的人那里具有不同的尊严意义，个中差别显然取决于人的尊严感或曰人的尊严的差异性。由此马克思才说"尊严就是最能使人高尚起来……并高出于众人之上的东西"。不肯定普遍性的人的尊严，人道主义的悲剧在所难免，人们的生存权利就有可能受到侵害；而无视独特性的人的尊严，也会导致社会制度、社会责任以及普遍尊严的弱化，淹没人的自我发展和自我实现，

但是，人的尊严的差异性应当只限定在通过民主商谈程序而确定的个人的自我完善的限度内，且以法律尊严为底线。它绝不可专制武断地扩展到国家、种族的范围内，否则就会出现社会达尔文主义所引发的希特勒式的种族歧视甚至屠杀所谓的劣等民族等问题。法西斯灭绝人性的践踏人权、损毁人的尊严就是以独断的、绝对的尊严差异为理论基础之一的①。正是在这个意义上说，我们把普遍性的人的尊严设置为保护人的生存和生命价值的最后防线。倘若人们不承认普遍性的人的尊严，就容易把人分为有尊严者和无尊严者（如认为胚胎、婴幼儿、精神病患者、植物人、智障者等不配享有尊严），人的生存权利和生命尊严就容易受到侮辱、侵害；而如果不肯定人的独特性尊严，人们就可能疏于自我完善，疏于使尊严成为高尚的东西。

---

① Richard Weikart, *From Darwin to Hitler: Evolutionary Ethics, Eugenics, and Racism in Germany*, New York: Palgrave Macmillan, 2004, pp. 71 – 103.

第三节　人的尊严的伦理内涵

既然人的尊严归因于人之为人的根本特性，并且具有普遍性和独特性，那么从伦理学的视野来看，它具有哪些价值内涵呢？我们知道，人的尊严一旦从学理上被肯定，就可以在多种意义上被使用。一是观念上或者理念上的，二是社会制度上的。[①] 就观念或者理念而言，人的尊严包括生命及其尊严、自尊与相互尊重、自治与自决；就社会制度而言，人的尊严包括责任与义务、公正与平等。

一　生命及其平等尊严

康德认为，人的生命"没有什么法律的替代品或代替物"，因为世界上"没有类似生命的东西，也不可能在生命之间进行比较"[②]。因此，"对人来说，生命和健康是最基本的东西，也是'个人尊严'的前提"[③]。即是说，人的生命是之上的，没有等价物可以代替，因而是有尊严的，而且生命是人之为人的最基本的要素，没有生命和健康，所谓"个人尊严"也无从谈起。

（一）生命之于人的意义

对人来说，生命是第一位的，没有了生命，其他的一切都无从谈起。生命是作为个体的人得以存在的第一前提。正如莫迪恩所言："最基本的和最基础的，同时也是最复杂的和最具内涵的，就是生命。对于人的存在来说，生命是本质性的：它是一种在非危机

---

① David Kretzmer and Eckart Klein, *The Concept of Human Dignity in Human Rights Discourse*, the Netherlands: Brill Academic Pub, 2002, p. vi.

② ［德］康德：《法的形而上学原理——权利的科学》，沈叔平译，商务印书馆 1991 年版，第 166 页。

③ ［日］浦部法穗：《宪法学教室Ⅰ》，武树臣译，载沈宗灵、黄楠森主编《西方人权学说》（下册），四川人民出版社 1994 年版，第 97 页。

状态时不能被终止的行动——事实上，是一种只有在人的存在被毁灭时才能终止的活动。"①

首先，生命是有价值的。因为，"只有生命有机体才面临不断的选择：生存或死亡的问题。……只有'生命'的概念才使'价值'的概念成为可能，也只有生命体才有善或恶"②。人的生命本身是一个过程，是一个伴随人的社会实践活动而产生、发展和完善的过程，人的生命价值就是在这一过程中不断彰显出来的，即"生命是一种以其自身为目的的存在：它通过不断的活动来获得并保持价值"③。就价值世界里的最高价值而言，不同的人持不同的意见，但绝大多数人会把生命的价值视为最高价值。因为，在他们看来，生命是创造、体验和享受其他一切价值的前提和基础。其次，生命对于每个人来说是唯一的，人死不能复生，生命是其他任何价值都不能也不可能替代的，而其他价值中有的是可以相互替代、弥补或复得的。因此，人的生命具有至高无上的价值。我们经常说的"生命是第一位的""要不惜一切代价抢救人的生命"等实际上都是对人的生命具有至上性价值的强烈呼吁。

然而，是不是所有作为人类存在者的人都具有至高无上的价值呢？当两种人类存在者的生命发生冲突的时候，人们又将作何选择呢？这是一个人们如何看待不同的人之生命形式的问题。韩跃红指出："个体生命的客观标准主要有两个，一个是必须是人类基因组所表达的生命形式，另一个是必须是处在生活状态的个体生命。""前一个标准把人作为一个类与其他物种区分开来""后一个标准也就是医学上生命存活的标准，是把人的生命与其潜在的生命形式

---

① ［意］巴蒂斯塔·莫迪恩：《哲学人类学》，李树琴、段素革译，黑龙江人民出版社 2005 年版，第 1—2 页。

② ［美］爱因·德兰：《新个体主义伦理观——爱因·德兰文选》，秦裕译，生活·读书·新知三联书店 1993 年版，第 6 页。

③ ［美］爱因·德兰：《新个体主义伦理观——爱因·德兰文选》，秦裕译，生活·读书·新知三联书店 1993 年版，第 8 页。

（胚胎）和生命完结以后的肉体（尸体）区分开来"。① 即是说，凡是具有人的基因组和人的生命特征的个体生命都应当看作是人的生命，包括潜在的人、现实存在的人和逝者。

人的生命有多种形式，每一种生命形式的存在都是客观的，判定个体生命是否存在不需要主观标准（品德、政治立场等）或其他的条件（种族、性别、智力等），而且个体生命都是唯一的和不可逆的。由此，对于不同的人的生命形式，人们可以采取不同的态度，但前提是必须承认这一生命形式是作为人的生命的客观存在，必须给予基本的"人"的对待。例如，胚胎和逝者，我们必须首先考虑胚胎作为人的潜在的生命存在与逝者作为已经结束生命活动的人的存在的价值和意义。须知，人的生命是一个过程，每一个现实存在的个体都是从胚胎发展而来，最终走向死亡的生命价值创造过程，因此，可以说，人们如何对待胚胎和逝者实际上就是人们如何对待其自身。正如德沃金所言："每个人的生命都是不可侵犯的，这个概念——就像我们对人类整体存续的关心——是根基于两个互相交叉结合的神圣基础：自然的与人类的创造。任何人类生命，即使是最不成熟的胚胎，都是神性创造或演化创造的胜利，从无中生有，创造出复杂的理性生命；人类生命也是人类繁衍的成果，我们通常会说这真是'奇迹'，每一个新诞生的人类都和创造他的人截然不同，但他却又是这个人的延续。"② 但是，在具体的现实问题上，我们还必须要拿出如何以"人的方式"对待胚胎和逝者的具体方案，这就必须要从功利论的角度来权衡和算计了。通常，不同的文化会得出不同的答案，但不管怎样，要解决问题，就必须对不同的人的生命形式以"人的方式"加以区别对待。另外，如果我们不坚持所有的生命形式都必须给予与"人"相一致的对待的话，那么势必会使一些在社会生活中处于弱势的群体（农民、农民工、黑

① 韩跃红、孙书行：《人的尊严与生命的尊严释义》，《哲学研究》2006 年第 3 期。
② Ronald Dworkin, *Life's Dominion*, London：Harper Collins, 1993, p. 83.

户、新生儿、残疾人、精神病人、战俘、罪犯等）作为人的生命存在的基本权益得不到保障，甚至可能面临生命危险。因此，尊重人首先就是尊重人的生命，尊重人的尊严首先就是尊重人的生命尊严。

（二）生命尊严

"生命是尊严的。就是说，它没有任何等价物。任何东西都不能代替它。……即或承认价值的多样化，是否还需要一个包括多样化的共同基础的价值观呢？没有这样一个基础，人与人之间的相互信赖和协调就建立不起来。如果深究一下，这个总括的、根本的价值观，归根结底，还是作为人的价值，生命的尊严"①。人的生命尊严随着生物学技术的发展已经扩展到所有具有人的基因组和人的生命特征的个体生命的尊严，基因组和生命特征对于每一个生命来说都是唯一的、独一无二的，这决定了每一个生命存在的独特的现实性基础。也就是说，只要具有人的基因组和人的生命特征，就享有作为人类存在者的生命尊严。

人的生命尊严是作为普遍性的人的尊严，是人的底线尊严，不侵害人的生命是底线伦理。我们知道，一个文明社会应该公正、平等地尊重和保护每一个人的生命尊严，尤其是那些在文明社会中处于相对弱势或劣势的人，他们既不能被抛弃，也不能被残害，更不能被作为商品去买卖，而应该被给予救助、关怀和特殊的政策。当前我国正在推行的社会保障体制改革、医疗卫生体制改革，加强食品安全、生产安全和交通安全等监管机制都是对这一价值原则所做出的实践诠释。就现实的社会制度而言，必须公正、平等地分配社会资源，而所谓制度公正，就是要确保社会之最弱势群体的"基本善"（罗尔斯语）。然而，在具体的社会情境中，人们又不得不根据实际情况对不同的人的生命做出功利主义的理性算计。例如，当

---

① ［英］汤因比、［日］池田大作：《展望二十一世纪》，荀春生等译，国际文化出版公司1985年版，第430页。

分配稀有医疗资源（如可供移植的器官）时，面对两个或两个以上都需要做器官移植手术的患者，医生也不得不考虑生命质量、支付能力、贡献大小等很多因素。尽管如此，在应然领域，我们仍然提倡坚持生命尊严的平等性，关心、尊重、爱护每一个同"类"的生命。

　　人的生命尊严还涵盖着生命平等的理念。从生命本身来说，所有的个体生命都是平等的，既无质的差异，也无量的差别，因此每一个个体生命都应该得到平等的尊重。人的生命不应因阶层、民族、国籍等差异而被区分为高低贵贱。每个人的"生命、自由和幸福比别人的生命、自由和幸福，内在的既不优越、也不低劣，因而对待每个人，应该把他们当作在生命、自由、幸福和其他一些基本的物品和利益方面拥有同等的要求的人来看待"①。因此，在如何对待人的生命问题上，我们仍然应当坚持人的生命尊严的平等性，要求人们关心、尊重、爱护每一个同类的生命。这似乎给死刑存在的合理性提供了一个正当的理由，其实不然。

　　死刑只是一个惩罚的手段而已，关键是谁有权利进行惩罚？如果认可政府有惩罚犯罪的权利的话，那么如何惩罚就是一个可以探讨和商谈的技术化问题了，最终达成的惩罚方式实际上是契约的结果。从后果论来看，死刑虽然是剥夺了犯罪人的生命，但若与将犯罪人孤立地终身监禁在一个狭小的牢房里比起来，很难说死刑就一定比之更残忍！接下来，从公正平等的角度来说，有人认为杀人犯固然可恶，但逝去的生命已经无法挽回，还是应该给予活着的生命（杀人犯）一个改过自新的机会，这种观点听起来比较仁义、容易令人信服，但对于杀人犯所侵害的死者来说公平吗？而且，谁又能保证杀人犯一定会好好改造变成一个良民？如果他又继续残害其他的生命，那些生命岂不是很无辜？难道他们的生命就不应该受到尊

---

① ［美］罗伯特·达尔：《论民主》，李柏光等译，商务印书馆1999年版，第72页。

重和保护吗？美国曾有这样一个实例：一个杀人犯因杀害 17 个人被判终身监禁，结果在服刑过程中患了重大疾病，美国政府花了几百万为其治病，最终还是死了。这在美国社会引起了强烈的争议：反对者认为一个背负 17 条人命的杀人犯凭什么值得政府花几百万纳税人的钱为其治病？支持者认为生命是第一位的，每个人的生命都是平等的，既然政府剥夺了杀人犯的自由，那么就理应由政府出钱为其治病。就支持者的观点来说，死者的亲人得有多么高的精神境界才能接受这种说辞啊！自己的亲人被杀人犯残忍地夺去了生命，而自己还要纳税为杀人犯支付高昂的医疗费，最终杀人犯还不治身亡。如此看来，杀人犯的生命似乎比 17 个人的生命更重要。反对者之所以这样痛心疾呼，不也是认为这样做对死者和社会不公平吗？由此可知，生命平等只是一种理念或观念，在具体的社会情境中，当不同的生命发生冲突的时候，人们还必须根据具体情况本着公平正义的原则做出理性的判断。换句话说，在社会现实生活中，生命虽然具有至上性价值，但当与同样具有至上性价值的生命发生冲突的时候，生命就像其他价值一样成为可以商谈的对象，即进入契约主义的范畴，最终达成的协议或契约实际上是利益关切各方遵循公正、平等和自主的商谈原则，结合伦理理念和实践考量而形成的合意。

总之，就一般意义上的人而言，生命是唯一的、不可逆的；相较于其他一切价值，生命具有至上性价值。而就现实社会中的具体个人而言，当不同的个体生命发生冲突的时候，人的生命尊严作为一个相对性价值成为人们可以商谈的对象，最终达成公正合理的协议或契约。这里需要强调的是，人的生命尊严的相对性价值来源于生命尊严的载体——个体生命的相对性。

二　自尊和相互尊重

当我们要求得到他人的尊重时，我们也有同样的道德义务尊重他人，即尊重和受尊重是统一的。我们常说，尊重他人就是尊重自己，言外之意是，若不尊重他人，自己的尊严也会受损。实际上，对个人而言，自尊、尊重和受尊重是同时存在的。用"康德尊严"解释之，就是在社会现实生活中，人们要想过尊严的生活，就必须人人都像尊重自己一样去尊重他人，即把自己和他人同时都看作目的，这样每个人都获得了作为自在目的而存在的尊严。可见，自尊、尊重和受尊重共同存在于人们的互动关系之中，缺失任何一方，其他也都无法实现。因此，人的尊严内涵包括3个方面：自尊、尊重和受尊重，而尊重和受尊重可以称之为相互尊重。

（一）自尊

自尊就是人对自身总体价值的评价，涉及人的需求、信念和情感，因此，自尊是一个人的心理感受和内心体验的问题。根据马斯洛的需要层次理论，尊重是人的第四层次的需求，"这种需求驱使人们希望并致力于获得稳定的社会地位，需求个人的能力和成就并得到社会的承认"[1]。尊重作为人的内在心理需求，包括两个方面：一是尊重自己；二是受到他人的尊重，即自尊和受尊重。马斯洛曾明确指出："除了少数病态人之外，社会上所有的人都有一种对他们的稳定的、牢固不变的通常较高的评价的需要，有一种自尊、尊重和来自他人的尊重的需要。"[2] 美国学者布兰登提出："自尊是人类强烈的需要。它是人们的基本需要，这种需要对人类的生命进程起着重要作用，是人类正常、健康发展必不可少的，是生存的需要。"[3] 另外，有的心理学学者认为，"自我喜欢和自我能力是自尊的两个维度，分别指向社会价值感和个人效能感。"[4] 韩跃红、孙书行也明确提出，从心理学的意义上说，"尊严是由于人认识到自己

---

① 黄飞：《尊严：自尊、受尊重与尊重》，《心理科学进展》2010年第7期。
② ［美］马斯洛：《动机与人格》，华夏出版社1987年版，第51—52页。
③ ［美］纳撒尼尔·布兰登：《自尊的力量》，王静译，知识出版社2001年版，第10页。
④ 黄飞：《尊严：自尊、受尊重与尊重》，《心理科学进展》2010年第7期。

的主体地位和社会价值而产生的自尊心和自豪感"，即人的自尊意识和自尊心理。①

　　然而，从尊严的角度来看，罗尔斯关于"自尊"的政治哲学释义更加适用于自尊概念。罗尔斯认为，"自尊"包括两个方面，即"自尊包括一个人的自我价值意识，他对自己的关于善的观念和自己的生活计划值得实行这一点所抱有的不可动摇的信念。其次，自尊还意味着一个人对自己的能力的信心，只要力所能及，他就会实现自己的意图"②。可见，在他看来，自尊就是一种个人的"基本善"，是个体基于其自身所具有的善观念、生活计划和能力所获得的善。然而，"我们的自尊通常依赖别人的尊重，除非我们感到我们的努力得到他们的尊重，否则我们要坚持我们的目的是有价值的信念即使不是不可能，也是很困难的。"③ 即是说，罗尔斯认为人的自尊依赖于自身的努力得到他人的尊重，否则自身的信念可能会动摇。罗尔斯提出，自尊的实现取决于两个基本条件：一是他人对自己的尊重，就是觉得自己的存在和行为，以及自己的努力或目标得到了他人的承认或赞扬，尤其是得到了那些因与自己具有共同的基本善、生活计划和能力而受到尊重的他人以及他们所共享的社会共同体的好评，这种自尊是一种"评价"的自尊；二是要有一个合理的生活计划，尤其是要有一个符合"亚里士多德原则"的生活计划。所谓"合理"，就是符合人们的一般需求、能力、条件和环境；所谓"亚里士多德原则"，就是符合自身的特殊需求和兴趣。"人们尊重自己和互相尊重的条件似乎要求他们的共同计划既合理又能互为补充：这些计划要求他们发挥自己的培养起来的才能，并激发起每一个人的优越感，它们一起构成了一种能够得到所有人的赞赏

---

① 韩跃红、孙书行：《人的尊严和生命的尊严释义》，《哲学研究》2006 年第 3 期。
② ［美］罗尔斯：《正义论》，谢延光译，上海译文出版社 1991 年版，第 479 页。
③ ［美］罗尔斯：《正义论》，谢延光译，上海译文出版社 1991 年版，第 479 页。

和喜欢的活动安排"①。因而，这种自尊是一种"基于卓越品行评价的自尊"。可见，罗尔斯所说的"自尊"是和评价分不开的，在他看来，一个自尊的人必须得到他人、社会的承认或赞扬，即自尊和受尊重是相辅相成的，从这个意义上来说，自尊表达了人们的一种社会愿望和社会需求。

这里，需要特别指出的是，自尊并不意味着不尊重他人。我们知道，当一个人根据人们的一般需求、能力、条件和环境来决定自己的生活计划的时候，实际上就是把他人作为自在目的来决定自己的行为；如果一个基于个人的"基本善"的目标不符合人们的一般要求，那么其行为也不可能得到他人的承认或赞扬。因此，人是有着自我目的的道德主体，如果每个人都把自己和他人同时都看作目的来决定他们的生活计划的话，那么每个人都会得到他人或社会的承认和尊重，从而实现自尊的价值诉求。正如巴枯宁所言："一个人只有尊重、热爱所有人的人性和自由时，同时也只有当他自己的自由与人性受到所有人同样的尊重、热爱、支持时，他才能真正地成为一个人。"② 因此，社会现实生活中的每一个人都要承认并尊重他人，"人格的真正自由而平等的关系是相互承认的关系"③。

（二）相互尊重

尊严是一个关系范畴，它总是存在于人际间的相互关系之中。对于个人而言，若没有他人的存在，其尊严也无从谈起。因为，"人的尊严来自于对人际间基本的相互尊重的普遍需求"④。现实存在的每一个人都是生活于社会当中的，与人交往、接触都是必然的和必要的。在人们的社会交往中，为了确保每一个人都享有人的尊严，就必须以"相互尊重"作为处理人际关系的准则，而且受他人

---

① ［美］罗尔斯：《正义论》，谢延光译，上海译文出版社1991年版，第480页。
② ［英］卢克斯：《个人主义》，江苏人民出版社2001年版，第46页。
③ ［日］岩崎允胤主编：《人的尊严、价值与自我实现》，刘奔译，当代中国出版社1993年版，第66页。
④ 甘绍平：《人权伦理学》，中国发展出版社2009年版，第155页。

尊重也是每个人的内心需求。然而，每个人在期待受他人尊重的同时也要尊重他人，甚至以尊重他人为先来换得他人对自己的尊重。尊重和被尊重是一体的两面，缺一不可，否则就不可能长期满足人们受他人尊重的内心渴望。

人与人之间的交往是相互的，每个人在把自己看作目的的同时也要把他人看作目的，即在要求自己受他人尊重的同时也要尊重他人，任何时候都不能仅仅把自己看作目的，否则势必会成为一个孤芳自赏、自私自利的人，被他人所唾弃，甚至抛弃。因此，"尊重人就是把他们看作有绝对价值的行为者，从而承认不应该把他们当做只是具有有条件的价值的、为我们的目的服务的东西"①。实际上，尊重他人就是尊重自己，因为对方是和我们具有同等尊严的同类，我们对他人的贬损和侮辱，实际上是对我们自己的贬损和侮辱。因此，黑格尔说："成为一个人，并尊敬他人为人。"②

人们的相互尊重包括两种情况，一是人与特定的他人之间的相互尊重；二是人与不特定的他人之间的相互尊重。无论从自身权益保护还是从礼貌、礼仪上来看，绝大部分人都会认同人与特定的他人之间应该相互尊重。因为，只有人与人之间相互尊重才能确保每个人的尊严都能够得以实现，而且会使每个人获致尊严的内心体验，当然，前提是人具有自我感受能力。在这里，我们需要特别指出的是，对于不同的人来说，我们是否应该给予同等的尊重。比如说婴儿，还不知道尊重为何意？当然也不可能要求婴儿像他人尊重自己一样去尊重他人。如此情况下，我们还要给予婴儿以尊重吗？答案是肯定的。因为只要肯定婴儿是人，那么他就享有作为人之生命存在的尊严，因此，任何人都必须以"人的方式"对待他，给予

① ［美］汤姆·L. 彼彻姆：《哲学的伦理学》，雷克勤等译，中国社会科学出版社 1990 年版，第 193 页。

② ［德］黑格尔：《法哲学原理》，范扬、张企泰译，商务印书馆 1961 年版，第 46 页。

他起码的"人"的尊重。然而,我们不可能要求婴儿以"理性人"的方式来尊重他人,也不可能给予婴儿作为理性存在者的尊重。例如,我们要求一个动手打人的婴儿给人道歉是奢侈的、不现实的,我们完全任由幼儿按照自己的意愿行为也是会时常面临危险的。又比如,一个极度无耻的人是否有尊严?我们是否应该尊重他?我的回答是,极度无耻的人依然享有尊严,因为只要还肯定他是人,他就毫无疑问享有人的尊严,这是一个实然的问题;至于我们是否应该尊重他,那就是一个应然的问题了,不同的人可能会给出不同的回答。我们知道,实然未必能推出应然,无论我们对极度无耻的人采取什么态度,但前提是我们还必须给予他作为一个人类存在者的起码的尊重,也就是我们常说的"他不仁我不能不义",这一点从理论上来说也是行得通的,如果我们不把极度无耻的人当人看了,那我们和他们又有什么分别呢?我们毕竟同属于"人"这个类,不能因为某人极度无耻,就否定他是人,可以以"非人"的方式对待。任何人都无权否定他人是一个具有人的基因组和人的生命特征的人类存在者,因此,凡是人,都必须给予最起码的"人"的尊重。

至于人与不特定的他人之间的相互尊重,很多人可能会认为没有与特定的人之间的相互尊重真实,也就没有那么重要了。实际上,一个人要想真正过上尊严的生活,更加应该重视与不特定的他人之间的相互尊重。因为,我们每个人的生活空间是非常有限的,与我们实际接触的人也是非常少的;而随着计算机和网络技术的迅猛发展,人们可能面对的最多的不是如何与特定的"熟人"交往,而是与不特定的、甚至虚拟空间的"陌生人"交往。由此,如何与不特定的陌生人交往才是我们要面临的重要问题。当然,相互尊重依然是一个基本原则。我们要努力培养心境是:当他不尊重我时,我依然要尊重他,即使他不在我的眼前。

(三) 自尊与相互尊重的关系

布兰登认为,"我们的自尊越强,我们就越愿意去尊重别人,宽待别人，怀着善意，公平地对待别人——因为我们不把别人当作一种威胁，自尊是尊重别人的基础"①。即是说，在社会现实生活中，只有每个人都具有了自尊意识，才可能形成相互尊重的社会氛围，也才可能确保每个人的尊严得以实现。然而，我们知道，并不是社会现实生活中的每一个人类存在者都具有自尊意识，而且自尊意识并不是与生俱来的，就像人的自我意识不是生来就有的一样。因此，如果以自尊作为尊重他人的前提或基础的话，那么一部分人就会被排除在"尊严享有者"之列，例如，胎儿、婴儿、智障者、痴呆病人、卑劣无耻到毫无自尊感的人等。

通常，一个没有自尊的人就不可能去尊重他人，不尊重他人也就不可能得到他人的尊重，也就不可能享有人的尊严。从这个意义上来说，一个人能否真正地享有尊严是有前提、有条件的，即具有自尊意识或自尊感，这种观点只适用于现实生活中具有理性判断能力的人。除此之外，以人类生命个体存在的人要么潜在地具有自尊意识或自尊感，要么已经丧失了自尊意识或自尊感，但他们始终享有人自身所固有的尊严。至于他们是否能在自身不能给予或不愿给予他人尊重的情况下获得他人的起码的"人"的尊重，绝大多数人是持肯定态度的，这就是人类之超越、高尚的一面。也就是说，每个人在尊重自己的同时也要承担以同样的方式尊重他人的道德义务，否则人就不可能实现受他人尊重的道德权利。即使是没有自尊意识或自尊感的人，我们也应该给予他们基本的作为人类存在者的尊重。因此，就人的尊严而言，并非每个人类存在者都有自尊，但所有的人类存在者都享有基本的"人"的尊严，即作为普遍性的人的尊严，都应该得到他人的承认和尊重，但得到他人尊重的程度是因人而异的。

① ［美］纳撒尼尔·布兰登：《自尊的力量》，王静译，知识出版社2001年版，第10页。

三　自律、自主与责任、义务

康德说："自律性就是人和任何理性本性的尊严的根据"[①]。在他看来，所谓自律就是意志自律，它告诉人们："你的行动，对待每个有理性的东西，都同样遵循当作自在目的的准则，不论是自己还是别人"[②]。自律与自主、自治、自决、自由都是密切相关的。

（一）自律与责任、义务密切相关

自律与自主、自治、自决、自由都是密切相关的。意大利学者马志尼（Giuseppe Mazzini）认为，自由是一个人履行责任的前提，他说："没有自由，你们就无法履行任何责任；因此你们享有获得自由的权利，并有责任用一切手段从人和不让你们获得自由权利的权势手中夺取自由。"[③]这里的"自由"是道德意义上的，"没有自由就没有道德，因为如果在善恶之间没有选择的自由，……也就谈不到什么责任"[④]。"责任以人格的自由为基础，当人的行为是根据自己的价值判断、自己的自由意志（自我决定）进行的场合，人对自己的行为是有责任的"。所以说，"在责任上，共同的侧面（为与他人共存而尽义务）和人格的侧面（自由意志）是不可分割地结合在一起的"[⑤]。总之，对于一个理性健全的人来说，其承担责任是以道德上的自由（即自由意志）为前提的。

自律所强调的是，人"必须在理性选择的指导下，有节制地满足自己的愿望、情感和需要"[⑥]。否则，就要承担由于自己的不当选择而给自己和他人所造成的后果。但人是否应当承担责任以及承担

---

① ［德］康德：《道德形而上学原理》，苗力田译，上海世纪出版集团2005年版，第56页。
② ［德］康德：《道德形而上学原理》，苗力田译，上海世纪出版集团2005年版，第58页。
③ ［意］马志尼：《论人的责任》，吕志士译，商务印书馆1995年版，第110页。
④ ［意］马志尼：《论人的责任》，吕志士译，商务印书馆1995年版，第110页。
⑤ ［日］岩崎允胤主编：《人的尊严、价值与自我实现》，刘奔译，当代中国出版社1993年版，第94页。
⑥ ［美］保罗·库尔兹编：《21世纪的人道主义》，肖峰等译，东方出版社1998年版，第170—171页。

什么责任或承担多少责任确实是有争议的。不管怎样，人无论是作为一个个体，还是作为一个社会存在物都要履行义务、承担责任，这是理所当然的，区别恐怕只在于所履行义务或承担责任的大小、多少不同而已。

自律，在某种程度上说，首先就要自爱。"在任何情况下，伦理利己主义都提倡把审慎原则作为道德生活的全部内容。这似乎不是不合理的。例如在犹太—基督教的传统中，自爱、即便是一种开明的自爱，也总是被看作不道德的核心，尤其是当它成为行为和判断的始基之时"①。自爱也可以说是自尊，自尊意味着有羞耻心。

自律，是与义务相关联的。人的义务包括对自己的义务、对他人和社会的义务。对自己的义务，就是人格自我实现的义务。马克思说："每个人为另一个人服务，目的是为自己服务；每一个人都把另一个人当作自己的手段互相利用。"② 因而，每个人只有先确立自己的需要、确立自我、确立个人利益，才能成为对方的手段。"每个人是手段同时又是目的，而且只有成为手段才能达到自己的目的，只有把自己当作自我目的才能成为手段，也就是说，这个人只有为自己而存在才把自己变成为那个人而存在，而那个人只有为自己而存在才把自己变成为这个人而存在"③。

自律，与责任也是紧密相连的，可以说，这两者是一个问题的两个方面。康德指出，人作为自在目的为自然界立法，人也服从这些规律，实际上就是履行自己的责任，而且尽到了自己一切责任的人是崇高的、尊严的。人在现实社会中生存，必须承担对他人的责任、对社会的责任、对国家的责任。这可以从两个方面来说。首先，从个人的角度来说，只有如此，才能体现他的价值、尊严。

① ［美］弗兰克纳：《伦理学》，关键译，生活·读书·新知三联书店 1987 年版，第 39 页。
② 《马克思恩格斯全集》第三十卷，人民出版社 1995 年版，第 198 页。
③ 《马克思恩格斯全集》第三十卷，人民出版社 1995 年版，第 198 页。

"当自我履行对他人的道德责任时,他同时也展示了自身人格的崇高性及存在价值:行为的'为他'可以看作是自身所达到的人格境界的一种外在确证"①。康德提出,人们并无增进自己利益的道德责任,而有发展自己的才能、重视自己的尊严、不准自杀的责任。每个人对自己的生命所担负的责任是对自己的完全责任的例子。"因为通过情感促使生命的提高,这是责任的普遍规律。责任的最高原则就是竭尽全力维护自己的生命,发展和提高自己的生命,使它具有最大的道德价值。如果一个人,由于饱经忧患,洞观恶邪,对生活感到厌倦,认为生命的延长只意味着更多的痛苦,把缩短生命作为自己的原则,那么这就是出于利己的动机,和责任的普遍规律是完全不相容的"②。康德把信守诺言看作是对他人的完全责任,把发展个人的才能看作是对自己的不完全责任,总之,他"把责任看作是普通人的理性,在自己的道德知识的范围内,可以找得到的原则"③,即规律或道德律,规律是责任的基础。其次,从社会的角度来说,只有社会中每一个成员都尽一份力量,社会才能得以存续、发展。哈耶克说:"确实是这样的,在一个缺乏道德基础的自由社会里,社会是十分令人不适的……根据我们现在的知识,我肯定,如果没有能够赞扬和批评的压力,促使人们对其行为负责,我们不可能建立一个成功的自由社会。"④ 可见,责任对于任何一种社会形态来说都是必要的。如果不履行对他人、社会、国家的责任,那么每个人的个体权利也无法得到保障。

(二) 自主与责任、义务是内在统一的

康德指出:"作为人的自由,我要把它那对一个共同体的宪法的原则表述为如下的公式:没有人能强制我按照他的方式(按照他

---

① 杨国荣:《伦理与存在——道德哲学研究》,上海世纪出版集团 2002 年版,第 71 页。

② [德]康德:《道德形而上学原理》,苗力田译,上海世纪出版集团 2005 年版,第 11—12 页。

③ [德]康德:《道德形而上学原理》,苗力田译,上海世纪出版集团 2005 年版,第 13 页。

④ 巴达拉科、金泰尔等编:《伦理化商业决策》,中国人民大学出版社 2003 年版,第 21 页。

设想的别人的福祉）而可以幸福，而是每一个人都可以按照自己所认为是美好的途径去追求自己的幸福，只要他不伤害别人也根据普遍的可能法则而能与每个人的自由相共处的那种追逐类似目的的自由（也就是别人的权利）。"① 所谓自由就是个人在关涉自己的问题或场合有自由选择的能力或权利。如果某人是受到他人的压制或胁迫而不得不做某事，那么就无自由可言。然而，如果一个人事事都依赖于他人，从无自己的独立判断，那么，这个人本身也不具备道德主体的资格，自然也就无所谓尊严。因此说，是否具有自主判断能力或自主行为能力，是一个人是否享有尊严的重要条件，但不是必备条件。从情感上来说，如果一个人没有自由，没有自主能力，那么这个人也很难感受到、体验到自己所享有的尊严，甚至会感到自身的尊严受损。

一个享有尊严的人，也必然是一个能够主动履行义务、承担责任的人。正如美国学者贝勒斯所言："如果一个人不能正常地被指望去履行责任和义务，我们就不会尊重他。"② 所有的义务、责任当然是来自于他个人所做的承诺或者进行的选择，也就是说，个人在行为之前已经进行过某种承诺或决断，个人作为"自我立法"的主体，当然就必须对自己的行为负责。不仅如此，一个不守信、不负责的人，最终也必然会丧失自身的尊严，而被社会隔离化、边缘化。因为，"义务"以及伴随的"责任"都是行为人自主选择的结果。

我们当然无法保证每一个自主选择都是那么的明智，但是，人也正是在这种"试错"之中成熟了自己。如果只允许自由选择而不需要承担任何后果，那么，一个社会必将分崩离析。因此，康德明确指出，人的行为所造成的一切后果或责任都应该由当事人自己承

① ［德］康德：《历史理性批判文集》，何兆武译，商务印书馆1990年版，第182页。
② ［美］迈克尔·D.贝勒斯：《法律的原则——一个规范的分析》，张文显等译，中国大百科全书出版社1996年版，第11页。

担。"可以说，整个规范的大厦都立基于人的意志自律之上。人并不仅仅是凭借着快与不快来安排自己的行为，决定自己的进退取舍，人的高贵之处在于它能超越于感性和功利之上，自觉地以一己的行为去践履来自于律令的使命"①。正是这种勇于负责的精神和气概，人才得以展示其尊严与人格之美。

在具体的伦理问题的争论中，当事人是否知情同意以及当事人是否具有自主选择的能力是判定某个行为是否损害了人的尊严的重要原则。在生命伦理学中，自主是指治疗或研究应当尊重患者或受试者的人格和尊严，治疗方案或实验研究都应在患者或受试者知情同意的基础上才能进行。但并不是每一个得到当事人知情同意、由其做出自主抉择的事件或行为都是合理的、正当的，前提还要是当事人没有受到任何压制或胁迫，且是在自己完全清醒的状态下自觉自愿做出的选择。即便如此，也有可能伤害人的尊严，当然未必是当事人的尊严，也可能是其他旁观者的尊严。以"投掷侏儒表演"为例，侏儒本人是自愿的，且没有受到任何胁迫，但是否是因为自身生活窘迫而不得不为之，侏儒本人并未作此表示，宪法法院以这种表演违背了"人的尊严"这一基本道德底线为由加以禁止，组织者不服，但估计绝大部分人会认为应该禁止这一表演。因为，观众或旁观者看到自己的同"类"以自身的缺陷为资本成为供他人取乐的工具或手段时，会感到同情或怜悯，甚至感到尊严受损。可见，是否感到尊严受损未必是以当事人为唯一判断标准的，作为同"类"，他人的受辱感受也可以作为判断的依据，这可以认为是所谓的人道主义情感和关怀。

然而，我们在对任何一个具体问题做出自主选择时，都必须承担相应的责任和义务，否则会使他人成为我们获得利益的手段或工具。例如，任何一个伦理问题的争论，实际上都是一个本着不伤害

---

① 吕世伦主编：《法的真善美——法美学初探》，法律出版社 2004 年版，第 465 页。

原则或者将伤害降低到最低限度原则，当事人乃至所有相关人员的权利、义务与责任的博弈过程。例如克隆人研究，对科学家来说，不能为了研究而不承担社会责任，如果在各方利益还未达成一致的情况下，科学家有责任和义务放弃或暂时放弃他的研究。又比如刑讯逼供，这是一种将人通过严酷的刑法限制在一种无力反击、甚至意识已经模糊的情势下，逼迫他承认自己的罪行，这罪行可能是真实的，也可能是子虚乌有的。但无论如何，一方面，这种限制其自由、违背其意愿、极尽侮辱之能事获得的证据在法庭上是无效的，这也是对人的尊严的尊重；另一方面也反映了强迫某人承担的责任和义务是不受法律保护的，自主与责任、义务是统一的。

第五章

尊重和保护人的尊严

只要是人，就具有人之为人的根本特性，享有人的尊严。然而，在社会现实生活中，人的尊严并不能得到完全尊重和良好保障，人的尊严被损害的事件时常发生，既有在人与人、人与社会之间的，比如残疾人表演才艺乞讨、带着宠物狗进餐厅和主人一起用餐、"挟尸要价"①等，也有在个人与国家权力机关之间的，例如"钓鱼执法"②"强制拆迁"③"开胸验肺"④等。对此，我们不禁要

---

① 2009年10月24日，长江大学数位同学在长江荆州宝塔湾江段野炊。因救两名落水儿童，其中的陈及时、方招、何东旭三名同学不幸被江水吞没，献出了年轻的生命。而打捞公司打捞尸体时竟然漫天要价。（赵毅衡：《趣味符号学》，重庆大学出版社2015年版，第110页。）

② 2009年9月8日，上海白领张军因好心搭载假装腹痛的"钩子"，惨遭"钓鱼执法"，被以"黑车"治罪，罚款1万元！也是在上海，一名叫孙中界的年轻司机，看到有人无公交车、出租车可搭乘，便顺道把他送到目的地。然而，这不到5分钟的善意之举，也被有关部门定为"非法营运"（他一再拒绝收钱，"钩子"只好在下车之际扔一张10元币在驾驶台上）。激愤的孙中界为证清白，断指自残！如此引鱼上钩，不但是对公权力的践踏，也是对公信力的污辱。（王方：《悟道》，宁波出版社2012年版，第148页。）

③ 强制拆迁、野蛮拆迁已经直接将政府放在了居民群众的对立面，是降低政府形象的"最佳手段"。七家湾的老人们至今还记得被强行"拔"掉的拆迁"钉子户"，同地区一拆迁户爬上屋顶拿着汽油宣称要"自焚"才保住自己的"屋子"，同地区的许氏父子在夜晚突遭"八名大汉闯进屋子殴打"。宝善地区业主委员会的郭老师在当地警察的面前被打得满面鲜血！（白友涛、陈赟畅：《城市更新社会成本研究》，东南大学出版社2008年版，第107页。）

④ 2004年8月，河南新密市农民工张海超在郑州打工回乡后，出现咳嗽、胸闷等症状，北京多家医院诊断为尘肺，而具有职业病鉴定资质的郑州市职业病防治所却诊断为"肺结核"。为了证明自己的病情，他不惜到医院"开胸验肺"。一个农民工以如此极端的方式与命运抗争，充分暴露了我国职业病防治体制之弊。（包季鸣主编：《人力资源管理——全球化背景下的思考与应用》，复旦大学出版社2010年版，第357页。）

问：为什么会发生这些事件？究竟谁应该对这些事件负责？执法者
凭什么敢如此漠视人的权利？当事人自己能够解决这些事件吗？现
实生活中应该如何尊重和保护人的尊严？要回答这些问题，本书认
为，应从 3 个方面做出思考：一是尊重和保护人的尊严是国家义
务；二是承认是尊重和保护人的尊严的价值诉求；三是程序正义是
尊重和保护人的尊严的基本要求。

第一节　尊重和保护人的尊严是国家义务

人的尊严是社会现实生活中具体的个人的尊严，而能够对个人
的尊严起到保护作用的只能是凌驾于个人之上的社会或组织，也就
是国家。我们知道，早在 17 世纪，霍布斯就明确指出，国家起源
于社会契约，即人与人之间为了自保和获得自己的利益而相互订立
的契约。就是说，每个人为了保全自己，让渡一部分权利给国家让
其代为行使，为了确保国家代为行使权利的有效性，人们达成协
议：国家是凌驾于个人之上的"权威"。但是，国家的权威不是永
远的权威，当他不能满足每个人的自保要求时，人们有权替换它。
可见，国家的权力是个人授予的，国家在行使权力的同时也应该对
个人承担相应的义务，然而，国家权力和国家义务不是完全对等
的，国家作为凌驾于个人之上的"权威"，应该承担起更多的保护
人们的义务。

一　尊重和保护人的尊严是国家应尽的义务

古典自然法学派认为，自然赋予人与生俱来的权利，即"自然
权利"，包括生命、健康、自由、财产和追求幸福的权利，这些权
利是从人的自然理性出发得出的人应该享有的权利，且不论这些权
利是否能够被证实，但它们确实已经成为人们在现实生活中所享有
的法律权利，而且通常是由现代国家的宪法所规定的人们作为公民

所享有的基本权利。即是说，公民基本权利来源于自然法学派所倡导的人的自然权利，而自然权利作为在人性基础上演绎出来的人应该享有的权利，其实现与否以及实现的程度关系到人之为人的内在价值和尊严。从这个意义上来说，公民是否切实享有基本权利关系到人的尊严是否得以实现。在现代国家，"国家义务是与公民基本权利相对应的一个宪法学范畴"[1]，就是说，在宪法上，公民享有人应该享有的基本权利，国家对公民享有这些基本权利承担义务，即"尊重和保障公民基本权利是国家最基本的义务"[2]。我们知道，尊重和保障公民基本权利，是为了确保公民作为人类存在者的内在价值不受侵犯，或者说为了确保人的尊严不受侵犯。虽然"公民"和"人"所指的对象不完全相同，但就此我们依然可以得出尊重和保护人的尊严是国家应尽的义务。

如果说国家最基本的义务是为了尊重和保护公民的基本权利，那么与公民的基本权利相对应的基本义务有哪些呢？美国学者亨利·舒（Henry Su）认为，与公民基本权利有关的国家义务有避免剥夺的义务、保护的义务和向被剥夺者提供帮助的义务；荷兰著名人权法学者艾德（Asbjorn Eide）将国家义务界定为尊重、保护和实现；我国学者龚向和博采众家之长，将国家义务划分为尊重、保护和给付3个层次[3]，他明确指出："尊重义务，是指国家自身不妨碍和干预公民自由的义务；保护义务，是指国家必须采取措施预防、制止、惩罚第三人侵害的义务；给付义务，是指公民通过自身努力不能达到基本权利的最低要求时国家予以救助的义务。"[4]

可见，就公民的基本权利而言，更加强调国家义务，国家权力主要体现在"保护义务"上，即国家对预防、制止和惩罚第三人侵

---

① 龚向和、刘耀辉：《基本权利的国家义务体系》，《云南师范大学学报》2010年第1期。
② 龚向和、刘耀辉：《基本权利的国家义务体系》，《云南师范大学学报》2010年第1期。
③ 龚向和、刘耀辉：《基本权利的国家义务体系》，《云南师范大学学报》2010年第1期。
④ 龚向和、刘耀辉：《基本权利的国家义务体系》，《云南师范大学学报》2010年第1期。

害采取积极作为的态度和方式；国家的"尊重义务"主要体现在国家对公民自由采取不作为的态度和方式；国家的"给付义务"主要体现在国家对实现公民的"基本善"应该采取积极救助的态度和方式，帮助他们过尊严的生活。从这个意义上说，国家义务就是尊重和保护人的尊严。《德国基本法》第1条明确规定："人的尊严不可侵犯。一切国家权力均有责任去尊敬与保护之。德国人民承认，不可侵犯与不可剥夺之人权，既是每个社团，也是世界和平与正义之基石。下列基本权利应作为可直接实施之法律，而约束立法、执法与司法机构。"① 可知，德国不仅将"尊敬和保护"人的尊严作为国家权力的责任或义务，而且将"人的尊严不可侵犯"作为一个原则或精神贯彻落实到其法律制度之中，来约束立法、执法与司法机构的行为活动。我国是大陆法系中受德国影响较大的国家之一，其法律精神中无疑渗透着对"人的尊严"的尊重和保护，且认同国家有责任有义务尊重和保护人的尊严。

那么，从现实性来看，国家应如何履行尊重和保护人的尊严的责任和义务呢？人的尊严是一个关系性范畴，它总是存在于人与其他事物的关系之中，表征的是人与其他事物的相互影响和相互作用所展现出来的不同特性或特质。然而，在一个全面推进依法治国②的社会里，究竟有哪些关系蕴含着"人的尊严"概念呢？孙莉指出："在法学上，'人的尊严'是一个关系性概念，是人在一定关系中被尊严地对待，而对人的尊严的实现最具体制性、根本性意义的关系是人与国家的关系——正如在罗尔斯那里，社会基本结构的正义是个人正义的前提。"③ 也就是说，在法治社会里，要尊重和保护人的尊严，首先应该从人与国家的关系入手，而"相对于人的尊

① 张千帆：《西方宪政体系》，中国政法大学出版社2005年版，下册，第148页。
② 2014年10月20日，中国共产党十八届四中全会在北京召开，首次以全会的形式专题研究部署全面推进依法治国这一基本治国方略。
③ 孙莉：《人的尊严与国家的修为》，《江苏行政学院学报》2011年第1期。

严而言，国家和社会更多地以'义务主体'的形式出现"①。作为义务主体，国家除了对上述论及的公民的基本权利的保护外，还应该更大范围地在公民的政治权、经济发展权、社会保障权、教育权等方面给予公民以"人的尊严"层面的更多的支持和关照，使其在工作和生活中具有尊严的获得感，最大限度地享有人的尊严。作为义务主体，国家要尊重和保护人的尊严，必须有所为，有所不为，国家不仅应在制定各种政治、经济、法律、社会制度上本着"人的尊严"原则积极而为之，还应遵循已制定的各项制度公平公正地执法，但在涉及人的个体权利，尤其是私人权利的领域，国家应该给予个人以充分的自主权，尽量不干涉个体权利的享有和行使，使其真正感受作为一个独立个体而存在的价值和尊严。

二　制度公正是尊重和保护人的尊严的前提

就国家而言，尊重和保护人的尊严首先就是要制定出公平、正义的社会政治制度、法律制度、经济制度、社会保障制度和教育制度。正如罗尔斯所言："正义是社会制度的首要价值，正像真理是思想体系的首要价值一样。"② 现实的个人都是一种制度化的生存，制度给人提供了社会生活空间，规定了人的活动方式，指明了人的价值目标和发展方向，易言之，人在现实生活中是一个怎样的存在，以何种方式存在都是由社会制度决定的。因而，制度是否公正对每一个人来说都是至关重要的。制度是由国家制定的，由此，制度是否公正取决于国家制定各项制度时是否本着公正的原则，是否充分考虑了关涉各方的利益和需求，是否使各方利益的博弈达到了均衡，是否能使各方利益在一种制度中公正地得以实现，是否尊重和保护了所有社会成员的尊严。换句话说，个人基本权利的实现与社会利益的分享取决于制度的公正与否，制度不仅决定了人们的最

---

① 胡玉鸿：《"人的尊严"的法理疏释》，《法学评论》2007 年第 6 期。
② ［美］罗尔斯：《正义论》，何怀宏等译，中国社会科学出版社 1988 年版，第 1 页。

初机会、出发点、生活方式以及未来的生活图景，而且是个体权益的规范化保障，这种深刻的影响是个人无法选择和逃避的。制度所遵循的原则决定了个人的道德立场和态度以及个人的行为取向。要言之，如果没有一个公正的社会制度，那么一些人的基本权益就可能无法得到保障，甚至受到损害，其所享有的尊严也将直接受到损害。因此，制度公正是尊重和保护人的尊严的前提。

然而，如何制定出公正的制度以尊重和保护人的尊严呢？所谓公正的制度，其前提是要符合人性，是对人之为人的内在价值的诠释，是以"人的尊严"为其价值目标的制度。因此，我们首先可以从制度上入手，将"人的尊严"作为一个价值理念或价值原则蕴含在各项制度之中，其次通过法律制度限制国家权力机关的行为以保护人的尊严不受侵犯。

（一）人的尊严：宪法制度的重要维度

当前，很多国家都是现代意义上以宪法为核心的法治国家。在法治国家，宪法在国家的整个法律体系中居于主导地位，具有最高的法律权威和最大的法律效力，既是国家治国安邦的总章程，也是公民立身行事的总依据。因此，在本质上，宪法是规范和制约国家权力、确认和保障公民基本权利的国家根本大法。宪法对公民基本权利的保障，主要体现在 3 个方面：一是要确保"人"在现实生活中的主体地位，尽可能地避免"人"被看作纯粹的工具或手段，以防"人的尊严"受到损害；二是要确保"人"享有一定的自由，对关涉自身的事物享有充分的自主权，能够自我决定，能够承担起相应的责任，这是"人"享有尊严的应有之义；三是要确保人之自由的、有尊严的生存状态，也就是确保"人"在现实社会中能够过一种有尊严的生活。正如夏勇所言："从现代宪法的历史来看，人类认识和把握并通过宪法制度表述出来的带有根本意义的法则主要有三：一是价值法则，其核心为人本和自由。人本即一切为了人，为了一切人。自由即维护人的尊严和福祉……其中，价值法则是最根本的，它是宪法的价值来源和逻辑起点。"① 因此，人是宪法制度之所以存在的根本，人的尊严作为一个基本的、核心的价值理念蕴含在现代法治国家的宪法制度之中。

要保障人权，首先要建立起一套完善的人权保障机制，这是宪法制度的重要内容。我们知道，完善的人权保障机制不仅有利于保障人权，而且有利于尊重和保护人的尊严，使人更好地享有尊严。因为，在人权保障机制的运行过程中，人的尊严作为一个价值理念得以体现。因此，人的尊严也是宪法制度的价值诉求，任何一个法治国家都有必要以"人的尊严"作为重要维度制定出一套适合国情的完善的宪法制度。所谓人的尊严包括两个维度：一是对人之为人的内在规定性的重视和保护，体现在对"为人资格"的承认和对"人的生命"的重视以及生命权的保护；二是对人的自由、自主权的制度安排和保障，对不同群体，尤其是弱势群体、少数族群、少数团体的承认和权利保障。

尊重和重视人的生命，保护人的生命权是人的基本权利，这一般是所有法治国家已经达成的共识，并且已经蕴含在其宪法制度之中。自由是宪法制度的核心价值，如何在宪法制度中充分体现人的自由，重视人的自主和自决，保障人的自主权和自决权，是所有法治国家一直努力探索的主题。一般来说，法治国家都是由不同族群组成的，即使在同一族群内部也会因为自然禀赋、政策倾向等使得一部分人处于相对弱势或劣势的状态，形成所谓的弱势群体，而且诸如同性恋等因先天、生理、心理或文化上的因素而形成的少数群体的存在也是客观现实，他们通过各种形式的斗争不断地为自身争取各种权益，这些斗争有的是温和的，有的已经演化成社会冲突，甚至有愈演愈烈之势。因此，现代法治必须高度重视文化多元主义背景下不同族群、团体等的社会承认和政治承认问题，对其的权利

---

① 夏勇：《宪法之道》，《读书》2003 年第 3 期。

保障进一步诠释了宪法对人的尊严的重视和保护。

现代政治的发展实际上就是人之内在价值的自我发现和自我塑造过程。所谓政治，其核心是国家权力的分配；现代政治就是在以宪法为核心的法治框架内对国家权力进行合理分配，对各种社会资源进行合理配置。民主法治是人类社会发展到一定阶段的产物，是文明的象征。现代国家竭力追求的"民主法治"实际上是一种社会理想，是人们对美好社会的向往和憧憬，是人们对自身生存的一种美好设计，也是人们对自身价值的美好追求。个人的内在价值和尊严必然随着社会制度的良性运行而得以实现。为了尊重和保护人的尊严，国家必须依据宪法行使公共权力，确保人们拥有独立自主的私人领域，能够充分发挥其自主权，否则，人的尊严就可能受到损害。然而，"国家之行为，涉及个人利益者，必须在个人有权影响国家行为之可能性下行之，此乃人性尊严与国家行为间之清楚界限"①。即是说，当国家公共权力的行使影响个人实现其合法权益时，个人并不是置身于事外的"旁观者"，而是能够以自己的行为影响国家行使其公共权力的"当事人"，即个人在国家行使公共权力上享有一定的自主权，这是个人之尊严的有效明证。总之，国家在制定以宪法为核心的法律制度时，以"人的尊严"作为一个价值理念或价值原则贯彻其中，并将国家权力限制在宪法制度中，确保人的自主权，不仅有利于宪法的良性运行，而且有利于尊重和保护人的尊严。

（二）人的尊严：法律制度的指导原则

人的尊严是一种价值理念。要使人的尊严成为指导人们社会生活实践的价值原则，除了将其作为宪法制度的重要维度外，还应该将其作为国家法律制度的指导原则。"这意味着一切侵犯人的尊严的法律不得制定，一切有损人的价值的法律的'法性'当受到质

---

① 李震山：《人性尊严与人权保障》，（台北）元照出版公司2000年版，第11页。

疑，对严重侵犯人的尊严的法律，法官有权拒绝它的拘束力，对以侵犯人权方式获得的'事实'，法官得否定它的法律效果"[1]。从法律上来说，要尊重和保护人的尊严，必须从立法、执法、守法3个层面入手。

首先，从立法来说，必须肯定尊重和保护人的尊严是制定法律制度的指导原则，并且以是否损害了人的尊严作为评判法律制度之内容的价值标准。法律制度就是指在法律调整各种社会关系时所形成的体现社会制度的各种制度、规范和规则的总和，有多少种社会关系就包含有多少种具体的法律制度。要想使这些法律制度都能够体现和贯彻"人的尊严"的指导原则，首先必须要制定一部以"尊重和保护人的尊严"为根本价值的宪法。《德国基本法》在"二战"后"首先尝试"，我国受大陆法系的影响，现行宪法的第三十八条规定："中华人民共和国公民的人格尊严不受侵犯。禁止用任何方法对公民进行侮辱、诽谤和诬告陷害。"[2] 关于"人格尊严"，我国宪法学界一个比较有影响力的观点认为："从道德上讲，人格尊严是指人的自尊心和自爱心，就是指作为一个正直、品质端正的人，都有他的自尊心和自爱心，不允许别人侮辱和诽谤"；而"法律规定公民人格权的内容包括：姓名权、肖像权、名誉权和人身权"。[3] 由此，作为义务主体的国家，在制定宪法和各项法律制度的时候，必须以尊重和保护人的尊严为指导原则，以不伤害人的"自尊心"和"自爱心"为具体原则，以不受他人的侮辱、诽谤和诬告陷害为具体目标，以维护人的姓名权、肖像权、名誉权和人身权不受侵犯。

就法律制度来说，应该贯彻康德"人是目的"的尊严观，即强调每一个人都是目的，而不仅仅是手段或工具；即使人被当作

---

① 周永坤：《法理学——全球视野》（第3版），法律出版社2010年版，第130页。
② 谢立斌：《宪法解释》，中国政法大学出版社2014年版，第159页。
③ 许崇德编：《中国宪法》，中国人民大学出版社1996年修订本，第418页。

手段或工具时，也必须要有一定的前提条件，比如，为了一个更为合理的"善"目的。举例来说，当有一个儿童落水时，必须船夫划船过去才可以施救，但船夫要价很高，施救者不得已的情况下强行划船过去将落水儿童救起；对于船夫来说，施救者违背了他的自主意愿，让他感到尊严受损，而对施救者而言，他之所以侵害了船夫的尊严，是因为他想救落水儿童的生命。在此，但凡有理性和良知的人都不会认为施救者的做法是错误的，因为落水儿童的"生命尊严"超过了船夫的"主体尊严"。由此可知，在法治国家，人的尊严不仅是一个价值理念，也是一个契约范畴。人的尊严所指向的意义或目的都可以纳入契约的范畴，成为法律制度所规范的内容。

我们知道，人的尊严是基于人性基础的，"人是目的"尊严观要求制定法律制度时，必须首先考虑人的本性和人的自然需求，否则就是对人格的贬低，对人的尊严的亵渎。何为人的本性？人有哪些自然需求？应该如何从法律制度上确保人的自然需求？关于这些问题的探讨一定程度上决定了法律制度的合理性以及对人的行为的规范效力。也就是说，法律制度是否被人们所认可和遵从，关键在于它是否符合人性，是否符合人的需求。不符合人性和人的需求的法律制度要么损害人的尊严，要么形同虚设，不可能起到规范人的行为和优化社会秩序的作用。因此，要制定切实有效的法律制度必须以发展的眼光不断反思人性和人的需求，对其做出正确的界定。

当前，法治国家中明确否定或排斥"人"的地位的法律少之又少，但在"人"的规定上却有着很大的差异。比如，有的法律制度注重管理和规制，更多地强调国家或政府应该如何管理和规制人的行为或社会运行秩序，而人的自主性，尤其是个人在法律制度中的主体地位和自由意志没有得到充分的体现，个人在社会现实生活中更多地是作为被管理者、被指挥者而存在的，人的自由意志的无从表达必然会损害到人的尊严，因为这是违背人之自由本性的。还有的法律制度强调集体主义，不注重个人之合法权益的保护，以致在执法过程中势必会损害到个人的利益，甚至损害人的尊严。

另外，人的尊严作为制定法律制度的指导原则，为尊重和保护社会的弱者群体提出了重要的立法任务。从某种意义上说，如果人处于贫困潦倒的境地，衣不蔽体，食不果腹，那么其尊严何在？甚至可以说，如此情况下对他谈尊严是一件很奢侈的事情。尽管极度贫困和尊严之间没有必然的联系，但我们无可否认的是，当一个人靠自身的努力，其生存都无法保障的时候，要想获得他人或社会的承认岂非易事？当然前提是他所处的社会制度是公平的、正义的。何为公平、正义的社会制度？罗尔斯认为，一个能够确保社会中最弱势的群体通过自身的努力可以实现其"基本善"的制度就是公平、正义的社会制度。然而，社会现实生活中难免有人会因为先天或后天的原因无法实现其"基本善"，因此，一个文明社会有责任有义务帮助他们获得"基本善"，首先就可以从立法上加强对弱者的保护，不仅尽可能地确保他们拥有"基本善"的物质生活，而且确保他们能够充分发挥其自由意志，使他们享有作为主体存在的尊严。

其次，从执法来说，就是要将法律制度中的"人"作为主体来看待，尊重和保护其作为主体存在的尊严。当前，行政执法过程中关涉"人的尊严"的问题或案例很多，尊重和保护人的尊严日益成为现代法治的核心问题。"在所有国家权力中，行政权力是最桀骜不驯的，因为它是唯一不需要借助程序就能行使的权力，所以它有极大的随意性和广阔的空间。严格的法治，首先应建立对行政权的严格控制制度"[①]。国家行政机关行使"权力"的对象一般是公民

---

① 徐显明：《论"法治"构成要件——兼及法治的某些原则及观念》，《法学研究》1996年第3期。

或个人，因而，国家行政机关如何行使权力、如何执行法律以及其行使权力、执行法律时的态度和方式都可能对"人的尊严"造成损害。例如，许多法治国家的警察都会使用"警犬执行公务"，然而，就这一做法是否侵犯"人的尊严"，不同的国家给出了大相径庭的解释：奥地利宪法法院判决这一做法使受攻击者感到自己被当作可以被"警犬"捕获的"猎物"来对待，警察严重蔑视其作为"人类个体"的尊严，是一种不人道的、蓄意侮辱的行为；而挪威最高法院对一起"警犬被犯罪嫌疑人攻击"的案例做出裁定，警犬享有与公职人员同等待遇，任何针对警犬的暴力攻击都将受到惩罚，且惩罚程度与"攻击警员"的罪行相当。可见，就"人的尊严"而言，不同国家的看法不一，然而，可以确定的是，"人的尊严"已日渐成为国家行政机关行使权力的重要评判标准。任何个体、组织，尤其是国家公职人员都无权肆意损害"他人"的人格尊严，这不仅是法律要求，也是道德底线。在刑事司法领域，如何确保犯罪嫌疑人能够有尊严地接受制裁，是考验一个国家的司法能否尊重人的尊严的根本所在。实际上，由于刑事司法领域涉及对罪犯的惩处，因而也是最易侵犯人的尊严的领域，严刑逼供、违法取证等违背犯罪嫌疑人自主意志的行为所造成的冤假错案就属此例。严刑逼供是对人的尊严的严重侵犯，它不仅违背了人的自主权，而且将人置于一种身心备受摧残又无力还击，甚至丧失自主意志的境地。然而，严刑逼供所造成的恶劣后果可能不只针对"被逼供者"本人，他身边的亲人的合法权益，甚至尊严也可能受到损害。国家作为凌驾于个人之上的政治实体，拥有惩治犯罪的权力与手段。然而，国家的权力同时也是国家的职责，如何对待罪犯是衡量国家性质乃至国家精神的一个重要标尺。至于如何对待罪犯，国家既要考虑自己的理性和权威，又要考虑公民的权利和主体尊严。

再次，从守法来说，人的尊严强调法律制度的可接受性，正所谓"法不强人之所难"。从一般意义上来说，如果一部法律超出人们的实际能力，不考虑人们所处的现实环境，一味以高标准、严要求来迫使人们从事某种行为，这同样是对人的尊严的侵犯。就具体的个人而言，由于每个人的接受程度不同，同样的法律要求可能会遭到不同的对待。然而，即便某人不能接受，不能按照法律要求行事，也不能被认为是对某人的尊严的侵犯，更不能成为某人违法犯罪的理由。因为，法律是对人的行为的一般要求，是基于底线道德做出的最基本规定。一般来说，具备法律要求的主体资格的人都能够遵守。

所谓"强人所难"的法律是指一般人，甚至所有人都没有能力遵从他身边的亲人的合法权益、甚至尊严也可能受到损害。国家作为凌驾于个人之上的政治实体，拥有惩治犯罪的权力与手段。然而，国家的权力同时也是国家的职责，如何对待罪犯是衡量国家性质乃至国家精神的一个重要标尺。至于如何对待罪犯，国家既要考虑自己的理性和权威，又要考虑公民的权利和主体尊严。

最后，从守法来说，人的尊严强调法律制度的可接受性，正所谓"法不强人之所难"。从一般意义上来说，如果一部法律超出人们的实际能力，不考虑人们所处的现实环境，一味以高标准、严要求来迫使人们从事某种行为，这同样是对人的尊严的侵犯。就具体的个人而言，由于每个人的接受程度不同，同样的法律要求可能会遭到不同的对待。然而，即便某人不能接受，不能按照法律要求行事，也不能被认为是对某人的尊严的侵犯，更不能成为某人违法犯罪的理由。因为，法律是对人的行为的一般要求，是基于底线道德做出的最基本规定，一般来说，具备法律要求的主体资格的人都能够遵守。

所谓"强人所难"的法律是指一般人，甚至所有人都没有能力遵守的法律，这种法律实际上违背了现代法律的立法精神，限制了人的自主性，是对人的尊严的侵犯。从一定意义上来说，新的法律规定不能溯及以往所发生的事件和行为也是基于这种考虑。因为人的认识能力是有限的，人不可能预见将来会发生什么社会现象或事实，不可能预见国家法律将来会进行哪些方面的改动或变化，而且未来可能发生的状况也不是现有认识能力可以接受的。因此，法律规定，甚至社会生活中的各种具体的制度一旦订立，也都只能溯及往后，若溯及以前的话从某种程度上说也是对人的尊严的侵犯。总之，法律规定应该充分考虑一般人的接受能力，立法机关应该把握好这个度。因为法律规定是具有前瞻性的，是在现实和理想的博弈中不断向前发展的，人也是在这种博弈中不断发展进步的。作为社会主体，人既不是立法的工具，也不是守法的工具。实际上，只有在法律与人的自然本性、自然需求和自然情感相吻合时，才会出现人人守法的良好局面，才能充分体现人的内在价值和尊严。

（三）人的尊严：经济制度的基本方向

现代社会的各种制度，无处不彰显着"人是目的"的尊严观，强调每一个人都是目的，都应该被当作"目的"来对待，而不应该仅仅被当作手段或工具，这是表征"人的尊严"的第一要义。然而，在社会现实生活中，"人人都是目的"的尊严观是很难实现的，因为"人的本质不是单个人所固有的抽象物，在其现实性上，它是一切社会关系的总和"①，人的一切行为都不可避免地要与他人发生这样或那样的联系，人的价值和意义也必然要在与他人的各种关系中才能实现。在各种关系中，经济关系是一个基本的、首要的关系，因为维持人的生存是人的第一需要，是人实现其他更多高层次需要的基础和保障，而维持人的生存首先体现在人要有维持生存的基本的物质保障，要有满足人的最基本的衣食住行的各种条件。因此，由国家制定的经济制度必须要以满足"所有人"的生存为基本目标，尤其是要为贫困阶层提供维持其生存所必需的基本的物质资

---

① 《马克思恩格斯文集》第 1 卷，人民出版社 2009 年版，第 505 页。

料，为贫困人口的真正脱贫创造各种条件，这是落实"人是目的"尊严观的第一步。

公平、正义的经济制度是贯彻和落实"人是目的"尊严观，确保人人享有尊严的基本制度保障。作为义务主体的国家，必须要以"人的尊严"为指导原则来确定国家的经济发展模式，制定国家的经济增长目标，力图在国家的经济增长和社会公平之间寻找一个均衡点，在实现一定的经济增长的同时又能够通过社会发展成果的再分配来为"所有人"提供一个可预见的、可期待的也可实现的美好的生活愿景。这里需要强调的是，公平、正义的经济制度一定是对"所有人"的价值关怀，而非一部分人或一部分地区。因此，如何缩小当前我国较大的贫富差距是其公平、正义的经济制度所必须考虑的首要问题。在现实生活中，完全消灭贫富差距是不可能的，也是不现实的，而且势必也会损害一部分先富起来的人的正当利益，使其尊严受损；而较大的贫富差距又势必使一些贫困人口对国家和社会感到无望，对自己的未来失去信心，甚至会否定自己作为人的价值和尊严。然而，作为义务主体的国家，有责任有义务让其国民都过上尊严的生活，因此，国家有义务通过以"人的尊严"为基本方向的经济制度的制定，经济规则的变化以及经济发展成果的再分配来不断缩小贫富差距，以实现社会的相对公平，尽可能地使每个人都具有尊严的获得感。

（四）人的尊严：社会保障制度的根本目标

社会保障是"国家和社会通过立法对国民收入进行再分配以期对全体社会成员的社会生活提供基本保障的总称。社会保障的责任主体是国家或政府，保障的对象是全体社会成员，保障的目标是满足人的基本生活需要，保障的手段是通过立法进行的国民再分配"①。满足全体社会成员的基本生活需要是"人是目的"尊严观

---

① 秦越存：《人的尊严是社会保障的伦理基础》，《道德与文明》2003 年第 1 期。

的集中体现，也是人之所以享有尊严的基本物质基础。也可以说，社会保障就是旨在保证每个人都享有作为人的最起码的尊严。由此，作为义务主体的国家或政府，有责任、有义务制定一个公平、正义的社会保障制度。

所谓公平、正义的社会保障制度首先要保障的是全体社会成员都能够通过自己的努力免于生存困难。2007 年党的十七大报告提出要"使全体人民学有所教、劳有所得、病有所医、老有所养、住有所居"①，表明我国政府把这"五有"作为保障和改善民生的基本目标。2012 年 11 月 15 日，习近平当选中共中央总书记后的第一次讲话时指出，人民期盼有"更好的教育、更稳定的工作、更满意的收入、更可靠的社会保障、更高水平的医疗卫生服务、更舒适的居住条件、更优美的环境"②，可概括为"六有"，即"学有好教、劳有当得、病有良医、老有福养、住有宜居、闲有美景"。由此，社会保障目标由"五有"发展变化为"六有"，充分体现了我国政府高度重视全体社会成员的"幸福和尊严"，把使每一个人过"有尊严的生活"作为社会保障的根本目标。

如何贯彻和落实从"五有"到"六有"的社会保障目标，党的十七大提出"以基本养老、基本医疗、最低生活保障制度为重点"③。关于基本养老，我国未来的保障目标是扩大基本养老的覆盖范围，使受益的群众更多，尽可能地满足更广大人民群众的基本生活要求，使其得到同等的国民待遇，以实现其作为人的价值和尊严。关于基本医疗，当前，我国已实现基本医疗保险制度全覆盖，到 2012 年年底，我国基本医保的参保人数超过 13.4 亿，织起了全

---

① 中共中央文献研究室：《十七大以来重要文献选编》（上），中央文献出版社 2009 年版，第 29 页。

② 《习近平等十八届中共中央政治局常委同中外记者见面》，新华网 http：//news. xinhuanet. com/18cpcnc/2012－11/15/c_ 113697411. htm。

③ 中共中央文献研究室：《十七大以来重要文献选编》（上），中央文献出版社 2009 年版，第 30 页。

球最大的一张基本医疗保障网。未来，我国基本医疗将在医疗服务、医疗费用、疾病津贴、疾病医疗期及死亡待遇、对患者家属提供一定的经济补偿等方面做出进一步的制度安排并加以贯彻落实，进一步保障人民群众的身心健康，确保全体社会成员的生命尊严和价值。最低生活保障制度是指政府对贫困人口实行最低生活保障的社会救济制度。当前，我国最低生活保障制度已覆盖城市居民和部分农村居民，因此，积极建立农村居民最低生活保障制度是国家制定公平、正义的社会保障制度的重要内容，也是实现全体社会成员的尊严和价值的重要着力点。

第二节　承认是尊重和保护人的尊严的价值诉求

从政治哲学的角度来说，尊重和保护人的尊严首先就是要从政治上"承认"每个人作为人类存在者所应该享有的权利。当前，几乎所有的国家都出现了具有不同认同的群体之间的冲突问题，只是不同国家所表现出来的方式和程度不同而已。这些群体主要包括少数族群、弱势群体、少数团体等，他们之间的冲突主要是为了争取基本权利，得到社会的承认和认可，同其他群体一样获得属"人"的权益保障，实际上是要求享有普遍性的人的尊严。当他们将权利要求诉诸于公共权力时，就会对国家法律或政策形成持续不断的压力。如今，这些群体的社会抗议运动逐渐汇聚成一股重要的思潮，即"文化多元主义"（Multiculturalism）。

文化多元论者虽然观点各异，但他们都坚持一点：试图对少数群体的权利予以证明。"他们普遍认为，现代社会具有深刻的多样性，但是当前的社会在对待这些差异的问题时，存在着严重的问题，这往往导致了处于非主流的群体被边缘化、被排斥、被迫沉默或者陷入被同化的命运。这些群体开始寻求一种新的公民资格。这种公民资格已经不再能够满足于'平等尊重'的'作为共同权利的公民资格'，而要求能够承认和包容差异的'区别对待的公民资格'"①。在文化多元主义背景下，要解释这种认同之间的冲突问题，更多地应该从文化方面入手。"所有这些现象具有一个共同点，就是受压迫的集体认同为获得承认而进行的政治斗争。这种善不同于其他的集体善。它不能被广义的社会报酬（收入、闲暇、工作条件等）所取代"②。因此，随着社会政治经济的迅速发展，人的自我意识、主体意识不断提高，要求得到社会、他者的"承认"已经成为当前社会中不同群体所努力追求的首要价值，它关系到不同群体的人的尊严问题。

一　弱势群体的"承认"尊严

弱势群体（Social Vulnerable Groups），亦称"社会脆弱群体"、"社会弱者群体"，"指那些没有或很少拥有社会资源、处于社会底层的社会群体"，"缺少表达与维护自身基本权利的能力，缺乏竞争力，缺乏抵抗风险的能力，缺乏依靠自己努力改善其境遇的可能性"，以致其"基本权利由于诸多原因不能得到有效尊重与保护"，"在政治、文化和心理上都处于社会的边缘"。③ 因此，弱势群体实际上是一个相对性概念，首先，主要指现实社会中因为自然禀赋、政策倾向等先天的或后天的因素处于相对弱势或劣势的状态的一部分人，体现在智能、体能以及权能等方面；其次，它还是一个动态性概念，指现实生活中的每一个人都可能随时在激烈的社会竞争中处于相对弱势或劣势的状态，包括失业、贫困、孤立、边缘化状态。易言之，弱势群体就是在社会中各方面相对处于弱势或劣势的人群。由此，当前我国社会生活中的弱势群体包括老年人、残疾

---

① 龚培渝：《认同与承认——查尔斯·泰勒"承认的政治"的合理性》，硕士学位论文，吉林大学，2006年，第3页。

② Jurgen Habermas，"Address: Multiculturalism and the Liberal State"，*Stanford Law Review*，Vol. 47（5），1995，pp. 849–853.

③ 朱贻庭主编：《应用伦理学辞典》，上海辞书出版社2013年版，第354页。

人、精神病患者、体弱多病者、失业者、贫困者、下岗职工、农民工等。然而，我们必须肯定的是，不论是处于弱势还是劣势，任何人在人格上都是平等的，都享有平等的作为"人"的基本尊严。

一个文明的现代国家，应该关心和重视每一个社会成员的权益，尊重和保护每一个社会成员的尊严。对任何一个国家来说，弱势群体的存在都是一个不可回避的客观事实。现实生活中之所以会形成相对弱势或劣势的群体，一是因为现代契约依然存在隶属关系，比如劳动关系，劳动者有出卖或不出卖自己劳动力的自由，但为了生存，劳动者通常会被迫成为靠出卖劳动力为生的被雇佣者，与雇主形成隶属关系，雇主因此获得了对劳动力的支配权；二是因为信息不对称，没有隶属关系的人们可能由于对信息掌握程度的不同而造成其各自在社会地位上的不平等；三是因为经济力量的差距，现实社会中的贫富差距甚至贫富悬殊始终是存在的；四是由于自然原因和传统影响，妇女、儿童、老人、残疾人由于生理原因和传统观念的歧视，往往在社会竞争中处于不利地位；五是由于不良制度的影响以及其他一些个人的因素，制度的好坏直接影响人们在社会中所处的地位和个人所得到的发展机会，个人由于生理或心理原因而形成少数群体如同性恋等。当前，现实社会中的弱势群体主要包括：儿童、老年人、残疾人、同性恋者、精神病患者、失业者、贫困者、灾难中的求助者、农民工等。尊重和保护弱势群体已经成为现代文明国家的共识。之所以强调国家应该对弱势群体的权益加以特别保护，是因为：

第一，人道主义关怀。现代国家强调法律对弱势群体做特别的保护，实际上是出于一种对弱势群体的人道主义关怀。现实生活中的弱势群体，通常是处于一种相对弱势或劣势的不对等状态，且受到不公平对待，导致自身权益遭到不合理侵害、自身尊严受到损害的人，或者因非自身原因造成失去工作机会而危及生存的人。试想，若一个人连基本的生存条件都无法确保，又谈何其享有人的尊严呢？因此，现代国家或政府应当给予弱势群体最基本的生存保障，使其过一种有尊严的生活。

第二，公平正义的法律制度之体现。从法律自身的角度来看，保护弱势群体的实质就是贯彻和落实宪法、法律的正义原则。我们知道，现实社会中每个人所具有的自然禀赋、潜能、性格等方面的差异是客观存在的，他们各自所获得的成绩或成就也是有差别的。因此，我们必须努力寻求在自然、经济、社会和文化等方面均存在差异的现实生活中的"实质正义"，即切实思考每一个社会成员应该如何获得平等的主体资格。易言之，在不对等的前提下思考如何平等的问题，即如何使每一个人类存在者享有平等的尊严。

第三，贡献社会的补偿。弱势群体对社会的贡献是不容忽视的。因为，弱势群体对社会的贡献可能付出了两倍甚至多倍于常人的努力和汗水，这种意志和品格是难能可贵的，是应该得到社会的承认和认可的。弱势群体在某些方面给予人的精神性鼓舞不是任何物质性的东西可以衡量的，之所以对其倍加赞赏是因为它充分展示了弱势群体的内在价值和尊严。

另外，弱势群体是一个动态性概念。具体来说，就是指那些由于自然、经济等方面的相对劣势状态而难以像正常人那样去化解社会问题造成的压力，以致其陷入困境、处于不利地位的人群或阶层，具有以下3个基本特征：第一，弱势群体的成因受各种因素的制约，既可能是客观的或自然的，也可能是主观的或人为的；第二，贫困或困厄是弱势群体在经济利益上所面临的共同困境；第三，弱势群体在社会和政治层面也往往处于弱势地位，通常情况下，弱势群体所掌握的资源较少，即使人数众多，其利益表达也很难在社会中引起重视，往往要靠政府和大众传媒来为他们的利益说话。

那么，究竟应该如何关注和保护弱势群体呢？现代国家多年的探索和经验告知，要保障弱势群体的基本权益，尊重和保护弱势群体的尊严应该坚持4条基本原则：关心、支持、自助和增权。

所谓关心，就是政府乃至全社会都应当关心弱势群体，不仅要关心弱势群体的身体和生活，而且要关心弱势群体的心灵和精神，尤其是社会强势群体，更应该本着人道主义的关怀精神勇于承担起对弱势群体的责任。我们知道，一个公平、正义的社会是所有人都受益的社会，尽管每个人在社会中的受益多少不同，但底线是每个人都能从社会中受益，这是作为普遍性的人的尊严的内在要求。从这个意义上说，关心弱势群体实际上就是要平等地对待弱势群体，甚至要对弱势群体倾注更多的热情和关爱，注意倾听弱势群体的声音，重视弱势群体的价值诉求；而不能怀着救世主的心态，居高临下地同情或怜悯弱势群体，这样可能会使弱势群体产生一种挫败感，甚至感到尊严受损；更不能片面宣传和强化强势群体的价值观，并把这种价值观强加给弱势群体，使弱势群体的自由意志被扼杀。

所谓支持，就是政府或社会应当建立健全相关的社会政策，为弱势群体提供有效的制度性支持。任何一个社会的良性运行都必须要有适当的社会政策和必要的社会机制做保障。弱势群体作为社会成员的一部分，其客观需要的满足是政府或社会在制定社会政策时必须要考虑的问题，尽可能为弱势群体提供制度性的社会支持是一个现代国家的政府或社会不可推卸的责任，也是现代国家之文明的标志。以同性恋为例。我们知道，同性恋得到"社会承认"也经历了一个从犯罪—不道德—宽容—接纳的社会认知过程，这是同性恋群体竭力寻求"社会承认"的抗议运动的结果。如今，一些国家已经允许同性恋结婚，个别国家和地方允许男同性恋通过"代孕"生养孩子，诸如这些都是基于对同性恋身为"人"的基本权益的认可和保障，也是对同性恋作为"人类存在者"所具有的内在价值的尊重和保护。这无疑是一个社会的进步。

所谓自助，就是使弱势群体走向自立、自尊和自强。一般来说，就弱势群体而言，必要的社会支持是十分重要的，但是，最终摆脱弱势地位仍然要靠其自身的努力，外部的社会支持只是为了增强弱势群体改变其弱势地位的能力。我们知道，完全依赖外部的社会支持，是无法彻底改变一个人乃至一个群体的弱势地位的。因此，现代国家的政府或社会必须以增强弱势群体的自助能力为其工作的重点。

所谓增权，就是"使弱势群体这样一个'无权的一群'减少无权感，对社会权利、个人权利、政治权利有更深刻的认识，并因此变得足够强壮而足以参与影响他们生活的事件和机构，进而促进主体角色意识的提升和尊严感、福祉感的增强"①。一般来说，"弱势群体"都是由于"自然的、社会的、政治的、法律的剥夺，在政治、经济、文化、能力、境遇等方面的权利处于相对劣势地位，遭到社会排斥，以致'可行能力'不足的人"②，而"增权"首先就是积极发现"弱势群体"的发展潜能，激发其不断努力奋斗，帮助其补足自身所具有的先天或后天的不足，增强其"可行能力"，使其从困境中解脱出来。其次，"增权"还要尊重和保障弱势群体在政治、经济和社会权利等方面的参与权，尤其是确保其参与那些于己有关的各项社会决策的权利，表达自己的声音，有效维护自身的合法权利。最后，"增权"还意味着要增强弱势群体利用"法律手段"维护自身权益的能力，因此，帮助弱势群体熟识法律知识、掌握法律方法、积极参与法律实践以提高自身的法律素养是"增权"的重要内容之一。

以当前我国新生代农民工的尊严为例。马克思说："尊严是最能使人高尚，使他的活动和他的一切努力具有更加崇高品质的东

---

① 李贵成：《增权理论视域下维护新生代农民工尊严问题研究》，《郑州大学学报》2013 年第 5 期。

② 胡玉鸿主编：《弱者权益保护研究综述》，中国政法大学出版社 2012 年版，上册，第 98 页。

西。"① 随着我国经济发展和社会发展的不断进步，农民工的代际转换也不断深化，新生代农民工已经成为我国农民工群体中的主体力量。然而，"由于我国传统二元体制下所产生的排斥惯性，新生代农民工在政治尊严、社会尊严、就业尊严、制度尊严等方面严重缺失，成为一个生活在城市中的弱势群体"②。所谓政治尊严缺失，是指由城乡二元户籍制度导致的新生代农民工既不能参与所在城市的社会管理与决策，又不愿回乡参加选举而导致的政治话语权的缺失；社会尊严缺失是指由于长期的城乡二元分割导致新生代农民工与城市市民之间存在着严重的心理隔阂，由缺乏市民承认而造成的不平等和歧视；就业尊严缺失是指新生代农民工由于自身受教育程度不高只能从事城市人不愿干的"脏累险"工种，工作变动频繁，生活得不到保障；制度尊严缺失是指由城乡二元分割的经济体制造成的新生代农民工无法享受与城市居民相同的养老、教育、医疗、住房等福利待遇，致使其基本权益受到侵害，甚至被剥夺了在城市的生存与发展机会。③ 由此，李贵成为新生代农民工的尊严指出了以下4个增权途径："畅通新生代农民工政治参与的制度化渠道，给新生代农民工以平等的政治权利；着力解决新生代农民工社会保障问题，给新生代农民工以平等的社会权利；提高新生代农民工的薪酬待遇，让新生代农民工过上有尊严的生活；增强人文关怀，让新生代农民工带着尊严融入城市"。④

二 边缘人群的"承认"尊严

所谓边缘人群是一个相对于主流社会之外的相对稳定而又与主

---

① 《马克思恩格斯全集》第 1 卷，人民出版社 1995 年版，第 458 页。

② 李贵成：《增权理论视域下维护新生代农民工尊严问题研究》，《郑州大学学报》2013 年第 5 期。

③ 李贵成：《增权理论视域下维护新生代农民工尊严问题研究》，《郑州大学学报》2013 年第 5 期。

④ 李贵成：《增权理论视域下维护新生代农民工尊严问题研究》，《郑州大学学报》2013 年第 5 期。

流社会的人群在经济结构、收入或是政治观念、宗教信仰、文化基础方面有较大差异而难以被主流社会接受的人群，实际上是被主流社会忽视、排斥或极少关注的群体。之所以会出现边缘人群，是经济、政治、宗教文化，风俗习惯等多方面因素的结果，但主要是经济原因造成的。所谓经济原因，主要有两种形态：一是该群体的自身经济形态、结构与周围有较大差异，甚至格格不入，主要出现在边远地区和多国交界的地区；二是该群体的经济结构虽然与周围相近或相似但是收入与周围人群有较大差异，主要出现在同一国家统一经济体系之下的特殊情况，如都市的"拾荒者"，包括都市中的"蚁族"。此外，有些看似宗教文化原因造成的边缘人群，其实质依然是经济原因造成的，况且对于非宗教国家而言，宗教文化差异所扮演的角色并不是很重要。因为各非宗教国政府一般都会尽力强调多元文化共存。

边缘人群也一直都在为自己的"社会承认"而努力着、斗争着。因为是否被社会承认关系自身基本权益的保护，关系自身尊严的享有。不"被承认"就意味着无法享有相应的政治权利和法律权利，就意味着其没有人权或者说只享有部分人权，这是对边缘人群同样作为人类存在者的蔑视和不尊重，长此以往，势必会引起边缘人群的社会抗议运动。一般来说，当一个国家出现政治不稳定或是严重的经济危机时，首当其冲的受害者是贫困阶层，而贫困阶层一般来说都是边缘人群，他们为了自己的"社会承认"而抗争，为了自己的权益、自己的尊严通过游行、示威，甚至社会冲突等多种斗争形式，造成社会的不稳定；尤其是那些由于政治立场不同而被边缘化的人群，如果他们受到长期的打压或是不公正待遇，可能会对政局造成消极影响。由此，现代国家应该关注和重视边缘人群的"社会承认"问题，尽可能地消除贫困。首先，通过社会再分配确保边缘人群的基本生活，保障其过一种享有最基本的尊严的生活；其次，通过政策扶持、资金支持等多种手段帮助边缘人群走出贫困，竭力发挥自己的潜能，使其享有和其他社会成员同样的人的尊严。

除此之外，另一类相对独立的边缘人群并非以上各种因素所导致，而是由于先天所具有的对同性产生爱情和性欲的性取向所导致的同性恋群体。性取向是一个复杂的问题，各种性取向并无优劣之分。当今大多数科学家、心理学家、医学专家认为，性取向是先天决定的，无法通过后天改变，不是一种选择，也不是自己可以控制的。因此，不论人的性取向如何，每个人在人格上都是平等的，享有同等的人格尊严。然而，在现实生活中，同性恋却处于非主流或边缘化的地位，同性恋作为一般公民的基本权利并未得到有效保障，比如婚姻自由权等。更有甚者，一些国家的法律规范对同性恋的各种权益仍然采取漠视或回避的态度，尤其是宪法所要求的人格尊严、人身自由和平等权在现实的法律实践和社会实践中并未得到贯彻和体现，因此有损同性恋尊严的事件和现象还屡有发生。

当前，我国对于同性恋的偏见和歧视已大为减少，对同性恋应抱以尊重和理解的态度基本已经成为共识，但在一些人的心态中仍然不能够完全接纳、欣然接受同性恋，至少区别对待的心态还或多或少地存在着，因此必然影响人们对同性恋的实际态度和做法。如果这种心理上的疏远、情感上的排斥或实际工作中的区别对待继续存在甚至愈演愈烈的话，必然会有碍同性恋本应享有的由宪法保障的基本权利的实现，必然会影响社会公共政策和法律得以形成的伦理基础，也不符合现代国家对民主法治精神的追求。因此，不管社会现实对同性恋采取何种认知，作为尊重和保护人的尊严的义务主体的国家或政府都应该将同性恋的合法权益纳入制度建设和司法实践的具体考虑和实际运作中，使其合法权益在现实生活中得以实现，从而保障其作为平等的国家公民的价值和尊严。

从宪法意义上的权利保护来看，每个人所享有的基本权利都是平等的，都应该得到宪法的尊重和保护，都应该在具体的法律实践和社会实践中得以贯彻和落实。因此，国家或政府乃至每个公民都无权对少数人群体的基本权利诉求视而不见。无论是赞成还是反对同性恋的人，一般都保持着自认为较为充分的理由和依据，然而，不管其理由和依据多么充分，都是作为旁观者或第三者的意见和看法，不能改变同性恋依法享有宪法所保障的基本权利的规定。一个全面推进依法治国的理性社会有必要对包括同性恋在内的边缘人群给予宽容和理解，尊重其自然本性和自我选择，给予其作为一般意义上的"人"的公平公正的对待，以实现其人的尊严和价值。

当前，世界范围内的同性恋在追求自身所享有的基本权利的同时，还在尽可能地谋求自身的身份认同，即"社会承认"。传统婚姻观念认为，婚姻的目的是男女两性自愿结合以组成家庭，繁衍新生命，培育下一代。然而，随着人类社会的发展以及人类文明的发展进步，婚姻与家庭观念也在发生着变化。现代婚姻不再是以生育子女和繁衍后代而存在，它关涉个人的婚姻自由和生存发展、个人的幸福以及社会公共资源的分享和基本人际关系的认同。同性恋的合法权益就是在对这些价值观念的思辨和探察中日益彰显出来的。而且，各国的同性恋群体为了争取自己应该享有的基本权利开展了诸多的人权运动，如今，世界上已有相当一部分国家和地区承认了同性伴侣或同性婚姻的合法性①，无疑冲击了传统的婚姻观念和家庭结构。争取到同性婚姻的合法性后，一些同性恋又在为"生殖自主权"摇旗呐喊，尤其是男同性恋的主张因为涉及"代孕"而引起了伦理和法律上更进一步的思考和辩论。尚且不论同性恋的这些主张合理与否，给予其争取的自由和自主选择权就是社会文明进步的表现。我们应该改变"多数人"的强势思维，将同性恋等少数人的价值诉求纳入宪法关怀的范围，这有助于同性恋等边缘人群的身

---

① 20世纪90年代至今，全球范围内有23个国家或地区基于其文化传统、价值取向以及公众对于同性恋的接受程度，采用了不同的法律认可模式和立法技术，实现了同性婚姻的合法化。参见韩大元《人的尊严、宽容与同性恋权利的宪法保障》，《法学论坛》2016年第3期。

份认同，获得其应有的"社会承认"，使其享有同等的社会尊严和价值。

第三节　程序正义是尊重和保护人的尊严的基本要求

人的尊严不仅蕴涵在法律制度之中并通过法律的实施得以实现，而且公正合理的政治法律程序和道德决策程序对人的尊严的实现也具有积极的作用。所谓程序正义，实质上是指裁判过程中的公平，法律程序的正义，具体而言，就是指司法机构对一个案件的判决，不仅要判得正确、公平，完全符合实体法的规定和精神，而且还要使裁判结论得到人们的普遍认可，并且使人们感到判决过程的公平性和合理性。诚然，人们对裁判结论感到满意表明人们的基本权益没有受到损害，人们对裁判过程感到公平、合理表明人们在裁判过程中得到了公正对待，受到了尊重。可见，程序正义和人的基本权利、人的价值、人的尊严是密切相关的。

一　法律程序正义与人的尊严

所谓法律程序，就是法律实施的过程或步骤，它是为了保障法律实施过程的程序价值而设计的。一个法律程序是否是正义的，不完全取决于判决结果的正义与否，而有其自身的正义标准。如对一个杀人犯进行刑讯逼供，目的是为了获得杀人犯的犯罪证据，还受害人一个公正，这无疑是正义的，但我们无法认可达到这一正义目的的刑讯逼供也是正义的。我们知道，刑讯逼供是一种违背犯罪嫌疑人的自主意志的侵权行为，对犯罪嫌疑人来说，是不正义的。因为，即使是犯罪嫌疑人，也有权对自己的言行做出自由选择，对执法人员来说，也不能在假定犯罪嫌疑人就是犯罪人的前提下进行取证，有罪推定往往会造成一些冤假错案。现代文明国家一般都认同在程序违法的情况下获得的证据不能作为判案的依据，对国家机关而言，执法时要确保不侵犯每一个人的权利。之所以强调法律程序或法律实施过程的正当性和合理性，是因为其具有独立于法律判决结果的价值，若忽视它，势必会侵犯当事人的基本权利，损害其尊严。因此，追求法律程序正义是必要的，从某种意义上说，它是尊重和保护人的尊严的应有之义。诚然，一个法律程序是否正义，这是一个道德判断，因此，必须遵循基本的道德原则：

首先是人道原则。所谓人道原则是指在法律程序的设计和执行过程中，应该保证所有利益相关者的基本权利都没有受到侵犯，且人格尊严都是平等的。人道是通过法律程序的实施过程就可以实现的价值目标，只要所设计的法律程序本身是人道的。人道的法律程序通常也是正义的法律程序，两者的最终目标都是为了确保当事人的基本权利不受侵犯，因此可以说，人道是衡量一项法律程序是否正义的基本道德原则。刑讯逼供虽然有可能收集到可靠的证据，但它侵犯了犯罪嫌疑人的基本权利，也是对其尊严的侵犯，因此是不人道的；法律程序是适用于每一个人的，不能因种族、宗教信仰、肤色等任何自然的或外在的因素剥夺人诉诸法律程序的权利，这是对人的尊严的侵犯，是不人道的；对个人隐私权的法律保护程序通常会阻碍执法机关查明事实真相，但它保护了个人的人格尊严，是人道的。

其次是公正原则。所谓公正原则是指法律实施过程中对程序权利和义务的公平分配。我们知道，法律实施过程是执法人员和双方当事人的互动过程，在这个过程中，执法人员代表的是凌驾于个人之上的国家或政府，因此必须保持中立；而当事人，无论是施害者还是受害者，在人格上都是平等的，都应该得到同等的法律保护。就程序正义而言，关键在于执法人员的中立和公正。具体来说，就是执法人员不能有影响公正判决的利益或偏见，回避制度就是其应有之义；执法人员对双方当事人的请求或主张应该给予同等重视，不能因同情或憎恶等主观情绪而偏袒任何一方。此外，双方当事人的平等也是程序正义的一个重要内容。实际上，法律程序就是要创造一个公正、平等的法律空间，使双方当事人都能够得到平等的对待，受到平等的保护，享有平等的权利和义务，从而还原事实的真相，尊重和保护当事人的尊严。

最后是自主原则。所谓自主原则就是指在设计法律程序时应该充分考虑程序相关者的自由意志和主体性，将其作为自主、负责的理性主体来看待；在法律实施过程中尊重当事人的自主意愿，尊重当事人的依法自由选择；其实质上都是为了尊重和保障程序相关者的基本权利，从而保护他们的尊严不受侵犯。

可见，人道、公正和自主原则都是为了尊重和保障人的基本权利，保护人的尊严不受侵犯，程序价值即来源于此，法律程序正义也是因为这一点才具有独立于判决结果的价值和意义。美国耶鲁大学法学教授杰克·马修（Jerry L. Mashaw）明确提出，"评价法律程序正当性的主要标准是它使人的尊严获得维护的程度"[1]。人的尊严是体现于法律程序之中的价值，是评价法律程序之正当性的价值标准。人的尊严是以人性为基础的，包括理性、自主、平等、公开、参与、隐私、自尊等价值要素。这些价值要素能否在法律实施过程中得以实现，取决于执法人员在法律判决过程中所采取的形式和程序。即是说，要在法律程序的设计和执行过程中使利益相关者得到平等、公正的对待，从而享有人的尊严。从这个意义上说，人的尊严不仅是通过法律程序本身就可以实现的价值目标，而且是评价一项法律程序正义与否的基本标准，即是否维护利益相关者的尊严以及维护的程度是判断法律程序是否正义的基本标准。

我们知道，法律程序正义一定程度上是独立于判决结果的。对当事人来说，得到法律程序上的公正对待，即使与其能否胜诉没有直接关系，甚至毫无关系，也有利于其受到作为一个道德主体而应

---

[1]　陈瑞华：《程序正义的理论基础——评马修的"尊严价值理论"》，《中国法学》2000 年第 3 期。

该得到的尊重，维护其身为"人"的尊严。通常，对于个人来说，无论他在法律诉讼过程中是原告还是被告，都要求法官做出公正的、符合其自身利益的判决结果；而且在整个诉讼过程中一般都有着强烈的平等参与的愿望和热情，也期望能够获得平等参与的机会。尤其是在诉讼案件的胜负大局已定的情况下，负方（可能的）更希望得到公平的对待，这种要求是非常明确的。因此，法官不仅要确保裁判结果的公正性，还要重视裁判过程的公正性。一般来说，坚持法律程序正义，可以使当事人产生一种受尊重的感觉，这会有助于他们自愿接受判决结果。从个人与国家的关系来看，坚持法律程序正义，有助于两者的利益发生冲突时，能够运用公平权衡机制，不仅使个人权益得到尊重，而且使公共权力被限制在合理的范围之内。总之，以尊重和保护人的尊严作为价值目标的程序正义，对于我国长期以来"重实体、轻程序"的法制建设来说具有重要的启示作用。

当前，我国的诉讼法对公检法机关和司法机构的法律行为都做了一系列的规定，对其权力也施加了一定的法律限制；对当事人的诉讼权利也做了明确的规定，尽可能地使其在诉讼过程中得到公正的对待。然而，对于违反法律程序的行为引起的法律后果如何予以处置或惩罚却没有做出相关的法律规定，这实际上是对违反法律程序的行为持放任和纵容的态度，说明立法者对法律程序的价值并没有从观念上给予足够的重视。事实上，建立一套处处体现公平、正义、人道、自主原则的法律程序，除了具有一种工具或手段的意义外，还肩负着保障人的基本权利，维护人的尊严的责任和义务。从我国的国情来看，为了所谓的破案率、城市的良性秩序、业绩和利益等，公安机关通过各种方法，甚至是侵犯人的基本权利的方法达到其目的，尽管其目的可能是善的，但造成的侵犯当事人的尊严的恶劣后果是难以弥补的。因为，目的的善并不能抹杀手段的非正当性，即使是执法人员也不能出于各种理由采取破坏法律程序的行为，况且执法人员带头不遵守法律程序，无视人的权利，侵犯人的尊严与完善的法制社会是格格不入的，甚至会造成放纵犯罪的严重后果。

二　道德决策程序正义与人的尊严

道德决策不同于法律规定。法律规定是对已经达成共识的东西在法律上予以确定，而道德决策是对处于伦理困境中的道德难题所进行的论证和分析，往往争议还比较大，还处在道德讨论的阶段，因此受道德决策者的经验的影响比较大。我们知道，经验总是个体的、零散的，要在经验上达成共识，除了每个人都能够充分表达自己的意见外，还要有一种规范的方式和步骤，即程序。"应用伦理中的程序，其实就是人们根据解决道德难题的需要而人为规定的过程和次序，即人们规定的按照一定的顺序、方式和步骤做出道德决策的过程，或者说，是围绕道德决策进行的多元主体之间的互动过程"①。之所以强调道德决策的程序性，主要是考察怎样的顺序、方式和步骤更有利于决策者就道德难题达成共识，从而做出合理的道德决策。

一般来说，做出合理的道德决策要受到 3 个因素的限制：一是客观因素的限制，包括历史文化传统、政治经济发展水平、自然条件等，任何一个道德决策的做出都不可能不受到这些客观现实条件的限制；二是主观因素的限制，道德决策过程是具有意识的、经过思虑或凭借激情进行行动的追求某种目的的人的主观创造过程，因此必然受到决策者的利益立场和有限理性的制约；三是道德形式本身的限制，与法律规范相比，道德是多元的，其生成和消失内含于社会的自然进程，是包含着情感的经验的产物。因此，所谓道德决策程序的价值就在于尽可能地克服这 3 个限制因素，做出具有普遍

---

① 曹刚：《道德难题与程序正义》，北京大学出版社 2011 年版，第 224 页。

意义的合理的道德决策。

事实上，任何一个合理的道德决策都是集体智慧的结晶。由于不同的决策者具有不同的利益立场，坚持不同的理论观点，因此，必须要有一种道德决策程序来进行调控，以保证多数人的意见能够形成合意，少数人的意见能够得到尊重。由此，道德决策程序本身首先具有一种使众意转化为合意的民主化价值。其次是理性化价值，即道德决策程序可以在决策者争执不下的情况下，保证和实现理性。因为，道德决策者是由不同职业，具有不同学科的专业训练和经验积累的人组成的，决策程序通常创造了一种公开、公平、自由对话的条件和氛围，无论决策者持有何种伦理学立场或利益诉求，其意见都能够得到充分考虑，最终得出一个最优化方案。此外，道德决策程序还具有正当化价值。道德决策需要通过正当的程序来实现决策结果的正当性，决策结果的公正与否是由一般的社会正义来评判的，实际上，决策结果只能在相对的意义上实现着社会正义，尤其是当它决策的道德问题是社会生活中的新问题，对其进行道德评判的标准还存在争议时。

当前，应用伦理学中的道德决策，尤其是生命伦理学中的道德决策，往往涉及人的尊严。自主、自治和自决是人的尊严的核心内涵，任何一个道德决策若违背了自主原则，就会被视为损害了人的尊严。

（一）自主原则

自主是一种价值，是一种需要道德决策程序来保障的价值。反过来说，一个程序如果没有确认和保障自主价值就不是一个好的程序。自主原则有 3 层意思：

第一层意思是要把人看作目的，而不仅仅是工具。现代程序是多元主体之间的互动过程，在这里，自主并不意味着依自己的意愿行事，随心所欲，而是指只有当这种自主不但独立于别人的强制意志，而且根据普遍的法则，能够与所有人的自主并存时，它才是真实的。这就要求主体之间的互动不只是一个利益的交换过程，更是一个彼此尊重的合作过程，人的尊严是贯穿始终的最基本的价值原则。所谓道德决策，就是这样一个利益交换、彼此尊重的合作过程，人的尊严就体现在道德决策程序的设计和运用中，要求保证所有利益相关者的基本权利不受侵犯。

第二层意思是指对人的自主自决地位的认可和尊重。一般情况下，自主行为必须具备两个条件：一是非强迫的，或者说是自愿的；二是自治的。所谓个人自主，就意味着个人可以按照自己的意愿做出选择，选择的同时也就选择了自己要承担的责任和义务。自主行为的"自治"条件，是指"行为处于行为主体意志的控制和调节下，自我对自己行为动机能够给予评价，对自己的选择能够给出理由，对自己的行为及其后果有一种认识，对自己的行为能够进行积极的约束"①。可见，自主行为不包括那些盲目的、无理性的行为。从这个意义上说，自主原则体现在道德决策程序上就是对决策者之无理性行为的限制。我们知道，合理的道德决策是程序参与主体按照道德决策程序运用各自的权利进行协作和妥协的结果，而不是某个强势人物恣意的结果。道德决策程序不仅赋予参与主体平等的人格和自由意志，而且合理配置程序权利和义务，强化程序参与主体之间的相互作用和制约。

第三层意思是对自己负责。自主和责任是内在统一的，人有自由意志，能按自己的意志行事，就是自主，由此，人才能为自主的行为以及导致的结果负责。可见，责任的源头是自由意志。我们之所以有自由意志，是因为"经验事实表明，我们具有善良、应当、正义之类的道德概念；经验事实也表明，我们对什么是善（或者什么是不善）、自己应当作什么或者不应当作什么的问题，有着自己的道德信念；经验事实还表明，在外面做出努力、或者希望做出努力时，几乎没有人会对这些道德信念视而不见。康德指出，要使这

① 曹刚：《道德难题和程序正义》，北京大学出版社 2011 年版，第 239 页。

些概念充实，要使这些道德信念有意义或有应用价值，我们至少要在是否行动这一问题上做出选择。如果从不能做出选择，那么，说我应该做什么或不应该做什么，就是完全错误的，因为我从未在这一方面做出什么选择"①。可见，自主意识和责任感是一体的两面。因为，人只有首先意识到自己，才会进而意识到自己所应承担的责任，也才可能主动承担起责任。实际上，人的主体性本身就隐含着责任的要求。既然每个人都能够按照自己的意志去行为和生活，那么他就是自己的主人，就可以自主地选择自己的生存方式和发展道路。唯其如此，也才能使每个人的存在只以自身为目的。实际上，如果人不能意识到自己的自由存在本性，就很难意识到自己所充当的角色，也很难承担起角色的责任。这一观点体现在道德决策程序上，程序参与主体的自主选择与其承担的责任是互为前提的。须知，程序参与主体行使自主选择权利的同时，也必须承担相应的道德义务，对自己的自主行为负责。总之，道德决策程序的自主原则在于保障程序参与主体的地位平等、自主选择和自我负责，确保其意见受到重视，人格受到尊重；还有助于程序参与主体获得心理上的满足，从而认同程序所达成的道德决策。

（二）公正原则

就道德决策程序而言，所谓公正原则就是指道德决策过程中对程序权利和义务的公平分配，包括两层内容，即决策者的中立原则和相关当事人的平等原则。

其一，中立原则。在法律诉讼中，法官的中立一直被视为程序正义的基石。美国大法官弗兰克福特（Justice Frankfurter）曾充满激情地指出："任何人，无论其职位多高，或者其个人动机多么正当，都不能是成为自己案件的法官。这是法院的职责所在……如果可以允许某个人为他自己确定法律，那么也可以允许每个人这样

---

① ［英］布莱恩·麦基：《哲学的故事》，季桂保译，生活·读书·新知三联书店 2002 年版，第 136 页。

做。那首先意味着混乱，然后就是暴虐。"① 同样，在道德决策中，中立原则也是一个重要的道德原则。决策者在进行道德决策时，不得涉及其个人利益，而且也不得对任何受决策结果直接影响的人存有偏见或者有所偏袒，而应一视同仁，不偏不倚。具体说来，一是决策者不得有足以影响其合理决策的利益或偏见；二是决策者在做出道德决策的过程中必须保持独立性和自主性，不受任何外在的牵制和影响；三是决策者不得与重大利益相关者有足以影响其合理决策的接触。由此做出的道德决策才可能更公正、更合理，更易被相关当事人接受，否则就可能损害其他人的权益，使其尊严受损。

其二，平等原则。所谓平等原则就是在道德决策程序的设计和运作中摒弃相关当事人的身份地位、社会影响力等因素，使他们能够以平等的主体地位在公开的自由讨论场合公正地协商和决断于己利益无关的道德事务，即相关当事人被平等地对待、平等地保护和平等地享有道德权利和道德义务。我们知道，在现实生活中，不同道德主体之间的纠纷和争议往往因其身份、地位、出身、财富等的不同而无法得到公正的解决。因此，依照平等原则设计的道德决策程序是必要的，其在决策过程中的具体影响：一是所有参与决策的人具有平等地行使权利的主体资格，他们只有信仰观点的不同，没有身份上的高低贵贱之分；二是决策参与主体只讨论与待决策的事实有关的问题，不做过多的理论论证；三是决策参与主体只能以理性对话、交涉、辩论和说服的方式影响决策结果，最终达成的合理决策应该充分考虑到所有决策参与主体的主张和证据。

总之，无论是法律程序正义还是道德决策正义都是为了保障相关当事人的基本权利，尊重和保护其身为"人"的尊严。也可以说，法律程序正义和道德决策正义是尊重和保护人的尊严的应有之义。

---

① ［美］诺内特、塞尔兹尼克：《转变中的法律与社会》，张志铭译，中国政法大学出版社1994年版，第75—76页。

结　语

随着现代化和社会民主进程的快速发展，人性自觉达到了前所未有的高度。人们，尤其是少数族群、弱势群体、少数团体争取基本权利的社会批判运动此起彼伏，他们"为承认而斗争"，或者说为了自身所固有的内在价值和尊严而斗争的精神和品格，激发了人们对"人的尊严"问题的思考和探索。随着高新技术，尤其是生物医学技术的迅猛发展，人的生命存在状态和人伦关系发生了深刻的变化，一些新技术应用引发的道德难题和伦理困境直指"人的尊严"，而传统的"人的尊严"观念已无法解释这些难题和困境，迫使人们不得不重新探究和解读"人的尊严"。当前，法学、伦理学、政治学、社会学等社会实践领域关于"人的尊严"的探讨还没有形成一个具有普遍性的、统一的哲学立场和价值基础，以致人们对社会现实生活中存在的关涉"人的尊严"的问题所持的道德立场和态度各异，不利于人们达成共识。基于此，从伦理学的学科视野对"人的尊严"进行系统性研究显得尤为迫切和必要。

人，既可以作为一般意义上的人，也可以作为社会现实生活中存在的具体的个人，而人的尊严主要指个人的尊严。根据不同的历史文化背景，人的尊严在中英文中的词义解释有共通之处，但差异也比较突出。在汉语中，人的尊严就是指个人的尊贵庄严，现代意义上的尊严已经摆脱了等级制度的阴影，更多地指向个人的功绩、卓越的表现、优良的品质、高尚的情操等，并且得到了社会的承认和认可；在英文中，人的尊严是指人在与其他事物的相对关系中展示出其高级、高尚或卓越的一面，不仅指人在行为举止、身份地位、德性、声望或荣誉等方面的卓越，而且指人所天生的或者在自然秩序中的卓越以及人对尊严的自我感受性。由此可知，汉语中的"人的尊严"主要指人作为社会人，在与他人的关系中所表现的卓越；而英文中的"人的尊严"不仅指人与人、人与社会关系中所表现的卓越，而且指人与自然、人与自身关系中所表现的卓越。就人的尊严而言，中西历史文化背景有着根本的差异：一方面，中国传统文化中的"人的尊严"深受等级制度的影响，人治传统的腐蚀；另一方面，20世纪以前的中国传统文化中没有真正意义上的、独立的"个人"。这与西方人文传统中关于"人的尊严"的解释路径和方法有着根本的不同。然而，"人的尊严"如今之所以能在国内引起热议，除了它能应对和解释当前国内存在的各种道德难题和伦理困境外，它还势必迎合了人们的文化心理和精神追求。文化是历史的、传承的，"人的尊严"在中国伦理思想史上一定有其特定的历史文化基因。

从中国伦理思想史来看，根据不同历史时期"人的尊严"观念演绎发展的路径和特点，将"人的尊严"观念的发展划分为3个历史时期：先秦时期，秦汉至隋唐时期和宋元明清时期。在每个历史时期，笔者以思想家之人学思想中所蕴含的"尊严"观念为主线，以思想家所处的时代为顺序，抛开儒、墨、道、法、佛等各家学派的区分，对思想家所继承和发展的人学思想进行反思和细致的梳理。先秦时期，诸子百家争鸣，物种尊严、"天道"尊严、人性尊严、生命尊严、主体尊严、人格尊严、自尊与他尊、自由尊严、社会尊严等在其人学思想中都有论及，具有思想启蒙的意义。由于西汉董仲舒"罢黜百家、独尊儒术"，使得秦汉至隋唐时期人学思想的发展受到限制，其丰富程度还不及先秦时期，但不可否认的是，这一时期的思想家在物种尊严、人性尊严、平等尊严、主体尊严、自由尊严等方面的论述较之先秦时期又更进了一步。宋元明清时期的思想家在物种尊严、人性尊严、主体尊严、人格尊严、生命尊严、社会尊严等方面的思考和论证继续深入，特别是宋明理学之后，思想家们批判封建君主专制，试图将人从天、命、神、鬼的束缚中解放出来，人的个体意识开始觉醒，人作为个体的尊严开始凸显出来。

纵观西方伦理思想史，一直以来，思想家总是在人与神、人与自然、人与社会的关系中去思考、认识和把握人之为人的根本特性及人的价值的，进而考察人自身相对于其他事物或对象所具有的价值和尊严。"人的尊严"观念的日益觉醒和凸显经历了两个发展时期，即古希腊至18世纪末的理论建构时期和19世纪以来的实践批判时期。在理论建构时期，根据不同历史阶段"人的尊严"所呈现出来的主要特点，可以分为古希腊时期的相对尊严观、中世纪基督教传统的绝对尊严观、文艺复兴时期的主体尊严观、启蒙时期的自然尊严观和康德的"人是目的"尊严观5种表现形式；其中，"康德尊严"完成了"人的尊严"从"身份到契约"的历史性转变。因为康德的自由意志论把自我存在的个人与对象区分开来，每一个有理性的人都是作为自在目的而存在的，因此，同样作为自在目的的个人为了实现其自身利益就必须订立契约，规范彼此的权利义务关系。在实践批判时期，主要存在源于自然法传统的"人的尊严"观和康德的"人是目的"尊严观两大传统，它们已然作为一种"理念或观念"渗透于一些资本主义国家的宣言和民法中，并且在这些国家的社会政治—法律实践中得以贯彻和落实；但由于实证主义质疑"人之所以享有尊严"的根据是不可证实的，以致发生了两次世界大战中对人性的藐视和对无辜生命的残酷迫害，甚至惨无人道的种族灭绝；基于此，二战后"人的尊严"才作为一个政治理念或价值原则正式引入国际性宣言、宪章或盟约和国家宪法，并且指导各国实体法的制定以及在司法实践中成为判案的依据；随着20

世纪60年代生命伦理学的兴起，人们的社会生活实践中关涉"人的尊严"的道德难题越来越多，两大"尊严"传统在涉及"人的尊严"的争论中作为重要理据发挥着作用；然而，当前关于"人的尊严"的论辩还未突破这两大传统。

从伦理根据看，人之所以享有尊严就在于人之为人的根本特性或内在规定性，即只要是人，具有人之为人的根本特性，就享有尊严。而赋予—尊严说对于不信仰上帝的人来说是很难令其信服的，或者将不具有自然权利的潜在的人（胚胎、胎儿）和未来的人（后代）等排除在"享有尊严者"之列；相对—尊严说和主体—尊严说都把不具有或已经失去理性判断能力和自主行为能力的胚胎、婴儿、严重脑瘫患者、严重精神病人、严重智障者、植物人等排除在"享有尊严者"之列；权利—尊严说分析和论证了人权是人的尊严的根据和人的尊严是人权的根据两种观点的偏颇与不足，认为人的尊严和人权两个概念之间有着密切的联系，但不是何者为他者的根据的关系，也不是包含与被包含的关系，两者内涵有交叉，但外延明显不同。由此，我们必须肯定：唯有从"人本身"去寻求"人的尊严"的伦理根据才是正当的。所谓"人本身"，无非就是人之为人的根本特性，即作为个体存在的人自身所固有的内在规定性。这是一个自明的、不需要证实的公理。如果不承认这一点，那么每个人都将失去其作为人类存在者的价值和尊严。从伦理特点看，人的尊严具有普遍性和独特性，作为普遍性的人的尊严是"人之为人"的根本标志，是平等、客观、绝对性的，这是人所共有的生物性使然；作为独特性的人的尊严是"我之为我"的特殊符号，是差异、主观、相对性的，这是人有所区别的社会性使然。在伦理内涵上，人的尊严在观念或者理念上包括生命及其尊严、自尊与他尊、自治与自决等内容，在制度层面包括责任与义务、平等与公正等意涵。

那么，应该如何尊重和保护人的尊严呢？首先就要认识到尊重和保护人的尊严是国家义务，国家不仅应该从制度层面贯彻和落实"人的尊严"，建立公平、正义的国家法律制度、经济制度和社会保障制度，而且应该对损害人的尊严的行为给予惩罚；其次要认识到"承认"是尊重和保护人的尊严的价值诉求，主要指弱势群体或少数族群争取基本权利的社会承认；最后要明确程序正义是尊重和保护人的尊严的基本要求，包括法律程序正义和道德决策程序正义。这一部分本人是从宏观层面加以探讨和分析的，若从具体层面来看，其中还有一些问题有待进一步挖掘和深入，留待以后的研究加以补充和完善。

参考文献

著作

1. 《马克思恩格斯文集》第 1 卷，人民出版社 2009 年版。

2. 《马克思恩格斯文集》第 9 卷，人民出版社 2009 年版。

3. 《马克思恩格斯全集》第 1 卷，人民出版社 1995 年版。

4. 《马克思恩格斯全集》第 30 卷，人民出版社 1995 年版。

5. 中共中央文献研究室：《十七大以来重要文献选编》（上），中央文献出版社 2009 年版。

6. 北京大学哲学系外国哲学史教研室编译：《西方哲学原著选读》上卷，商务印书馆 1982 年版。

7. 曹刚：《道德难题与程序正义》，北京大学出版社 2011 年版。

8. 曹险峰：《人格、人格权与中国民法典》，科学出版社 2009 年版。

9. 冯友兰：《中国哲学史》，华东师范大学出版社 2000 年版。

10. 甘绍平：《人权伦理学》，中国发展出版社 2009 年版。

11. 韩德强：《论人的尊严——法学视角下人的尊严理论的诠释》，法律出版社 2009 年版。

12. 贺来：《有尊严的幸福生活何以可能》，中国社会科学出版社 2013 年版。

13. 胡玉鸿：《“个人”的法哲学叙述》，山东人民出版社 2008 年版。

14. 黄楠森、沈宗灵主编：《西方人权学说》，四川人民出版社 1994 年版。

15. 刘睿：《个人尊严与社会和谐良性互动研究》，中国社会科学出版社 2019 年版。

16. 刘娟：《人格尊严及其实现——道德与法的双重考量》，中国政法大学出版社 2014 年版。

17. 李震山：《人性尊严与人权保障》，中国台北：元照出版公司 2000 年版。

18. 李秋零主编：《康德著作全集》第 6 卷，中国人民大学出版社 2007 年版。

19. 刘小枫编：《当代政治神学文选》，吉林人民出版社 2002 年版。

20. 罗晓静：《寻找"个人"》，中国社会科学出版社 2007 年版。

21. 吕世伦主编：《法的真善美——法美学初探》，法律出版社 2004 年版。

22. 刘军宁：《共和、民主、宪政》，上海三联书店 1998 年版。

23. 李中华主编：《中国人学思想史》，北京出版社 2005 年版。

24. 梁涛：《孟子解读》，中国人民大学出版社 2010 年版。

25. 宋艳慧：《公法视野下的社会保障权研究》，中国民主法制出版社 2015 年版。

26. 宋希仁主编：《西方伦理思想史》，中国人民大学出版社 2004 年版。

27. 单继刚等主编：《政治与伦理——应用政治哲学的视角》，人民出版社 2006 年版。

28. 田海平：《生命伦理学前沿探究——现代医学技术中的生命伦理形态研究》，中国社会科学出版社 2019 年版。

29. 王福玲：《康德尊严思想研究》，中国社会科学出版社 2014 年版。

30. 王利明：《人格权法研究》，中国人民大学出版社 2005 年版。

31. 王广辉等编：《比较宪法学》，武汉大学出版社 2010 年版。

32. 徐振雄：《法治视野下的正义理论》，中国台北：洪叶文化事业有限公司 2005 年版。

33. 徐向东：《自我、他人与道德——道德哲学导论》，商务印书馆 2007 年版。

34. 许崇德编：《中国宪法》，中国人民大学出版社 1996 年修订本。

35. 徐贲：《通往尊严的公共生活：全球正义和公民认同》，新星出版社 2009 年版。

36. 俞可平：《幸福与尊严：一种关于未来的设计》，中央编译出版社 2012 年版。

37. 余涌：《道德权利研究》，中央编译出版社 2002 年版。

38. 姚建文：《和谐社会视域中弱势群体政治权益保护研究》，上海三联书店 2012 年版。

39. 杨国荣：《伦理与存在——道德哲学研究》，上海世纪出版集团 2002 年版。

40. 张千帆：《为了人的尊严——中国古典政治哲学批判与重构》，中国民主法制出版社 2012 年版。

41. 张志宏：《德性与权利——先秦儒家人权思想研究》，人民出版社 2012 年版。

42. 张胜利：《自由、人格与尊严：青年黑格尔的承认理论》，上海远东出版社 2020 年版。

43. 赵敦华主编：《西方人学观念史》，北京出版社 2005 年版。

44. 张文显：《二十世纪西方法哲学思潮研究》，法律出版社 1996 年版。

45. 周辅成编：《从文艺复兴到十九世纪资产阶级哲学家政治思想家有关人道主义人性论言论选辑》，商务印书馆 1966 年版。

46. 周永坤：《法理学——全球视野》，法律出版社 2010 年版。

47. 张立文：《中国哲学思潮发展史》，人民出版社 2014 年版。

48. 石峻等编：《中国佛教思想资料选编》，中华书局 1981 年版。

49. 《论语》，岳麓书社 2018 年版。

50. 《老子》，华夏出版社 2017 年版。

51. 《孟子》，三秦出版社 2018 年版。

52. 《墨子》，上海古籍出版社 2014 年版。

53. 《中庸译注》，岳麓书社 2016 年版。

54. 《列子》，上海古籍出版社 2014 年版。

55. 《荀子》，上海古籍出版社 2014 年版。

56. 《列子集释》，中华书局 1979 年版。

57. 《韩非子》，上海古籍出版社 2015 年版。

58. 《左传》，上海古籍出版社 2016 年版。

59. 《庄子集释》，中华书局 1961 年版。

60. 《管子》，上海古籍出版社 2015 年版。

61. 《慎子、尹文子、公孙龙子全译》，贵州人民出版社 1996 年版。

62. 《刘子校释》，中华书局 1998 年版。

63. （战国）商鞅：《商君书评注》，武汉大学出版社 2019 年版。

64. （汉）王符：《潜夫论》，上海古籍出版社 1978 年版。

65. （汉）王充：《论衡注释》，中华书局 1979 年版。

66. （汉）陆贾：《新语校注》，中华书局 1986 年版。

67. （汉）刘安：《淮南子》，上海古籍出版社 2016 年版。

68. （汉）扬雄：《扬子法言译注》，黑龙江人民出版社 2003 年版。

69. （汉）董仲舒：《春秋繁露·天人三策》，岳麓书社 1997 年版。

70. （汉）戴圣：《礼记精华》，辽宁人民出版社 2018 年版。

71. （唐）魏征：《群书治要》卷四十五引，中华书局 1985 年版。

72. （唐）柳宗元：《柳河东集》卷三，上海人民出版社 1974 年版。

73. （唐）刘禹锡：《刘禹锡集》卷五，中华书局 1990 年版。

74. （唐）李延寺：《北史》卷六十三，中华书局 1974 年版。

75. （唐）韩愈：《韩昌黎全集》，中国书店 1991 年版。

76. （魏）阮籍：《竹林七贤诗文全集译注》，吉林文史出版社 1997 年版。

77. （魏）王弼：《王弼集校释》中华书局 1980 年标点本。

78. （魏）嵇康：《嵇康集校注》，人民文学出版社 1962 年版。

79. （晋）葛洪：《抱朴子内篇校释》，中华书局 1985 年增订本。

80. （南朝梁）僧祐、（唐）道宣：《弘明集》，上海古籍出版社 1991 年版。

81. （南朝宋）刘义庆：《世说新语译注》，上海古籍出版社 1996 年版。

82. （宋）程颢、程颐：《二程集》卷十一，中华书局 1981 年版。

83. （宋）周敦颐：《周子通书》，上海古籍出版社 2000 年版。

84. （宋）张载：《张载集》，中华书局 1978 年版。

85. （宋）王安石：《王文公文集》，上海人民出版社 1974 年版。

86. （宋）陆九渊：《陆儿渊集》，中华书局 1980 年版。

87. （宋）陈亮：《陈亮集》，中华书局 1987 年版。

88. （明）罗钦顺：《困知记》卷上，中华书局 1990 年版。

89. （明）李贽：《焚书》，中华书局 1975 年版本。

90. （明）李贽：《藏书》，中华书局 1959 年版，第 1 册。

91. （明）王阳明：《王阳明全集》卷六，上海古籍出版社 1992 年版。

92. （明）王廷相：《王廷相哲学选集》，中华书局 1965 年版。

93. （清）王夫之：《船山全书》，岳麓书社 1996 年版，第 2、12 册。

94. （清）顾炎武：《日知录集释》，岳麓书社 1994 年版。

95. （清）黄宗羲：《明儒学案》卷四十七，中华书局 1985 年版。

96. （清）黄宗羲：《黄宗羲全集》，浙江古籍出版社 1985 年版，第 1 册。

97. （清）唐甄：《潜书》，中华书局 1955 年版。

98. （清）颜元：《颜元集》，中华书局 1987 年版，下册。

99. （清）戴震：《戴震全书》，黄山书社 1997 年版，第 6 册。

100. （清）永瑢、纪昀等主编：《四库全书》，上海古籍出版社
1996 年版。

101. ［德］阿克塞尔·霍耐特：《为承认而斗争》，胡继华译，上
海世纪出版集团 2005 年版。

102. ［以］阿维沙伊·马加利特：《体面社会》，黄胜强、许铭原
译，中国社会科学出版社 2015 年版。

103. ［匈］阿格妮丝·赫勒：《日常生活》，衣俊卿译，重庆出版
社 1990 年版。

104. ［美］爱因·德兰：《新个体主义伦理观——爱因·德兰文
选》，秦裕译，上海三联书店 1993 年版。

105. ［美］B. F. 斯金纳：《超越自由与尊严》，方红译，中国人民
大学出版社 2018 年版。

106. ［美］波伊曼：《生与死——现代道德困境的挑战》，江丽美
译，广州出版社 1998 年版。

107. ［意］巴蒂斯塔·莫迪恩：《哲学人类学》，李树琴、段素格
译，黑龙江人民出版社 2005 年版。

108. ［英］布莱恩·麦基：《哲学的故事》，季桂保译，生活·读
书·新知三联书店 2002 年版。

109. ［美］查尔斯·L. 坎默：《基督教伦理学》，王苏平译，中国
社会科学出版社 1994 年版。

110. ［美］德沃金：《生命的自主权——堕胎、安乐死与个人自
由》，郭贞伶、陈雅汝译，中国台北：商周出版社 2002 年版。

111. ［美］恩格尔哈特：《生命伦理学基础》，范瑞平译，湖南科
学技术出版社 1996 年版。

112. ［美］弗兰克纳：《伦理学》，关键译，生活·读书·新知三
联书店 1987 年版。

113. ［瑞士］弗莱纳：《人权是什么》，中国社会科学出版社 2000

年版。

114. ［美］J. 范伯格：《自由、权力和社会正义》，王守昌等译，贵州人民出版社 1998 年版。

115. ［德］费迪南·冯·席拉赫：《尊严：我们侵犯也被侵犯》，姬健梅译，浙江人民出版社 2018 年版。

116. ［法］高宣扬：《德国哲学的发展》，（中国香港）天地图书有限公司 1988 年版。

117. ［德］哈贝马斯：《包容他者》，曹卫东译，上海人民出版社 2002 年版。

118. ［美］汉娜·阿伦特：《论革命》，陈周旺译，译林出版社 2011 年版。

119. ［德］康德：《道德形而上学原理》，苗力田译，上海世纪出版集团 2005 年版。

120. ［德］康德：《纯粹理性批判》，邓晓芒译，人民出版社 2000 年版。

121. ［德］康德：《法的形而上学原理——权利的科学》，沈叔平译，商务印书馆 1991 年版。

122. ［德］康德：《历史理性批判文集》，何兆武译，商务印书馆 1990 年版。

123. ［美］凯文·奥尔森：《伤害＋侮辱——争论中的再分配、承认和代表权》，高静宇译，上海人民出版社 2009 年版。

124. ［美］罗尔斯：《正义论》，谢延光译，上海译文出版社 1991 年版。

125. ［美］拉福莱特主编：《伦理学理论》，龚群主译，中国人民大学出版社 2008 年版。

126. ［美］罗纳德·德沃金：《认真对待权利》，信春鹰、吴玉章译，上海三联书店 2008 年版。

127. ［法］卢梭：《论人类不平等的起源和基础》，商务印书馆

1996 年版。

128. ［美］马斯洛：《动机与人格》，华夏出版社 1987 年版。

129. ［美］迈克尔·罗森：《尊严——历史和意义》，石可译，法律出版社 2015 年版。

130. ［美］马克·A. 卢兹：《经济学的人本化：渊源与发展》，孟宪昌译，西南财经大学出版社 2003 年版。

131. ［美］玛莎·C. 纳斯鲍姆：《寻求有尊严的生活——正义的能力理论》，田雷译，中国人民大学出版社 2016 年版。

132. ［美］纳撒尼尔·布兰登：《自尊的力量》，王静译，知识出版社 2001 年版。

133. ［美］南茜·弗雷泽，［德］阿克塞尔·霍耐特著：《再分配，还是承认？——一个政治哲学对话》，周穗明译，上海人民出版社 2009 年版。

134. ［意］皮科·米兰多拉：《论人的尊严》，顾超一、樊红谷译，吴功青校，北京大学出版社 2010 年版。

135. ［德］乔治·恩德勒等：《经济伦理学大辞典》，王淼洋等译，上海人民出版社 2001 年版。

136. ［英］史蒂文·卢克斯：《个人主义》，阎克文译，江苏人民出版社 2001 年版。

137. ［美］唐娜·希克斯：《尊严》，叶继英译，中国人民大学出版社 2016 年版。

138. ［英］汤因比、［日］池田大作：《展望二十一世纪》，荀春生等译，国际文化出版公司 1985 年版。

139. ［美］汤姆·L. 彼彻姆：《哲学的伦理学》，雷克勤等译，中国社会科学出版社 1990 年版。

140. ［英］托马斯·霍布斯：《哲学家与英格兰法律家的对话》，姚中秋译，上海三联书店 2006 年版。

141. ［德］瓦尔特·施瓦德勒：《论人的尊严——人格的本源与生

命的文化》，贺念译，人民出版社 2017 年版。

142. ［古罗马］西赛罗：《论共和国、论法律》，王焕生译，中国政法大学出版社 1997 年版。

143. ［古罗马］西塞罗：《论义务》，王焕生译，中国政法大学出版社 1999 年版。

144. ［日］星野英一：《私法中的人》，王闯译，中国法制出版社 2004 年版。

145. ［日］岩崎允胤主编：《人的尊严、价值与自我实现》，刘奔译，当代中国出版社 1993 年版。

146. ［英］伊恩·麦克李欧得：《法理学》，杨智杰译，中国台北：韦伯文化国际出版有限公司 2002 年版。

147. ［古希腊］亚里士多德：《尼各马可伦理学》，苗力田译，中国社会科学出版社 1999 年修订本。

148. Jack Mahoney, *The Challenge of Human Right*：*Origin*，*Development and Significance*，Malden：Blackwell Publishing Ltd. 2007.

149. Daniel P. Sulmasy, Human Dignity and Human Worth, in J. Malpas and N. Lickiss eds. *Perspective on Human Dignity*：*A Conversion*，Berlin：Springer, 2007.

150. Ronald Dworkin, *Is Democracy Possible Here*？ New Jersey：Princeton University Press, 2006.

151. Jennifer and SorenHolm, *Ethics Law and Society*，VolⅠ，Gateshead：Athenaeum Press Ltd.，2005.

152. Richard Weikart, *From Darwin to Hitler*：*Evolutionary Ethics*，*Eugenics*，*and Racism in Germany*，New York：Palgrave Macmillan, 2004.

153. E. Schockenhoff, *Natural Law and Human Dignity*：*Universal Ethics in A Historical World*，translated by Brian McNeil, Washington D. C.：The Catholic University of America Press, 2003.

154. David Kretzmer and EckartKlein, *The Concept of Human Dignity in Human Rights Discourse*, the Netherlands: Brill Academic Pub., 2002.

155. F. Klug, *Values for a Godless Age: The Story of the UK's New Bill of Rights*, London: Penguin, 2000.

156. Jess Stein, *The Random House Dictionary of the English Language*, New York: Random House, 1966.

157. K. Bayertz ed., "Human dignity: Philosophical Origin and Scientific Erosion of an Idea", From *Sanctity of Life and Human Dignity*, the Netherlands: Kluwer Academic Publishers, 1996.

158. Ronald Dworkin, *Life's Dominion*, London: Harper Collins, 1993.

159. T. E. Hill, *Dignity and Practical Reason in Kant's Moral Theory*, Ithaca: Cornell University Press, 1992.

160. Michael J. Meyer, "Dignity, Rights, and Self – Control", *Ethics*, Vol. 99, No. 3, 1989.

161. AlanGewirth, *Reason and Morality*, the University of Chicago Press, 1978.

162. Jack Mahoney, *The Challenge of Human Right: Origin, Development and Significance*, Malden: Blackwell Publishing Ltd., 2007.

论文

1. 陈瑞华:《程序正义的理论基础——评马修的"尊严价值理论"》,《中国法学》2000 年第 3 期。

2. 付子堂、王业平:《法律家长主义与安乐死合法化的范围界限》,《法学杂志》2021 年第 3 期。

3. 甘绍平:《作为一种权利的人的尊严》,《哲学研究》2008 年第 6 期。

4. 龚培渝:《认同与承认——查尔斯·泰勒"承认的政治"的合理

性》，硕士学位论文，吉林大学，2006 年。

5. 龚向和、刘耀辉：《基本权利的国家义务体系》，《云南师范大学学报》2010 年第 1 期。

6. 韩大元：《人的尊严、宽容与同性恋者的宪法保障》，《法学论坛》2016 年第 3 期。

7. 韩跃红、孙书行：《人的尊严和生命的尊严释义》，《哲学研究》2006 年第 3 期。

8. 胡玉鸿：《法律的根本目的在于保障人的尊严》，《法治研究》2010 年第 7 期。

9. 胡玉鸿：《"人的尊严"的法理疏释》，《法学评论》2007 年第 6 期。

10. 黄飞：《尊严：自尊、受尊重与尊重》，《心理科学进展》2010 年第 7 期。

11. 江玉林：《人性尊严与人格尊严——大法官解释中有关尊严论述的分析》，（台湾）月旦法学教室，2004 年第 20 期。

12. 李贵成：《增权理论视域下维护新生代农民工尊严问题研究》，《郑州大学学报》2013 年第 5 期。

13. 李锐锋、鲁琴：《关于人兽嵌合体技术的伦理辩护》，《医学与哲学》（人文社会医学版）2009 年 8 月。

14. 孟凡壮：《全球视野下克隆人技术的法律规制》，《福建师范大学学报》（哲学社会科学版）2019 年第 4 期。

15. 倪培民：《求则得之 舍则失之——儒家尊严观之探讨》，《社会科学》2011 年第 1 期。

16. 乔清举：《儒道尊严思想简论》，《社会科学》2013 年第 4 期。

17. ［日］青柳幸一：《"个人之尊重"与"人之尊严"——同义性与异质性》，王涛译，《宪政与行政法治评论》（第七卷）。

18. 秦越存：《人的尊严是社会保障的伦理基础》，《道德与文明》2003 年第 1 期。

19. 任丑：《人权视阈的尊严理念》，《哲学动态》2009 年第 1 期。

20. 孙莉：《人的尊严与国家的修为》，《江苏行政学院学报》2011 年第 1 期。

21. 滕菲、李建军：《人兽嵌合体创造和应用研究中的伦理问题》，《自然辩证法研究》2011 年 3 月。

22. 万其刚：《论人的尊严作为人权正当性根据》，博士学位论文，中国政法大学，2007 年。

23. 吴梓源、游钟豪：《缺失的一角："生命伦理三角"中的尊严之维———兼议世界首例免疫艾滋病基因编辑婴儿事件》，《福建师范大学学报》（哲学社会科学版）2019 年第 4 期。

24. 夏勇：《宪法之道》，《读书》2003 年第 3 期。

25. 徐显明：《论"法治"构成要件——兼及法治的某些原则及观念》，《法学研究》1996 年第 3 期。

26. 杨熠：《中西思想家对"人的尊严"的论述》，《河北法学》2012 年第 1 期。

27. 庄世同：《法治与人性尊严——从实践到理论的反思》，《法治与社会发展》2009 年第 1 期。

28. 张新庆、梁立智、杨国利、王玉琼、廖新宇：《"生命尊严"系列讨论之四：代孕是否冒犯了人的尊严?》，《中国医学伦理学》2018 年 2 月。

29. 张挪：《涉及人类神经系统的人兽嵌合体的伦理思考》，《自然辩证法通讯》2018 年 8 月。

30. ［意］布斯奈里：《意大利司法体系之概观》，《中外法学》2004 年第 6 期。

31. 尤尔根·哈贝马斯：《人的尊严的观念和现实主义的人权乌托邦》，《哲学分析》2010 年第 3 期。

32. ［日］真田芳宪：《人的尊严与人权》，鲍荣振译，《外国法译评》1993 年第 2 期。

33. Jacob Dahl Rendtorff, "Update of European: basic ethical principles in European Bioethics and Biolaw", *Bioethics Update*, Vol. 1, Issue2, July – December 2015.

34. Rieke Van Der Graaf and JohannesJm Van Delden, "Clarifying Appeals to Dignity in Medical Ethics from a Historical Perspective", *Bioethics*, 2009, Vol. 23, Number 3.

35. R. Macklin, "Dignity is a Useless Concept", *British Medical Journal*, 2003, Vol. 327.

36. Jurgen Habermas, "Address: Multiculturalism and the Liberal State", *Stanford Law Review*, Vol. 47 (5), 1995.

37. Suzy Killmister, "Dignity: not such a useless concept", *Journal of Medical Ethics*, Vol. 36 (3), 2010.

网址:

中华人民共和国教育部网 http://www. moe. gov. cn/.

人民网 http://cpc. people. com. cn/.

新华网 http://www. xinhuanet. com/.

中国知网 https://www. cnki. net/.

古诗文网 http://www. gushiwen. org/.

后　记

　　人的尊严是一个历久弥新的问题。尤其是随着生命科学技术和新一代信息技术的兴起，本就内涵模糊且使用语境跨越多个学科的"人的尊严"概念更加难以达成共识。拙作先是对"人的尊严"的词义学进行解释，再力图从中西伦理思想史的视野对"人的尊严"做出历史梳理和理论阐释，同时结合当前我国社会生活实践中关涉"人的尊严"的道德困境或道德难题从伦理学的学科视野加以分析和论证。

　　选择这个主题进行研究，首先要感谢我的博士生导师、中国社会科学院哲学所甘绍平研究员的建议。就读中国社会科学院研究生院期间，甘老师以其睿智恢弘的学术涵养和豁达乐观的人生智慧对我进行了精心指导，甘老师严谨求实、纯粹认真的学术态度是我终生学习的榜样！感谢中国社会科学院哲学所陈瑛研究员、余涌研究员、孙春晨研究员和广西大学杨通进教授对书稿的撰写和修改提出的宝贵意见。感谢全国哲学社会科学工作办公室对本选题的立项资助，本书是该课题的结项成果。我所在工作单位江西师范大学对课题研究及成果出版给予了经费资助，在此表示衷心的感谢！此外，还要感谢中国社会科学出版社孔继萍老师，对本书出版给予的热情帮助。课题研究过程中，本人参阅了国内外学术界理论界同仁的相关研究成果，衷心感谢各位同仁对本研究所做的智慧贡献，文中虽极力详细注释，但仍恐有不当或疏漏，敬请相关著作权所有者谅解。

　　本人才疏学浅，对这个问题的研究尚属初步，还有理论创新的空间和现实问题的剖析需要在今后的进一步研究中加以提升。书中不当之处，敬请同仁和读者批评指正。

　　本书得以完成，还要特别感谢我的爱人曾建平博士，他在申报立项以及整个研究过程中给予了悉心指导，每当我撰写过程中思维阻塞、研究停滞的时候都是通过与他的交流获得启发和灵感，哪怕是简单几句点拨也让我茅塞顿开。尤其要感谢我的父母、公婆帮忙照顾孩子，他们为孩子的健康成长付出了许多艰辛！为了完成该课题，孩子还在8个月时，就把他托付给远在石河子的父母，当初离开儿子时那种依依不舍、满眼泪水的情境迄今萦绕眼前，挥之不去。如今，儿子在奶奶的呵护下逐渐成长成熟起来。我的父亲代华国，一个朴实无华的新疆农垦职工，一生勤劳敬业，本应享受新时代的快乐和幸福，无奈天不假年，于2020年7月罹患食管癌医治无效，73岁就永远离开了我们。儿子当时还在他爸爸工作单位，由于疫情防控无法远赴新疆祭奠，听闻他外公去世的消息时，顿时与他父亲相拥而泣、泣不成声。那种撕心裂肺的哭声通过电话传过来，把我们现场的人都感动得热泪盈眶。

　　谨以此书纪念我的父亲！

代　峰

2021年10月于繁常斋